Quarkus
Cookbook

쿼커스 쿡북

| 표지 설명 |

표지 동물은 목에 보라색 깃털을 가진 카리브 벌새(학명: Eulampis jugularis)입니다. 목 부분의 독특한 색채로 보라목 카리브라는 이름이 붙은 이 새는 베네수엘라 해안에 있는 소앤틸리스 제도의 한 섬에서 발견되었습니다.

외모는 검은색 몸에 반짝이는 녹색 날개를 가졌으며 목에 있는 보라색 깃털이 눈에 띕니다. 또한 뚜렷하게 아래로 휘어진 부리가 있어 다른 벌새와 구별되며, 암컷의 부리는 수컷보다 길고 더 구부러져 있습니다. 서식지는 주로 열대 우림의 깊숙한 곳입니다. 숲속의 어두운 곳에서는 날개만 종종 반짝일 뿐 대부분 검은색으로 보입니다. 날카로운 고음의 다양한 패턴으로 소리를 냅니다. 헬리코니아라 불리는 열대식물과 공진화하는 것으로 알려져 있습니다.

오라일리 책 표지에 많은 동물은 멸종 위기에 처해 있습니다. 그들 모두는 세상에 중요합니다. 표지 그림은「Encyclopedie D'Histoire Naturelle」의 흑백 판화를 기반으로 카렌 몽고메리가 제작했습니다.

쿼커스 쿡북

쿠버네티스를 위한 네이티브 자바 솔루션

초판 1쇄 발행 2021년 4월 28일

지은이 알렉스 소토 부에노, 제이슨 포터 / **옮긴이** 유동환 / **펴낸이** 김태헌
펴낸곳 한빛미디어(주) / **주소** 서울시 서대문구 연희로2길 62 한빛미디어(주) IT출판부
전화 02-325-5544 / **팩스** 02-336-7124
등록 1999년 6월 24일 제25100-2017-000058호 / **ISBN** 979-11-6224-420-3 93000

총괄 전정아 / **책임편집** 서현 / **기획** 서현 / **교정** 이정화
디자인 표지 박정우 내지 박정화 / **전산편집** 김민정
영업 김형진, 김진불, 조유미 / **마케팅** 박상용, 송경석, 조수현, 이행은, 고광일 / **제작** 박성우, 김정우

이 책에 대한 의견이나 오탈자 및 잘못된 내용에 대한 수정 정보는 한빛미디어(주)의 홈페이지나 아래 이메일로 알려주십시오. 잘못된 책은 구입하신 서점에서 교환해드립니다. 책값은 뒤표지에 표시되어 있습니다.

한빛미디어 홈페이지 www.hanbit.co.kr / 이메일 ask@hanbit.co.kr

지금 하지 않으면 할 수 없는 일이 있습니다.
책으로 펴내고 싶은 아이디어나 원고를 메일(writer@hanbit.co.kr)로 보내주세요.
한빛미디어(주)는 여러분의 소중한 경험과 지식을 기다리고 있습니다.

Quarkus Cookbook

쿼커스 쿡북

O'REILLY® ⅡB 한빛미디어
Hanbit Media, Inc.

지은이 · 옮긴이 소개

지은이 **알렉스 소토 부에노** Alex Soto Bueno

1990년대 초에 처음 구입한 컴퓨터를 통해 소프트웨어에 매료되었습니다. 이 모든 것은 퀘베이직의 고릴라 게임Qbasic Gorillas과 지렁이 게임Qbasic Nibbles에서 시작되었습니다. 게임의 소스 코드를 발견한 후에는 완전히 빠져들었으며, 앞으로 무엇을 하고 싶은지 정확히 알 수 있었습니다! 처음에는 베이직을 배웠으며, 얼마 지나지 않아 『Teach Yourself Java in 21 Days』를 선택했습니다. 고등학교와 대학교에서는 자바 및 C/C++로 기초를 향상시켰습니다. '닷컴' 열풍이 터진 시기에 꿈꾸던 레드햇에 입사했습니다. 대부분 자바 기반의 많은 소프트웨어 프로젝트를 수행했으며 수년 동안 웹 작업을 담당했습니다. 다른 사람들이 생산적으로 일할 수 있도록 도울 수 있어서 매우 기쁩니다. 전 세계의 다양한 콘퍼런스나 유타의 지역 JUG 무대에서 그를 볼 수 있습니다.

지은이 **제이슨 포터** Jason Porter

자바 챔피언이자 레드햇의 개발자 경험 이사. swing.jar 파일이 외부 라이브러리였던 자바 버전 1.2부터 코딩을 시작했으며, 이때부터 자바 세계에 빠져들었습니다. POKE 명령을 사용해 ZX 스펙트럼으로 프로그래밍했으며 인텔 80286을 탑재한 여러 대의 컴퓨터를 가지고 있습니다. 현재는 국제적 강연자로, 라몬율 대학교에서 학생들을 가르치고 있습니다. 그의 목소리는 라디오에서도 들을 수 있습니다.

옮긴이 **유동환** koreacio@gmail.com

책 쓰는 프로그래머. 연세대학교 정보대학원에서 경영정보학을 전공한 후 LG전자에서 안드로이드 앱을 개발했습니다. 자바카페와 한국자바개발자협의회(JCO)에서 초기 멤버로서 수년간 활동했습니다. 집필한 책으로는 『처음 배우는 플러터』, 『RxJava 프로그래밍』, 『안드로이드를 위한 Gradle』(공저, 이상 한빛미디어)이 있고, 번역한 책으로는 『자바로 배우는 핵심 자료구조와 알고리즘』, 『Java 9 모듈 프로그래밍』, 『그레이들 레시피』(이상 한빛미디어), 『Professional Java Web Services』(정보문화사, 2002)와 『자바와 JUnit을 활용한 실용주의 단위 테스트』(길벗, 2019)가 있습니다.

쿼커스의 세계에 오신걸 환영합니다. 2018년부터 시작된 쿼커스는 '초음속^{supersonic}의 원자보다 작은^{subatomic} 자바'를 지향하며 그 이름만큼 빠르게 발전하고 있습니다. 원문에 있는 예제를 최신 버전(1.11.3)으로 변경하고 서문을 쓰고 있는 시점에 다음 버전이 나왔다는 소식을 접할 정도입니다.

이 책의 매력은 짧게 핵심에 집중한다는 점입니다. 쿼커스의 전반적인 주제에 대해 빠르게 기능을 확인할 수 있는 다수의 예제 코드를 제공합니다. 단순한 hello 출력부터 그랄VM을 활용하여 네이티브 실행 파일을 빌드합니다. 같은 소스 코드로 쿠버네티스에 배포합니다. 하나씩 읽고 따라 하다 보면 자연스럽게 쿼커스의 강점을 배울 수 있습니다.

쿼커스 공식 홈페이지(*https://quarkus.io/guides*)에도 주제별로 풍부한 안내 문서가 있으니 참고하시면 도움이 될 것 같습니다.

마지막으로 즐겁게 번역할 수 있도록 도와주신 한빛미디어 서현 팀장님과 사랑하는 아내 지영에게 감사의 말을 전합니다.

유동환

이 책에 대하여

우리는 여러분과 함께 쿼커스를 배우고 사용하는 여정에 함께할 수 있음을 기쁘게 생각합니다. 전통적인 자바 프레임워크들이 크고, 복잡하고, 무거워서 배우는 데 수개월이 걸리는 반면 쿼커스는 여러분이 이미 알고 있는 지식을 기반으로 합니다! 쿼커스는 JPA, JAX-RS, 이클립스 Vert.x, 이클립스 마이크로프로파일과 CDI와 같이 여러분이 이미 이름을 들어본 기술들에 기반하고 있습니다. 쿼커스는 여러분의 지식을 OpenJDK Hotspot 혹은 그랄VM을 타깃으로, 작고 배포하기 쉬운 쿠버네티스에 최적화된 컨테이너로 만들어 줍니다. 이로 인해 쿠버네티스 클러스터를 가능한 한 꽉 차게 해주고 머신에 있는 모든 자원을 통해 요구에 맞춰 확장할 수 있게 해줍니다. 여러분이 쿠버네티스로 이주하는지의 여부와 관계없더라도 여러분은 쿼커스에서 유용한 것을 발견할 것이며 이 책은 여러분이 성공할 수 있도록 도구와 자원들을 제공할 것입니다.

이 책의 대상 독자

우리는 모든 사람이 이 책을 읽기를 원하지만, 다음과 같은 잠재적인 독자를 가정하고 있습니다.

- 자바와 자바 기반의 응용프로그램 개발에 친숙함
- 전통적인 소프트웨어 개발 방법을 이해
- 정기적으로 머신의 클러스터나 클라우드로 서비스를 배포

이 책을 쓴 이유

쿼커스는 이 분야(네이티브 자바와 그랄VM)의 비교적 신생 프레임워크입니다. 우리는 인터넷에서 찾을 수 있는 것보다는 더 많은 예제와 개발 방법(how-to)을 탐구했습니다. 또한 가능한 많은 내용을 전달하고 싶었습니다. 이 책에는 이해하거나 기억하기에 큰 응용프로그램은 담고 있지 않습니다. 이 책에 있는 모든 예제는 자체로 동작self-contained하고 바로 사용 가능합니다. 여러분의 모든 쿼커스 개발에 참고 자료가 되었으면 좋겠습니다.

이 책의 내용

각 장의 내용은 서로 느슨하지만 기본적으로 다음의 흐름을 따르고 있습니다.

- 1장과 2장은 쿼커스를 소개하고 프로젝트 준비를 위한 기본 내용을 담고 있습니다.
- 3장부터 6장은 CDI부터 이클립스 마이크로프로파일의 개념을 사용하는 쿼커스의 가장 기본적인 부분들을 소개합니다. 또한 응용프로그램 패키징에 대해서도 다룹니다.
- 7장부터 14장은 어렵지만 그만큼 중요한 개념인 장애 허용, 영속성, 보안 및 다른 서비스들과의 연동을 다룹니다. 또한 쿼커스와 쿠버네티스의 추가적인 통합에 대해서도 배웁니다.
- 15장과 16장은 쿼커스를 사용한 리액티브 프로그래밍과 템플릿, 스케줄링과 OpenAPI와 같은 쿼커스의 부가 기능을 배웁니다.

예제 코드 및 실행 환경

이 책에서 제공하는 예제 코드는 깃허브에서 다운로드할 수 있습니다.

- *https://github.com/yudong80/quarkus_cookbook*

실행환경은 다음과 같습니다 .

- ubuntu 20.0.4
- graalvm 21.0.0.2(java 11 based)
- quarkus 1.11.3.Final
- docker 20.10.3
- kubenetes 1.20.2
- minikube 1.17.1

감사의 말

이 책은 COVID-19 팬데믹 기간 탈고했습니다. 따라서 무엇보다 먼저 우리를 돌봐주시는 의료진들께 감사합니다. 레드햇의 개발팀, 특히 제게 집필의 기회를 주신 부르 수터Burr Sutter에게 감사합니다. 제이슨과 함께 집필할 수 있어서 너무 즐거웠습니다. 마지막으로 책을 쓰는 동안 인내해준 내 동반자인 아내 제시카Jessica와 내 딸들인 에이다Ada와 알렉신드라Alexandra에게 감사합니다. 이들이 없었다면 아무것도 할 수 없었을 것입니다. 모든 것에 감사합니다.

알렉스 소토 부에노

여러분은 격리 기간 무엇을 하셨나요? 저는 책을 썼습니다! 국민의 건강을 위해 일선에 있는 모든 용기 있는 분들께 감사합니다. 우리에게 놀라운 도구와 재미있는 개발 경험을 준 쿼커스와 그랄VM 팀 모두에게 감사하게 생각하고 있습니다. 20년 이상 소프트웨어 개발을 한 제가 쿼커스로 인해 소프트웨어 개발을 처음 배웠을 때의 즐거움으로 돌아갈 수 있었습니다. 이 책의 기술 감수를 맡아 주신 조지오스 안드리아나키스Georgios Andrianakis와 대니얼 히노조사Daniel Hinojosa에게 감사드립니다! 당신들의 도움으로 쿼커스를 배우는 데 유용하고 흥미로운 내용을 만들 수 있었습니다. 또한 이 책을 집필할 기회를 주신 레드햇에 감사드립니다. 공동 저자인 알렉스에게도 다시 한번 감사합니다! 마지막으로 다시는 책을 쓰지 않겠다고 했음에도 이 책을 쓰는 동안 인내해준 내 다섯 아이들, 카일리Kaili, 에밀리Emily, 잭커리Zackary, 니콜라스Nicolas 레베카Rebecca와 아내 테시Tessie에게도 감사합니다. 모두 사랑합니다!

제이슨 포터

CONTENTS

지은이 · 옮긴이 소개 ···················· **4**

옮긴이의 글 ······················· **5**

이 책에 대하여 ····················· **6**

감사의 말 ························ **8**

CHAPTER 1 쿼커스 소개

1.1 개발자 친화적 ···················· **18**

1.2 쿠버네티스와 통합 ··················· **18**

1.3 메모리와 첫 응답시간 ·················· **19**

1.4 쿼커스의 흐름 ···················· **20**

CHAPTER 2 뼈대 잡기

2.1 메이븐으로 쿼커스 뼈대 잡기 ··············· **23**

2.2 그레이들로 쿼커스 프로젝트 뼈대 잡기 ··········· **25**

2.3 쿼커스 코딩 시작 웹페이지에서 쿼커스 프로젝트 뼈대 잡기 ····· **27**

2.4 VS Code로 쿼커스 프로젝트 뼈대 잡기 ··········· **28**

2.5 개발자 모드에서 라이브 리로드 ············· **34**

2.6 정적 자원 제공 ···················· **36**

CHAPTER 3 REST 서비스 개발하기

3.1 단순한 REST API 종단점 생성하기 ············ **39**

3.2 요청 인자 추출하기 ·················· **41**

3.3 HTTP 응답 상태 코드 사용하기 ············· **43**

3.4 HTTP 메서드와 바인딩하기 ··············· **46**

CONTENTS

3.5 CORS 활성화하기 ·· **48**

3.6 리액티브 경로 사용하기 ·· **50**

3.7 HTTP 요청 가로채기 ·· **53**

3.8 SSL로 안전하게 연결하기 ··· **56**

CHAPTER 4 설정

4.1 사용자 정의 속성으로 응용프로그램 설정하기 ············· **59**

4.2 설정 속성에 프로그램적으로 접근하기 ······················ **64**

4.3 설정값을 외부에서 덮어쓰기 ····································· **65**

4.4 프로파일 설정하기 ··· **67**

4.5 로거 설정 변경하기 ·· **68**

4.6 응용프로그램 로그 추가하기 ···································· **70**

4.7 고급 로깅 ·· **72**

4.8 사용자 정의 프로파일 설정하기 ································ **75**

4.9 사용자 정의 소스 생성하기 ······································ **77**

4.10 사용자 정의 변환기 생성하기 ································· **80**

4.11 설정값을 그룹화하기 ·· **83**

4.12 설정값 검증하기 ··· **86**

CHAPTER 5 프로그래밍 모델

5.1 JSON 마샬링/언마샬링 ··· **89**

5.2 XML 마샬링/언마샬링 ·· **93**

5.3 입출력값 검증하기 ··· **97**

5.4 사용자 정의 유효성 검증하기 ································· **102**

5.5 프로그램으로 객체 검증하기 ··································· **105**

5.6 의존성 주입하기 ··· **108**

5.7 팩토리 생성하기 ··· **110**

5.8 객체 생명주기 이벤트 실행하기 ································ **112**

5.9 응용프로그램 생명주기 이벤트 실행하기 ·················· **113**

5.10 이름을 가진 한정자 사용하기 ······························· **114**

5.11 사용자 정의 한정자 사용하기 ······························· **116**

5.12 애너테이션으로 제한 설정하기 ······························ **118**

5.13 인터셉터 생성하기 ··· **120**

5.14 행동 테스트 작성하기 ··· **122**

5.15 단위 테스트 작성하기 ··· **127**

5.16 목 객체 생성하기 ··· **130**

5.17 모키토를 활용해 목 객체 생성하기 ······················ **132**

5.18 메타 애너테이션으로 다수의 애너테이션을 그룹화하기 ······ **133**

5.19 테스트의 전/후에 코드 실행하기 ·························· **135**

5.20 네이티브 실행으로 테스트하기 ······························ **143**

CHAPTER 6 쿼커스 응용프로그램의 패키징

6.1 명령 모드에서 실행하기 ··· **147**

6.2 실행형 JAR 파일 생성하기 ·· **150**

6.3 우버 JAR 패키징하기 ·· **152**

6.4 네이티브 실행 빌드하기 ··· **153**

6.5 JAR 파일을 위한 도커 컨테이너 빌드하기 ················ **155**

6.6 네이티브 파일을 위한 도커 컨테이너 빌드하기 ·········· **156**

6.7 네이티브 SSL 응용프로그램을 빌드하고 도커화하기 ······ **157**

CONTENTS

CHAPTER 7 영속성

7.1 데이터소스 정의하기 ·········· 162

7.2 다수의 데이터소스 사용하기 ·········· 163

7.3 데이터소스 헬스 체크 추가하기 ·········· 164

7.4 트랜잭션의 경계를 선언적으로 정의하기 ·········· 165

7.5 트랜잭션 문맥 설정하기 ·········· 166

7.6 프로그램으로 트랜잭션 제어 ·········· 168

7.7 트랜잭션 제한시간을 설정하거나 변경하기 ·········· 169

7.8 persistence.xml 설정하기 ·········· 170

7.9 persistence.xml 없이 설정하기 ·········· 170

7.10 다른 JAR에 있는 엔티티 사용하기 ·········· 171

7.11 파나쉬로 데이터 영속성 다루기 ·········· 171

7.12 파나쉬의 listAll 메서드로 모든 엔티티의 인스턴스 찾기 ·········· 173

7.13 파나쉬의 findById 메서드로 개별 엔티티 찾기 ·········· 174

7.14 파나쉬의 find와 list 메서드로 엔티티 찾기 ·········· 174

7.15 파나쉬의 count 메서드를 사용해 엔티티의 개수 얻기 ·········· 176

7.16 파나쉬의 page 메서드를 사용해 엔티티 목록을 페이지로 표시하기 ·········· 176

7.17 파나쉬의 stream 메서드로 결과를 스트림으로 사용하기 ·········· 177

7.18 파나쉬 엔티티 테스트하기 ·········· 178

7.19 데이터 접근 객체 혹은 저장소 패턴 사용하기 ·········· 179

7.20 아마존 다이나모DB 사용하기 ·········· 181

7.21 몽고DB로 작업하기 ·········· 187

7.22 몽고DB로 파나쉬 사용하기 ·········· 191

7.23 쿼커스와 Neo4j 사용하기 ·········· 193

7.24 Flyway로 시작하기 ·········· 198

7.25 Flyway를 프로그램으로 사용하기 ·········· 199

CHAPTER 8 장애 허용

8.1 자동 재시도 구현하기 ······ 201

8.2 제한시간 구현하기 ······ 204

8.3 격벽 패턴으로 과부하 피하기 ······ 205

8.4 회로 차단기 패턴으로 불필요한 호출 회피하기 ······ 207

8.5 결함 허용 비활성화하기 ······ 211

CHAPTER 9 관찰력

9.1 자동 헬스 체크 사용하기 ······ 213

9.2 사용자 정의 헬스 체크 생성하기 ······ 216

9.3 메트릭 노출하기 ······ 219

9.4 메트릭 생성하기 ······ 222

9.5 분산 추적 사용하기 ······ 229

9.6 사용자 정의 분산 추적 ······ 236

CHAPTER 10 쿠버네티스 통합

10.1 컨테이너 이미지 빌드와 푸시 ······ 242

10.2 쿠버네티스 자원 생성하기 ······ 246

10.3 헬스 체크를 포함해 쿠버네티스 자원을 생성하기 ······ 250

10.4 쿠버네티스에 서비스 배포하기 ······ 252

10.5 오픈시프트에 서비스 배포하기 ······ 254

10.6 컨테이너 이미지를 자동으로 빌드하고 배포하기 ······ 257

10.7 쿠버네티스로부터 응용프로그램 설정하기 ······ 258

CONTENTS

10.8 설정 확장으로 쿠버네티스로부터 응용프로그램 설정하기 ·················· **261**

10.9 쿠버네티스 클러스터와 프로그램으로 상호작용하기 ·················· **264**

10.10 쿠버네티스 클라이언트 상호작용을 테스트하기 ·················· **268**

10.11 쿠버네티스 오퍼레이터 구현하기 ·················· **270**

10.12 Knative로 서버리스 워크로드를 배포하고 관리하기 ·················· **286**

CHAPTER **11 인증과 권한**

11.1 쿼커스 보안 기본 ·················· **291**

　11.1.1 인증 ·················· **292**

　11.1.2 권한 ·················· **293**

11.2 엘리트론 속성 파일 설정으로 인증과 권한 ·················· **297**

11.3 엘리트론 보안 JDBC 설정으로 인증과 권한 ·················· **301**

11.4 마이크로프로파일 JWT로 권한 ·················· **305**

11.5 OpenID Connect를 활용한 권한과 인증 ·················· **314**

11.6 OpenID Connect로 웹 자원 보호하기 ·················· **319**

CHAPTER **12 응용프로그램 시크릿 관리**

12.1 쿠버네티스 시크릿을 사용한 데이터 저장 ·················· **321**

12.2 볼트로 설정 시크릿을 안전하게 보관하기 ·················· **326**

12.3 서비스로서의 암호화 ·················· **330**

12.4 시크릿으로 데이터베이스 비밀번호 생성하기 ·················· **334**

12.5 볼트 쿠버네티스 인증으로 서비스 인증하기 ·················· **338**

CHAPTER 13 쿼커스 REST 클라이언트

13.1 JAX–RS 웹 클라이언트 사용하기 ·· **348**

13.2 마이크로프로파일 REST 클라이언트 사용하기 ······················ **351**

13.3 CRUD 클라이언트 구현하기 ··· **355**

13.4 헤더 조작하기 ··· **359**

13.5 REST 클라이언트에서 멀티파트 메시지 사용 ·························· **362**

13.6 REST 클라이언트에 SSL 설정하기 ·· **364**

CHAPTER 14 스프링 API로 쿼커스 응용프로그램 개발하기

14.1 스프링 의존성 주입 사용하기 ·· **369**

14.2 스프링 웹 사용하기 ··· **373**

14.3 스프링 데이터 JPA 사용하기 ··· **376**

14.4 스프링 보안 사용하기 ··· **379**

14.5 스프링 부트 속성 사용하기 ··· **381**

CHAPTER 15 리액티브 프로그래밍 모델로 개발하기

15.1 비동기 HTTP 종단점 생성하기 ·· **385**

15.2 데이터를 비동기 스트림하기 ··· **387**

15.3 메시징으로 컴포넌트 디커플링하기 ··· **388**

15.4 아파치 카프카 메시지에 반응하기 ··· **390**

15.5 아파치 카프카로 메시지 보내기 ·· **394**

15.6 카프카 안과 밖으로 POJO를 마샬링하기 ································ **396**

15.7 카프카 스트림즈 API 사용하기 ·· **398**

CONTENTS

15.8 쿼커스로 AMQP 사용하기 ···················· **406**

15.9 MQTT 사용하기 ···················· **407**

15.10 리액티브 SQL기반의 쿼리하기 ···················· **408**

15.11 리액티브 SQL 클라이언트를 사용해 삽입하기 ···················· **411**

15.12 리액티브 몽고DB 클라이언트 사용하기 ···················· **412**

15.13 리액티브 Neo4j 클라이언트 사용하기 ···················· **415**

CHAPTER **16 쿼커스 부가 기능**

16.1 큐트 템플릿 엔진으로 템플릿 생성하기 ···················· **419**

16.2 큐트를 사용해 HTML 출력 ···················· **421**

16.3 큐트 템플릿의 위치 변경하기 ···················· **424**

16.4 큐트 데이터 클래스 확장하기 ···················· **424**

16.5 OpenAPI로 종단점 기술하기 ···················· **426**

16.6 OpenAPI 명세를 커스터마이징하기 ···················· **429**

16.7 동기 방식으로 이메일을 보내기 ···················· **434**

16.8 리액티브하게 이메일 보내기 ···················· **438**

16.9 스케줄 작업 생성하기 ···················· **441**

16.10 응용프로그램 데이터 캐싱 사용하기 ···················· **443**

부록 A 미니큐브 ···················· **447**

부록 B 키클록 ···················· **449**

부록 C Knative ···················· **453**

찾아보기 ···················· **455**

CHAPTER 1

쿼커스 소개

쿠버네티스는 최근에 기업용 응용프로그램을 배포하는 사실상의 표준de facto 플랫폼입니다. 컨테이너와 쿠버네티스로의 이동은 우리가 자바 기반의 응용프로그램을 코딩하고 배포하고 유지하는 방식의 변화를 이끌었습니다. 만약 적절한 도구가 없다면 자바 응용프로그램을 컨테이너화하고 실행하는 데 애를 먹을 수 있습니다. 포드Pods에 있는 컨테이너(쿠버네티스 용어)는 쿠버네티스의 기본 단위로, 자바 기반의 응용프로그램을 올바르게 컨테이너화하는 방법을 잘 이해하는 것은 각종 함정과 시간 낭비와 혼란의 시간을 피하는 데 매우 중요합니다.

쿼커스는 쿠버네티스와 긴밀하게 통합built-in integrated되어 있는 클라우드 네이티브cloud-native 프레임워크입니다. 쿼커스는 오픈소스 스택으로 아파치 라이선스 2.0으로 배포되며, 그랄VMGraalVM과 OpenJDK 핫스팟에 최적화된 쿠버네티스 네이티브 응용프로그램을 생성할 수 있도록 돕습니다. 하이버네이트Hibernate, 이클립스 마이크로프로파일MicroProfile, 쿠버네티스, 아파치 캐멜Apache Camel과 이클립스 Vert.x와 같은 널리 알려진 라이브러리와 기술에 기반하고 있습니다.

쿼커스의 장점은 도커와 쿠버네티스와의 쉬운 통합, 빠른 시작시간, 낮은 상주 세트 크기(RSS) 메모리와 개발자 생산성의 향상입니다. 이번 1장에서는 쿼커스에 대해 빠르게 알아봅니다. 쿼커스가 무엇이며 어떤 문제를 해결할 수 있는지를 살펴봅니다. 쿠버네티스와 어떻게 통합하는지와 왜 개발자들이 이것을 즐겨 사용하는지 등 그 외 주목할만한 몇몇 기능을 알아보겠습니다.

1.1 개발자 친화적

쿼커스는 자바 개발자의 생산성을 향상시켜주며 마이크로서비스와 클라우드 기반 응용프로그램의 세계에서 빠르게 발맞추어갈 수 있도록 돕습니다.

쿼커스는 높은 확장성을 보장하고 쿠버네티스의 클러스터를 더 적은 자원으로 운용할 수 있습니다.[1] 또 오픈소스 자바를 수십 년 이끌어온 커뮤니티의 산출물을 잘 활용할 수 있도록 해줍니다.

쿼커스로 개발하기 위해 새로운 기술을 배울 필요가 없습니다. 이미 의존성 주입, JAX-RS, 하이버네이트와 이클립스 마이크로프로파일 개념에 익숙하다면 더 이상 새로울 것이 없습니다. 여러분이 경력을 쌓으며 알게 된 모든 지식을 쿼커스에 모두 대입할 수 있습니다. 쿼커스로 시작하면 다른 프레임워크의 경우 몇 주나 걸릴 일을 수일 안에 심지어는 몇 시간이면 시작할 수 있습니다.

쿼커스는 다음 세대의 응용프로그램 개발과 배포의 최적화된 선택으로 설계되어 있습니다. 응용프로그램 뼈대 잡기Scaffolding와 개발 모드의 라이브 리로드live reload(저장하면 바로 갱신)부터 배포에 이르기까지 클라우드 기반의 쿠버네티스 클러스터를 배포할 수 있도록 전체 응용프로그램 개발 생명주기를 지원합니다. 개발자로서 쿼커스는 여러분을 더욱 생산성 있고 문제 해결에 집중하도록 만들어 줄 것입니다. '야크털 깍기[2]'는 최소화합니다.

1.2 쿠버네티스와 통합

쿼커스는 쿠버네티스에서 동작합니다. 멋진 얘기로 들리지만 쿠버네티스에서 동작하려면 많은 것을 알아야 합니다. 여러분의 응용프로그램을 도커 컨테이너에 올리고, 쿠버네티스에서 실행해야 합니다. 이것이 맞다면 전통적으로 쿠버네티스에서 효율적으로 동작시키기 위해서는 적

---

1 옮긴이_각 쿠버네티스의 클러스터에 적은 자원을 소모하여 동일 머신에서 더 많은 인스턴스가 동작할 수 있도록 해준다는 의미입니다.

2 옮긴이_세스 고딘의 저서 『이제는 작은 것이 큰 것이다』(재인, 2009)에 나온 말로 어떤 목적을 달성하기 위해 전혀 상관없는 연속된 작업을 의미합니다.

절하게 응용프로그램을 튜닝하고 사이즈size를 잡고, 설정할 수 있어야 합니다. 또한 텍스트 편집기를 열어 다수의 YAML 파일을 손수 고쳐야 합니다. 그러나 그 누구도 이러한 작업을 솔직히 좋아하지 않을 것입니다.

쿼커스는 여러분의 응용프로그램을 쿠버네티스에 배포할 때 필요한 허드렛일을 많이 제거했습니다. 쿼커스 응용프로그램을 시작bootstrap하면 도커 컨테이너를 생성하는 데 필요한 몇몇 파일이 함께 들어옵니다. 아주 훌륭한 첫걸음입니다. 이 파일은 그랄VM의 네이티브 실행으로 동작하거나 OpenJDK JVM으로 동작하는 데 최적화되어 있습니다. 응용프로그램을 실행하는 데 충분한 내용이 들어 있기 때문에 컨테이너 이미지를 소모하는 중복이나 불필요한 팽창을 제거합니다.

다음으로 쿠버네티스 확장을 사용하면 쿼커스는 바닐라 쿠버네티스[3] 혹은 오픈시프트OpenShift 배포를 위한 자원(YAML 파일)을 생성해줍니다. 더 이상 YAML 파일을 헤맬 필요가 없고 들여쓰기가 잘 되어 있다고 확신할 수 있습니다. 결국 형식이 맞지 않는 YAML 한 줄을 찾기보다 코드를 작성하는 것을 더 선호할 것입니다. 또한 쿼커스는 이미지를 쿠버네티스 클러스터에 배포하기 전에 레지스트리registry에 넣어볼 수 있습니다. 모든 응용프로그램 이미지는 쿼커스 응용프로그램 설정을 통해 훨씬 향상되고 커스텀화될 수 있습니다(4장에서 자세히 다룹니다). 예를 들어 쿼커스 1.4 이후에는 ConfigMap과 Secret를 API 서버에서 읽을 수 있습니다. 포드에 있는 파일에 마운트할 필요가 없습니다.

1.3 메모리와 첫 응답시간

쿼커스는 '초음속 아원자(원자보다 작은 입자)' 자바 프레임워크로 알려져 있습니다. 이 용어를 개발자를 홀리는 마케팅 용어라고 생각할 수도 있지만, 여러분이 쿼커스의 동작을 세세하게 이해한다면 정말로 작고 빠르고 생산성 있게 실행할 수 있음을 알게 될 것입니다. 쿼커스는 쿠버네티스에서 동작하는 최적화된 네이티브 응용프로그램을 배포할 수 있습니다. 예를 들어 일반적으로 쿠버네티스에서 동작하도록 최적화된 네이티브 응용프로그램을 배포한다면 컨테이

---

3 옮긴이_ 수정하지 않은 상태의 쿠버네티스를 의미합니다.

너 이미지가 200MB 정도 될 것입니다. 쿼커스로는 이 응용프로그램이 시작되면 수초 내에 요청을 처리할 수 있으며 메모리도 50MB보다 작을 것입니다.

여러분이 쿠버네티스 클러스터에 배포할 때 가능한 많은 인스턴스를 넣을 수 있으면, 예상할 수 없는 부하를 확장성 있게 대처하고 가용 자원을 최대한 활용할 수 있습니다. 크기가 확장되면 여러분은 새로운 응용프로그램의 인스턴스가 빠르게 실행 상태로 준비되길 원할 것입니다. 이것이 네이티브 실행의 빛나는 측면입니다. 쿼커스는 네이티브 실행 빌드 절차 동안 여러분의 응용프로그램과 응용프로그램이 사용하는 프레임워크를 가능한 프리 부트^{pre-boot} 상태로 만듭니다. 이렇게 되면 응용프로그램은 빠르게 시작되고 더 이상 클래스 로딩, 실행시간 탐색 혹은 그 외 JVM이 통상적으로 행하는 다른 워밍업 동작 없이도 서비스 요청을 받을 수 있습니다.

일반적으로 가용 메모리는 한정된 자원입니다. 응용프로그램이 사용하는 메모리가 얼마인지 정확하게 이해하고 사용량을 낮추면서 JVM의 가용 메모리를 운용하는 것이 배포 밀도의 핵심입니다. 쿼커스는 네이티브 실행으로 메모리 사용량은 낮고 효율성은 증가하도록 도와줍니다.

1.4 쿼커스의 흐름

여러분은 이 책을 읽으면서 다양한 방법을 배우고 자연스럽게 쿼커스의 생태계로 입문할 것입니다. 확장과 통합, 주요 설계 결정 등을 배웁니다. 또한 생산성을 향상하는 기본 동작 흐름을 볼 수 있습니다. 간단하게는 다음과 같은 흐름을 따릅니다.

1. 뼈대 잡기
2. 개발 모드 실행
3. 코드
4. 테스트
5. 패키지
6. 배포

여러분은 응용프로그램의 뼈대를 잡고 필요한 확장을 추가하면서 단단한 토대를 마련합니다 (2장에서 중점적으로 다룹니다). 뼈대 잡기^{Scaffold} 이후에는 응용프로그램을 개발 모드에서 실행합니다(이것도 2장에서 다룹니다). 그다음 REST 서비스를 생성하고 기본적인 프로그래밍 모델을 완료하고 응용프로그램 설정을 실행합니다.

개발 모드는 컴파일, 패키지, 배포라는 익숙하지만 귀찮은 일 없이 즉시 피드백을 받을 수 있도록 해줍니다.

5장에서는 퀘커스 응용프로그램을 JVM과 네이티브 실행에 맞춰 테스트하는 법을 배웁니다. 이를 통해 여러분의 응용프로그램이 정상적으로 동작하고 기준을 준수하는지 확신할 수 있습니다.

6장에서는 최종 산출물을 생성하는 법을 배웁니다. 특정 배포 전략에 맞게 응용프로그램을 패키징하는 법을 배웁니다. 이 흐름의 마지막인 배포는 10장에서 배웁니다.

더 많은 것을 탐구하며 어떻게 응용프로그램이 장애에 강하고fault resistant 다양한 영속성 엔진 persistence engines과 동작하고 또 외부 서비스와 의사소통하는지 배울 것입니다. 또한 다른 라이브러리와 프로그래밍 패러다임으로부터 기존 지식을 레버리징하는 데 도움을 주는 추가적인 통합에 대해 설명합니다. 응용프로그램에 필요한 쿠버네티스 최적화와 쿠버네티스 자원 만드는 법 그리고 그 외 필요한 모든 것을 배울 것입니다.

CHAPTER 2

뼈대 잡기

2장에서는 쿼커스의 프로젝트 구조를 생성하는 법을 배웁니다. 쿼커스 프로젝트의 뼈대를 잡아주는 다양한 방법을 제공합니다.

배우는 내용은 다음과 같습니다.

- 메이븐^{Maven}부터 VS Code IDE까지 다양한 방법을 통해 프로젝트의 뼈대 생성하기
- 라이브 리로드로 개발자 경험 향상시키기
- 쿼커스로 정적 자원 제공하기

2.1 메이븐으로 쿼커스 뼈대 잡기

문제 단순한 프로젝트를 생성해 쿼커스를 빠르게 시작하기

해결 쿼커스 메이븐 플러그인을 사용합니다.

논의 쿼커스 메이븐 플러그인을 사용하면 단순한 쿼커스 프로젝트의 뼈대를 빠르게 만들 수 있습니다. 결과 프로젝트는 즉시 배포할 수 있으며 다음의 내용을 포함합니다.

- 최소한의 쿼키스 의존성을 포함한 pom.xml 파일
- 단순한 JAX-RS 자원
- JAX-RS 자원을 위한 테스트
- 네이티브 테스트
- 컨테이너를 생성하는 도커 파일
- 빈empty 설정 파일

아파치 메이븐을 이미 설치했다고 가정합니다.[1] 터미널 창을 열고 다음 명령을 실행합니다.[2]

```
mvn io.quarkus:quarkus-maven-plugin:1.11.3.Final:create \
    -DprojectGroupId=org.acme \
    -DprojectArtifactId=getting-started \
    -DclassName="org.acme.quickstart.GreetingResource" \
    -Dpath="/hello"
```

윈도우에서는 역슬래시(\)를 제거하고 실행합니다.

```
mvn io.quarkus:quarkus-maven-plugin:1.11.3.Final:create -DprojectGroupId=org.acme
 -DprojectArtifactId=getting-started -DclassName="org.acme.quickstart.GreetingResource"
 -Dpath="/hello"
```

생성된 프로젝트의 구조는 다음과 같습니다.

```
├── mvnw
├── mvnw.cmd
├── pom.xml
└── src
    ├── main
    │   ├── docker ❶
    │   │   ├── Dockerfile.jvm
    │   │   └── Dockerfile.native
    │   ├── java
    │   │   └── org
    │   │       └── acme
```

....

1 옮긴이_예제에 사용된 메이븐 버전은 웹사이트(*https://maven.apache.org/download.cgi*)에서 다운로드합니다. 최신 버전은 3.6.3입니다.

2 옮긴이_원서는 플러그인 버전이 1.4.1으로 되어 있지만 번역서에서는 1.11.3 버전을 기반으로 합니다.

```
|   |              └─ quickstart
|   |                    └─ GreetingResource.java   ❷
|   └─ resources
|       ├─ META-INF
|       |    └─ resources
|       |         └─ index.html   ❸
|       └─ application.properties   ❹
└─ test
    └─ java
        └─ org
            └─ acme
                └─ quickstart   ❺
                    ├─ GreetingResourceTest.java
                    └─ NativeGreetingResourceIT.java
```

❶ 도커 파일

❷ JAX-RS 자원

❸ 정적 자원

❹ 설정 파일

❺ JAX-RS 자원을 위해 자동 생성된 테스트 코드

2.2 그레이들로 쿼커스 프로젝트 뼈대 잡기

문제 그레이들 사용자로서 단순한 프로젝트를 생성해 쿼커스를 빠르게 시작하기

해결 쿼커스 메이븐 플러그인을 사용합니다(맞습니다. 메이븐 플러그인).

논의 쿼커스 메이븐 플러그인을 사용해 단순한 쿼커스 프로젝트의 뼈대를 잡습니다. 산출물은 그레이들 프로젝트입니다. 결과 프로젝트는 배포가 가능하며 다음과 같은 내용을 포함합니다.

- 최소한의 쿼커스 의존성을 포함한 build.gradle 파일
- 단순한 JAX-RS 자원
- JAX-RS 자원을 위한 테스트
- 네이티브 테스트

- 컨테이너를 생성하는 도커 파일

- 빈 설정 파일

터미널 창을 열고 다음 명령을 실행합니다(아파치 메이븐을 이미 설치했다고 가정합니다).

```
mvn io.quarkus:quarkus-maven-plugin:1.11.3.Final:create \
    -DprojectGroupId=org.acme \
    -DprojectArtifactId=getting-started \
    -DclassName="org.acme.quickstart.GreetingResource" \
    -Dpath="/hello" \
    -DbuildTool=gradle
```

생성된 프로젝트의 구조는 다음과 같습니다.

```
├── README.md
├── build.gradle
├── gradle
│   └── wrapper
│       ├── gradle-wrapper.jar
│       └── gradle-wrapper.properties
├── gradle.properties
├── gradlew
├── gradlew.bat
├── settings.gradle
└── src
    ├── main
    │   ├── docker
    │   │   ├── Dockerfile.jvm
    │   │   └── Dockerfile.native
    │   ├── java
    │   │   └── org
    │   │       └── acme
    │   │           └── quickstart
    │   │               └── GreetingResource.java
    │   └── resources
    │       ├── META-INF
    │       │   └── resources
    │       │       └── index.html
    │       └── application.properties
    ├── native-test
    │   └── java
```

```
|          └─ org
|               └─ acme
|                    └─ quickstart
|                         └─ NativeGreetingResourceIT.java
└─ test
     └─ java
          └─ org
               └─ acme
                    └─ quickstart
                         └─ GreetingResourceTest.java
```

2.3 쿼커스 코딩 시작 웹페이지에서 쿼커스 프로젝트 뼈대 잡기

문제 메이븐이나 그레이들을 설치하지 않고 단순한 프로젝트를 생성해 쿼커스를 빠르게 시작하기

해결 쿼커스 코딩 시작 웹페이지(*https://code.quarkus.io*)에서 단순한 쿼커스 프로젝트를 생성합니다.

논의 홈페이지는 다음과 같습니다.

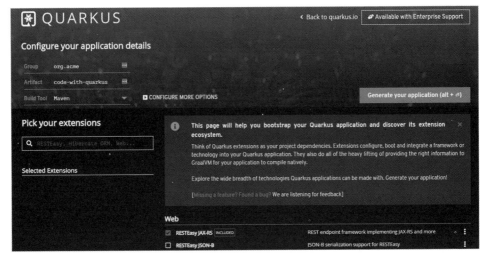

그림 2-1 쿼커스 코딩 시작 홈페이지

페이지가 로드되면 [Generate your application] 버튼을 눌러 ZIP 파일을 다운로드합니다. 그 파일에는 생성된 프로젝트가 포함되어 있습니다.

터미널 창을 열고 ZIP 파일의 압축을 풉니다.

```
unzip code-with-quarkus.zip
cd code-with-quarkus/
```

생성된 프로젝트는 2.1절에서 생성된 것과 동일하며 다음과 같은 내용을 포함합니다.

- 최소한의 쿼커스 의존성을 포함한 pom.xml 파일
- 단순한 JAX-RS 자원
- JAX-RS 자원을 위한 테스트
- 네이티브 테스트
- 컨테이너를 생성하는 도커 파일
- 빈 설정 파일

함께 보기 이 절에서는 쿼커스 확장을 논의하지 않았습니다. 하지만 등록된 쿼커스 확장 extensions으로도 프로젝트를 생성할 수 있다는 것을 주목하세요. 확장은 다음 절에서 좀 더 알아봅니다.

확장은 웹페이지에 있는 전체 확장 목록에서 체크 박스를 눌러 선택하거나 검색창에서 추가할 수 있습니다.

2.4 VS Code로 쿼커스 프로젝트 뼈대 잡기

문제 VS Code로 단순한 프로젝트를 생성해 쿼커스를 빠르게 시작하기

해결 쿼커스 VS Code 확장을 사용합니다.

논의 VS Code를 위한 쿼커스 확장은 IDE에 쿼커스 기능이 통합되어 있습니다. 제공하는 기능은 다음과 같습니다.

- 프로젝트 뼈대를 만들어주는 명령
- 확장을 추가하는 명령
- 설정 파일(속성 파일과 YAML 형식)을 위한 자동 컴파일

플러그인을 설치하려면 VS Code를 열고 [그림 2-2]와 같이 [Extensions] 버튼을 누릅니다.

그림 2-2 VS Code의 [Extensions] 버튼을 누르면 쿼커스 확장을 설치할 수 있습니다

검색창에 'quarkus'를 입력하고 레드햇[Red Hat]이 만든 'Quarkus Tools for Visual Studio Code'를 선택합니다. 검색 결과는 [그림 2-3]과 같습니다.

그림 2-3 쿼커스 확장은 VS Code 마켓에서 무료로 다운로드할 수 있습니다

설치를 완료한 후에는 IDE를 재시작하고 나면 확장을 사용할 수 있습니다.

새로운 쿼커스 프로젝트를 생성하려면 명령창을 열고 'Quarkus: Generate a Quarkus Project'를 선택합니다. 제시되는 선택사항은 [그림 2-4]와 같습니다.

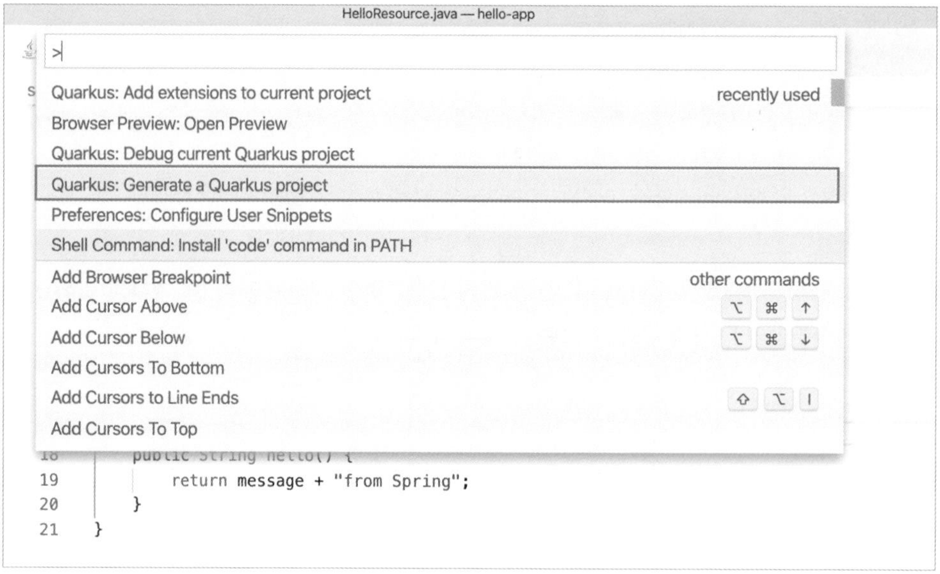

그림 2-4 명령창에서 새로운 쿼커스 프로젝트 생성하기

다음 단계는 [그림 2-5]와 같이 사용할 빌드 도구를 선택합니다. 이 외에 `groupId`, `artifactId` 등을 입력합니다.

그림 2-5 빌드 도구 선택하기

[그림 2-6]과 같이 명령창에서 `Add Extension` 명령을 사용하면 다른 확장도 추가할 수 있습니다.

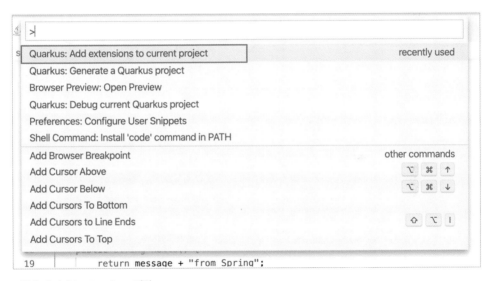

그림 2-6 Add extensions 명령

프로젝트에 추가하려는 쿼커스 확장을 선택합니다. [그림 2-7]은 사용 가능한 확장을 보여줍니다.

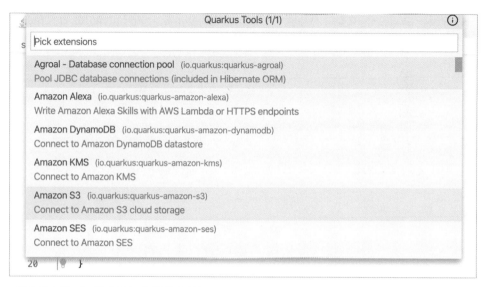

그림 2-7 응용프로그램에 사용 가능한 확장 목록

다음의 그림은 쿼커스 확장에서 제공하는 기능입니다.

[그림 2-8]은 응용프로그램을 올바르게 설정하도록 도와주는 설정 속성의 자동 컴파일 기능입니다.[3]

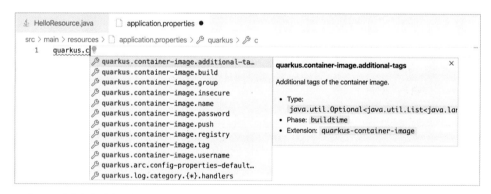

그림 2-8 설정 속성 키에 관한 자동 컴파일과 타입 정보

[그림 2-9]는 특정 설정 속성(예, `quarkus.banner.enabled`) 위에 마우스를 놓았을 때 표시

---

3 옮긴이_ 쿼커스 확장을 설치하면 기본으로 제공되는 기능입니다.

되는 설명입니다.

src > main > resources > application.properties > {} qua
1 quarkus.banner.enabled=false
enabled
quarkus.banner.enabled
Whether or not the banner will be displayed
Type: boolean
Default: true
Phase: runtime
Extension: quarkus-core

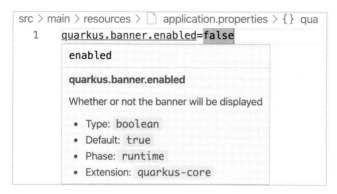

그림 2-9 특정 속성 위에 마우스를 놓았을 때 표시되는 설명

[그림 2-10]은 응용프로그램에서 사용하지 않는 속성을 자동으로 찾는 기능입니다.

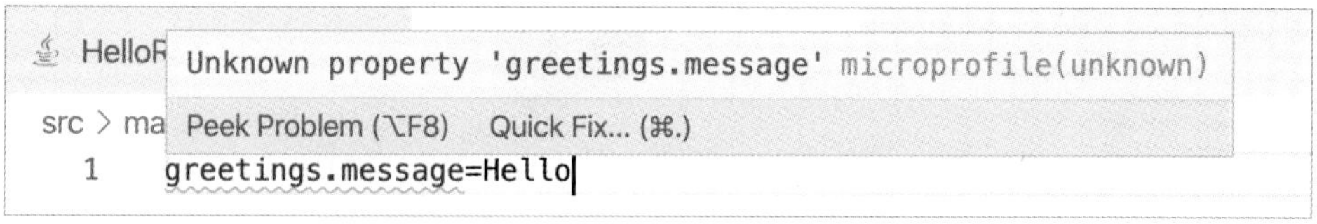

HelloR
Unknown property 'greetings.message' microprofile(unknown)
src > ma
Peek Problem (⌥F8)
Quick Fix... (⌘.)
1 greetings.message=Hello

그림 2-10 사용하지 않는 속성을 찾아줌

[그림 2-11]은 종단점end point의 URL을 보여줍니다.[4] 만약 클릭하면 새로운 브라우저 창에서 해당 URL로 이동합니다.

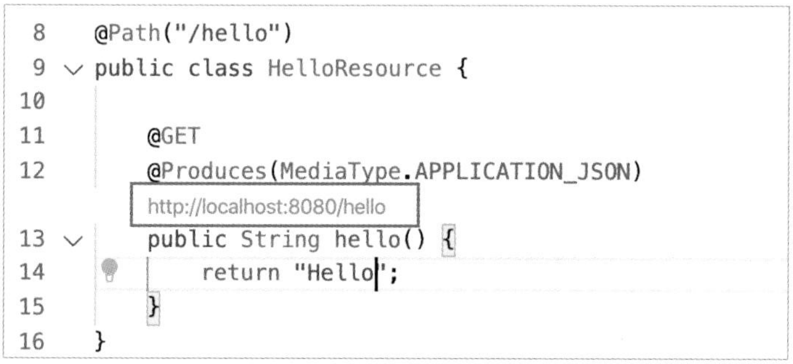

8 @Path("/hello")
9 public class HelloResource {
10
11 @GET
12 @Produces(MediaType.APPLICATION_JSON)
http://localhost:8080/hello
13 public String hello() {
14 return "Hello";
15 }
16 }

그림 2-11 각 종단점 메서드에 대해 VS Code 확장이 생성한 URL 종단점은 클릭 가능함

4 옮긴이_종단점 표시를 위해서는 mvnw compile quarkus:dev 명령을 실행해야 합니다. 이에 대한 내용은 2.5절에서 다룹니다.

함께 보기 쿼커스 확장을 제공하는 IDE는 다음과 같습니다.

- VS Code
- 이클립스
- 인텔리J

2.5 개발자 모드에서 라이브 리로드

문제 전체 응용프로그램을 재패키징하거나 다시 배포하지 않고 프로젝트의 변화 바로 확인하기

해결 개발 모드^{development mode}를 사용하면 백그라운드 컴파일을 통해 핫 배포^{hot depolyment}가 가능합니다. 자바 파일 혹은 리소스를 변경하고 브라우저를 '새로 고침'하면 변경사항이 자동으로 적용됩니다.

NOTE 쿼커스 프로젝트 뼈대 만들기는 자바 11을 기준으로 합니다. 자바 11 VM을 설치하거나 다른 버전의 JVM을 사용하도록 프로젝트를 수정합니다.[5]

논의 개발 모드에서 응용프로그램을 시작하려면 프로젝트 루트 폴더에서 quarkus:dev 명령을 실행합니다. 다음 예제는 2.1절에서 생성한 프로젝트를 기반으로 합니다.

```
./mvnw compile quarkus:dev

[INFO] Scanning for projects...
....
[INFO] --- quarkus-maven-plugin:1.11.3.Final:dev (default-cli) @
        getting-started ---
Listening for transport dt_socket at address: 5005
INFO  [io.qua.dep.QuarkusAugmentor] (main) Beginning quarkus augmentation
INFO  [io.qua.dep.QuarkusAugmentor] (main) Quarkus augmentation
    completed in 946ms
```

----
5 옮긴이_예제 실행을 위해서는 자바 11 기반의 그랄VM(*https://www.graalvm.org/downloads*) 설치를 권합니다.

```
INFO  [io.quarkus] (main) Quarkus 1.11.3.Final started in 1.445s.
   Listening on: http://[::]:8080
INFO  [io.quarkus] (main) Installed features: [cdi, resteasy]
```

응용프로그램이 실행되면 새로운 터미널 창을 열고 다음 명령을 실행합니다.

```
curl http://localhost:8080/hello

hello
```

이제 quarkus:dev 모드를 멈추지 않고 org.acme.quickstart.GreetingResource.java 파일을 변경합니다.

```
@GET
@Produces(MediaType.TEXT_PLAIN)
public String hello() {
    return "hola";
}
```

다시 다음 명령을 실행합니다.

```
curl http://localhost:8080/hello

hola
```

소스 코드를 변경했을 때 재컴파일, 재패키징, 재배포 없이도 어떠한 변경사항이든 자동으로 실행 중인 서버 인스턴스에 반영되었다는 점이 중요합니다. 어떠한 특별한 설정도 없이 말이죠.

이제 [코드 작성] → [컴파일] → [배포] → [갱신] → [반복] 주기는 단순히 [코드 작성] → [갱신] → [반복] 주기로 간소화되었습니다.

개발 모드는 자바 파일, 응용프로그램 설정과 정적 자원의 변화를 감지합니다. 개발 모드를 중단하려면 quarkus:dev 혹은 터미널 창에서 '[Ctrl]+[C]'를 누르세요.

그레이들 프로젝트에서 개발 모드를 실행하려면 다음과 같이 quarkusDev 태스크를 실행합니다.

```
./gradlew quarkusDev
...
```

2.6 정적 자원 제공

문제 사용자에게 정적 자원(HTML, 자바스크립트, CSS, 이미지 등) 제공하기

해결 퀴커스에서는 src/main/resources/META-INF/resources에 있는 자원은 사용자가 루트 경로로 접근할 수 있습니다.

경우에 따라 어떤 상황에서는 정적 자원을 호출자에게 표시하고 싶을 수도 있습니다. 이는 정적으로 다운로드할 수 있는 콘텐츠나 HTML 페이지 등입니다.

퀴커스에서 가장 기본적인 정적 자원은 index.html입니다.

다음 명령으로 응용프로그램을 실행하세요.

```
./mvnw compile quarkus:dev
```

브라우저를 열고, 다음 URL을 입력합니다.

```
http://localhost:8080/index.html
```

[그림 2-12]와 같은 화면을 볼 수 있습니다.

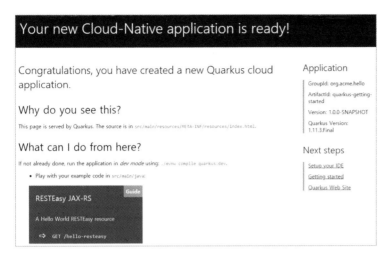

그림 2-12 쿼커스의 기본 페이지는 기본적인 정보와 뼈대를 잡은 다음 단계를 알려줍니다

TIP_ 라이브 리로드는 정적 자원에서도 동작합니다.

CHAPTER 3

REST 서비스 개발하기

쿼커스는 REST API를 정의하는 JAX-RS 구현체인 RESTEasy와 통합되어 있습니다. 3장에서는 쿼커스로 REST 웹서비스를 개발하는 방법을 배웁니다. 다루는 내용은 다음과 같습니다.

- CRUD 서비스를 생성하기 위해 JAX-RS 사용하는 법
- 다른 도메인에 있는 자원을 요청하는 CORS를 활성화하는 법
- 리액티브 경로를 구현하는 법
- 필터를 통해 요청과 응답을 조작하는 법

3.1 단순한 REST API 종단점 생성하기

문제 CRUD 기능을 가지는 REST API 종단점 만들기

해결 앞서 생성했던 JAX-RS 기반의 `GrettingResource` 자원으로 JAX-RS 애너테이션을 추가합니다.

JAX-RS는 쿼커스에서 REST 종단점을 정의하는 기본 프레임워크입니다. 모든 JAX-RS 애너테이션은 클래스패스에 이미 정의되어 있습니다. HTTP 동사 애너테이션(`@GET`, `@POST`, `@PUT`, `@DELETE`)을 사용하면 종단점이 청취listen to할 HTTP 동사를 선언할 수 있습니다. 물론 웹 애플

리케이션에서는 **@Path** 애너테이션으로 상대 경로가 어떻게 되는지 정의해야 합니다.

`org.acme.quickstart.GreetingResource.java` 파일을 엽니다.

파일: ch_03/jaxrs/src/main/java/org/acme/quickstart/GreetingResource.java

```java
package org.acme.quickstart;
import javax.ws.rs.GET;
import javax.ws.rs.Path;
import javax.ws.rs.Produces;
import javax.ws.rs.core.MediaType;

@Path("/hello")   ❶
public class GreetingResource {
    @GET   ❷
    @Produces(MediaType.TEXT_PLAIN)   ❸
    public String hello() {
        return "hello";   ❹
    }
}
```

❶ 현재 자원의 URI 경로를 지정

❷ HTTP GET 요청에 응답

❸ 반환하는 미디어 타입을 정의

❹ 평문을 반환

다음과 같이 메시지를 생성, 갱신, 삭제하는 나머지 메서드를 생성합니다.

파일: ch_03/jaxrs/src/main/java/org/acme/quickstart/GreetingResource.java

```java
@POST   ❶
@Consumes(MediaType.TEXT_PLAIN)   ❷
public void create(String message) {   ❸
    System.out.println("Create");
}

@PUT   ❹
@Consumes(MediaType.TEXT_PLAIN)
@Produces(MediaType.TEXT_PLAIN)
public String update(String message) {
```

```
        System.out.println("Update");
        return message;
    }

    @DELETE ❺
    public void delete() {
        System.out.println("Delete");
    }
```

❶ HTTP POST 요청에 응답

❷ 허용하는 미디어 타입을 정의

❸ 요청의 본문 내용

❹ HTTP PUT 요청에 응답

❺ HTTP DELETE 요청에 응답

유효한 HTTP 메서드 목록은 다음과 같습니다.

@GET, @POST, @PUT, @DELETE, @PATCH, @HEAD, @OPTIONS.

3.2 요청 인자 추출하기

문제 JAX-RS로 요청 인자 추출하기

해결 JAX-RS 명세에서 제공하는 몇 가지 내장 애너테이션을 사용합니다.

org.acme.quickstart.GreetingResource.java 클래스를 열고 hello 메서드에서 요청 인자를 다음과 같이 추출하도록 변경합니다.

파일: ch_03/jaxrs/src/main/java/org/acme/quickstart/GreetingResource.java

```
public static enum Order {
    desc, asc;
```

```
        }

        @GET
        @Produces(MediaType.TEXT_PLAIN)
        public String hello(
                        @Context UriInfo uriInfo,  ❶
                        @QueryParam("order") Order order,  ❷
                        @NotBlank @HeaderParam("authorization") String authorization  ❸
                        ) {

            return String.format("URI: %s - Order %s - Authorization: %s",
                            uriInfo.getAbsolutePath(), order, authorization);
        }
```

❶ 요청의 UriInfo를 얻습니다. UriInfo는 JAX-RS의 일부로 응용프로그램과 요청 URI 정보를 얻을 수 있습니다.[1]

❷ order 요청 인자는 Enum 타입으로 얻어옵니다.

❸ 빈 검증bean validation과 통합해 authrization 헤더 인자를 얻어옵니다.

새로운 터미널 창을 열고 퀘커스 응용프로그램을 시작해 GET 요청을 보냅니다.

```
./mvnw clean compile quarkus:dev

curl -X GET "http://localhost:8080/hello?order=asc" \
    -H "accept: text/plain" -H "authorization: XYZ"[2]
URI: http://localhost:8080/hello - Order asc - Authorization: XYZ

curl -X GET "http://localhost:8080/hello?order=asc" \
    -H "accept: text/plain"
URI: http://localhost:8080/hello - Order asc - Authorization: null
```

그 외 요청 인자로는 폼 인자(@FormParam), 매트릭스 인자(@MatrixParam) 혹은 쿠키값(@CookieParam) 등을 추출할 수 있습니다. 또한 @Context 애너테이션으로는 JAX-RS와 연관된 다른 요소도 주입할 수 있습니다. 예를 들면 javax.ws.rs.core.SecurityContext, javax.ws.rs.sse.SseEventSink, javax.ws.rs.sse.Sse 등이 있습니다.

----

1 옮긴이_ https://docs.oracle.com/javaee/7/api/javax/ws/rs/core/UriInfo.html

2 옮긴이_퀘커스 dev 응용프로그램과는 별도의 창에서 띄워야 합니다.

논의 3.1절에서는 JAX-RS로 REST API 종단점을 어떻게 생성하는지 살펴보았습니다. 하지만 종종 본문 내용만이 아니라 요청에서 더 많은 정보를 추출해야 합니다.

퀴커스와 JAX-RS를 사용할 때 고려해야 할 중요한 내용 중 하나는 내부적으로 퀴커스는 기본적으로 Vert.x 기반으로 동작하는 RESTEasy를 사용한다는 것입니다. Servlet 명세와 연관된 것을 사용하지 않습니다.

일반적으로 말해서 REST API 종단점을 개발할 때 필요한 내용은 이미 충분합니다. 그리고 퀴커스는 사용자 정의 Servlet 필터를 구현하거나 HTTP 요청을 직접 코드로 조작할 수 있는 대안도 제공합니다.

하지만 그것이 요구사항이라면 Vert.x 대신에 Servlet 명세를 지원하도록 RESTEasy를 사용할 수도 있습니다. 이때 quarkus-undertow 확장을 사용합니다.

```
./mvnw quarkus:add-extension -Dextensions="quarkus-undertow"

./gradlew addExtension --extensions="quarkus-undertow"
```

함께 보기 JAX-RS을 더 알고 싶다면 다음 웹페이지를 참고하세요.

- 이클립스 파운데이션: Jakarta RESTful 웹서비스(*https://oreil.ly/Tgn5d*)
- RESTEasy(*https://oreil.ly/WpJ3x*)

3.3 HTTP 응답 상태 코드 사용하기

문제 HTTP 응답 상태 코드로 요청한 결과를 정확하게 반영하기

해결 JAX-RS 명세는 javax.ws.rs.core.Response 인터페이스로 HTTP 응답 상태 코드뿐만 아니라 응답 내용, 쿠키와 헤더와 같은 다른 필수 정보도 반환할 수 있습니다.

```java
package org.acme.quickstart;

import javax.ws.rs.Consumes;
import javax.ws.rs.POST;
import javax.ws.rs.Path;
import javax.ws.rs.Produces;
import javax.ws.rs.core.MediaType;
import javax.ws.rs.core.Response;
import javax.ws.rs.core.UriBuilder;

@Path("/developer")
public class DeveloperResource {

    @POST
    @Produces(MediaType.APPLICATION_JSON)
    @Consumes(MediaType.APPLICATION_JSON)
    public Response createDeveloper(Developer developer) {
        developer.persist();
        return Response.created(    ❶
            UriBuilder
                .fromResource(DeveloperResource.class)    ❷
                .path(Long.toString(developer.getId()))    ❸
                .build()
            )
            .entity(developer)    ❹
            .build();    ❺
    }

    public static class Developer {

        static long counter = 1;

        private long id;
        private String name;

        public long getId() {
            return id;
        }

        public void setName(String name) {
            this.name = name;
        }
```

```
        public String getName() {
            return name;
        }

        public void persist() {
            this.id = counter++;
        }
    }
}
```

❶ 응답 상태 코드가 201이며 URI에는 Location 헤더가 붙습니다

❷ 자원 클래스로 경로를 설정합니다

❸ Location 헤더에는 개발자 ID를 지정합니다

❹ 응답 내용으로 생성된 개발자 정보를 설정합니다

❺ Response 객체를 만듭니다

> **NOTE_** 종단점에서 JSON을 반환하기 위해서는 quarkus-resteasy-jsonb 혹은 quarkus-resteasy-jackson 확장을 사용해야 합니다.

새로운 터미널 창을 열고 쿼커스 응용프로그램을 실행합니다. 그다음 POST 메서드로 요청을 보냅니다.

```
./mvnw clean compile quarkus:dev

curl -d '{"name":"Ada"}' -H "Content-Type: application/json" \
  -X POST http://localhost:8080/developer -v

< HTTP/1.1 201 Created
< Content-Length: 21
< Content-Type: application/json
< Location: http://localhost:8080/developer/1
<
{"id":1,"name":"Ada"}
```

Location 헤더가 생성된 자원에 접근할 수 있는 유효한 URI를 포함하는 것을 유의하세요.

논의 REST 웹 API를 정의할 때 사용되는 하부 기술의 관례를 따르는 것이 매우 중요합니다. REST 웹서비스는 HTTP 계층입니다.

API를 정의할 때 다른 핵심 요소는 올바른 응답 코드를 사용하는 것입니다. 응답 코드는 요청이 정상적으로 처리되었는지를 클라이언트에게 반환합니다. 상태 코드에는 크게 다섯 가지가 있습니다.[3]

- 조건부 응답(Informational responses, 100–199)
- 성공(Successful responses, 200–299)
- 리다이렉트 완료(Redirects, 300–399)
- 요청 오류(Client errors, 400–499)
- 서버 오류(Server errors, 500–599)

퀘커스는 개발자의 별다른 노력 없이out-of-the-box도 정확한 HTTP 상태 코드를 제공하려고 노력합니다. 예를 들어 제약을 위반하면 '400 Bad Request'를 반환하고 서버 예외의 경우에는 '500 Internal Server Error'를 반환합니다. 하지만 기본적으로 다룰 수 없는 경우도 있습니다.

자원을 생성하는 'HTTP 201 Created' 상태 응답 코드는 메시지 본문에 새로운 자원의 내용과 `Location` 헤더로 자원의 URL을 넘겨주어야 합니다.

함께 보기 전체 HTTP 응답 코드는 다음 웹페이지에 요약되어 있습니다.

- MDN Web Docs: HTTP 응답 상태 코드(*https://oreil.ly/Gq02d*)

3.4 HTTP 메서드와 바인딩하기

문제 JAX-RS 명세에서 전용 애너테이션을 제공하지 않는 HTTP 동사와 메서드를 바인드하기

해결 `javax.ws.rs.HttpMethod` 애너테이션으로 HTTP 메서드 애너테이션을 생성하세요.

3　옮긴이_번역은 위키를 따랐습니다(*https://ko.wikipedia.org/wiki/HTTP__상태_코드*).

JAX-RS 명세는 사용자에게 응답하는 HTTP 메서드에 대해 7개의 전용 애너테이션을 제공합니다.

@GET, @POST, @PUT, @DELETE, @PATCH, @HEAD, @OPTIONS

하지만 실제로 더 많은 HTTP 메서드가 있고 JAX-RS에서는 `javax.ws.rs.HttpMethod` 애너테이션으로 나머지 메서드를 지원합니다.

가장 먼저 할 일은 메타 애너테이션^{meta-annotation}을 만드는 것입니다. 여기에서는 RFC-4918 기반의 LOCK 동사를 대상으로 합니다. LOCK 동사는 어떤 자원의 잠금^{lock}을 걸거나 갱신^{refresh}하는 역할을 합니다. 예제에서는 `javax.ws.rs.HttpMethod` 애너테이션으로 LOCK이라는 이름을 바인딩합니다.

파일: ch_03/jaxrs/src/main/java/org/acme/quickstart/LOCK.java

```java
package org.acme.quickstart;

import java.lang.annotation.Documented;
import java.lang.annotation.ElementType;
import java.lang.annotation.Retention;
import java.lang.annotation.RetentionPolicy;
import java.lang.annotation.Target;

import javax.ws.rs.HttpMethod;

@Target({ElementType.METHOD})
@Retention(RetentionPolicy.RUNTIME)
@HttpMethod("LOCK")   ❶
@Documented
public @interface LOCK {
}
```

---

❶ LOCK HTTP 메서드를 애너테이션에 바인딩합니다

마지막으로 어떤 자원에서 이 애너테이션으로 HTTP LOCK 동사에 바인딩합니다.

`org.acme.quickstart.GreetingResource.java` 파일을 열고 LOCK 메서드를 생성합니다.

```
@LOCK  ❶
@Produces(MediaType.TEXT_PLAIN)
@Path("{id}")
public String lockResource(@PathParam("id") long id) {
    return id + " locked";
}
```

❶ LOCK HTTP 메서드에 바인딩합니다

새로운 터미널 창을 열고 퀴커스 응용프로그램을 실행합니다. 그다음 LOCK 메서드 요청을 보냅니다.

```
./mvnw clean compile quarkus:dev

curl -X LOCK http://localhost:8080/hello/1
1 locked
```

함께 보기 HTTP 메서드의 전체 목록을 보려면 다음의 깃허브^{GitHub} 페이지를 참고하세요.

- KNOW YOUR HTTP methods WELL(*https://oreil.ly/DC9Wi*)

3.5 CORS 활성화하기

문제 다른 도메인에 대해서는 제약이 있는 자원에 접근 요청하기

해결 quarkus.http.cors 설정 속성으로 CORS^{Cross-Origin Resource Sharing}(교차 출처 자원 공유)를 활성화합니다.

논의 CORS는 첫 번째 자원이 제공된 도메인이 아닌 그외의 도메인으로부터 요청된 제한된 자원의 접근을 허용하는 메커니즘입니다. 퀴커스는 CORS를 설정하는 설정 속성을 제공합

니다.

쿼커스에서 CORS를 활성화하려면 `application.properties` 파일의 `quarkus.http.cors` 속성 설정을 true로 변경합니다.

CORS 설정의 예는 다음과 같습니다.

파일: ch_03/jaxrs/src/main/resources/application.properties

```
quarkus.http.cors=true
quarkus.http.cors.origins=http://example.com
quarkus.http.cors.methods=GET,PUT,POST,DELETE
quarkus.http.cors.headers=accept,authorization,content-type,x-requested-with
```

curl을 이용해 결과와 헤더를 확인할 수 있습니다.

```
curl -d '{"name":"Ada"}' -H "Content-Type: application/json" \
    -X POST http://localhost:8080/developer \
    -H "Origin: http://example.com" --verbose
```

결과에서는 `access-control-allow-origin` 헤더가 출력되어야 합니다.

```
upload completely sent off: 14 out of 14 bytes
* Mark bundle as not supporting multiuse
< HTTP/1.1 201 Created
< access-control-allow-origin: http://example.com
< access-control-allow-credentials: true
< Content-Length: 21
< Content-Type: application/json
< Location: http://localhost:8080/developer/5
```

함께 보기 CORS의 자세한 내용은 위키피디아 페이지를 참고하세요.

- Cross-origin resource sharing(*https://oreil.ly/iSiqh*)

3.6 리액티브 경로 사용하기

문제 리액티브 경로로 HTTP 종단점을 구현하기

해결 Vert.x의 io.vertx.ext.web.Router 라우터 인스턴스 혹은 io.quarkus.vertx.web. Route 애너테이션을 사용합니다.

쿼커스에서 리액티브 경로를 사용하는 방법은 두 가지입니다. 첫 번째 방법은 io.vertx.ext. web.Router 클래스로 직접 경로를 등록하는 것입니다.

시작할 때 Router 인스턴스를 가져오려면 콘텍스트 및 의존성 주입Contexts and Dependencies Injection(CDI)을 통해 객체 생성을 관찰observe합니다.[4]

org.acme.quickstart.ApplicationRoutes.java 파일을 생성합니다.

파일: ch_03/jaxrs/src/main/java/org/acme/quickstart/ApplicationRoutes.java

```java
package org.acme.quickstart;

import javax.enterprise.context.ApplicationScoped;
import javax.enterprise.event.Observes;

import io.quarkus.vertx.http.runtime.filters.Filters;
import io.quarkus.vertx.web.Route;
import io.vertx.core.http.HttpMethod;          ❺
import io.vertx.ext.web.Router;                ❺
import io.vertx.ext.web.RoutingContext;        ❺

@ApplicationScoped ❶
public class ApplicationRoutes {
    public void routes(@Observes Router router) {  ❷

        router
            .get("/ok")   ❸
            .handler(rc -> rc.response().end("OK from Route"));   ❹
```

---

4 옮긴이_관찰observe은 대상 객체가 생성될 때 바로 통지받아 미리 정해둔 내용을 호출합니다.

```
        }
    }
```

---

❶ application 범위를 갖는 객체를 초기화해 CDI 컨테이너에 넣습니다

❷ Router 객체로 경로를 등록합니다

❸ GET HTTP 메서드에 /ok 경로를 바인드합니다

❹ 로직을 처리합니다

❺ 이후 예제에서 사용할 임포트문

새로운 터미널 창을 열고 쿼커스 응용프로그램을 시작합니다. 그다음 새로운 메서드에 요청을 보냅니다.

```
./mvnw clean compile quarkus:dev

curl http://localhost:8080/ok
OK from Route
```

리액티브 경로를 사용하는 두 번째 방법은 io.quarkus.vertx.web.Route 애너테이션을 사용하는 선언적인 접근법입니다. 이 애너테이션을 사용하려면 quarkus-vertx-web 확장을 먼저 추가해야 합니다.

```
./mvnw quarkus:add-extension -Dextensions="quarkus-vertx-web"
```

그다음 @Route 애너테이션을 메서드에 붙입니다. 이 메서드는 반드시 CDI 빈 안에서 정의되어야 합니다.

org.acme.quickstart.ApplicationRoutes.java 클래스를 열고 경로를 정의합니다.

파일: ch_03/jaxrs/src/main/java/org/acme/quickstart/ApplicationRoutes.java

```
@Route(path = "/declarativeok", methods = HttpMethod.GET)  ❶
public void greetings(RoutingContext routingContext) {  ❷
    String name = routingContext.request().getParam("name");  ❸

    if (name == null) {
```

```
        namc = "world";
    }

    routingContext.response().end("OK " + name + " you are right");  ❹
}
```

❶ HTTP 경로와 메서드를 지정합니다

❷ RoutingContext로 요청 정보를 얻습니다

❸ 요청의 인자값을 얻습니다

❹ 로직을 처리합니다

새로운 터미널을 열고 퀴커스 응용프로그램을 시작합니다. 그다음 새로운 메서드로 요청을 보냅니다.

```
./mvnw clean compile quarkus:dev

curl localhost:8080/declarativeok?name=Alex
OK Alex you are right
```

논의 퀴커스 HTTP는 넌블러킹과 리액티브 엔진을 기반으로 합니다. 내부적으로 Vert.x와 네티[Netty]를 사용합니다. 요청이 도착하면 이벤트 루프[event loop]에서 관리합니다. 서블릿이라면 작업 스레드[worker thread]이고 리액티브 경로의 경우 I/O 스레드로 호출 로직을 담당합니다.

리액티브 경로는 넌블로킹이거나 명시적으로 블로킹으로 선언해야 합니다. 그렇지 않으면 리액티브 이벤트 루프의 특성으로 인해 루프가 멈추게 되고 스레드의 블로킹이 풀리기 전까지 아무런 요청도 처리할 수 없습니다.[5]

동일한 프로젝트에 JAX-RS 종단점과 리액티브 경로는 문제없이 혼용할 수 있습니다.

함께 보기 Vert.x의 리액티브 경로에 관한 자세한 내용은 다음 웹페이지를 참고하세요.

• Basic Vert.x-Web Concepts(*https://oreil.ly/kznp9*)

---

5 옮긴이_넌블로킹이면 요청이 왔을 때 다음 요청을 받아들일 수 있으며, 만약 명시적으로 블로킹으로 선언하면 의도적으로 하나씩 처리하겠다는 것입니다. 그 외의 경우에는 시스템에 예기치 못한 문제가 발생할 수 있습니다.

3.7 HTTP 요청 가로채기

문제 HTTP 요청을 가로채 요청 혹은 응답 조작하기

해결 때때로 종단점 로직에 도달하기 전에 요청을 조작(예, 보안 검사)하거나 응답이 호출자에게 도달하기 전에 응답을 조작(예, 응답 압축)해야 할 수도 있습니다. 퀴커스에서는 Vert.x의 Filters 혹은 JAX-RS 필터 인터페이스로 HTTP 요청을 가로채는 방법을 제공합니다.

필터를 구현하기 위해서는 `io.quarkus.vertx.http.runtime.filters.Filters` 인터페이스를 구현합니다.

시작할 때 `Filters` 인스턴스를 가져올 수 있도록 CDI로 객체 생성을 관찰합니다.

`org.acme.quickstart.ApplicationRoutes.java` 클래스를 열고 `filters` 메서드를 정의합니다.

파일: ch_03/jaxrs/src/main/java/org/acme/quickstart/ApplicationRoutes.java

```java
public void filters(@Observes Filters filters) {  ❶
    filters
        .register(
            rc -> {
                rc.response()  ❷
                    .putHeader("V-Header", "Header added by VertX Filter");  ❸
                rc.next();  ❹
            },
            10);  ❺
}
```

❶ Filters 객체로 필터를 등록합니다

❷ 응답을 변경합니다

❸ 응답에 새로운 헤더를 추가합니다

❹ 필터 체인을 계속합니다

❺ 실행 순서를 지정합니다

이 필드는 서블릿, JAX-RS 자원, 리액티브 경로에 모두 적용되니 주의하세요.

새로운 터미널을 열고 쿼커스 응용프로그램을 시작합니다. 그다음 새로운 메서드에 요청을 보냅니다.

```
./mvnw clean compile quarkus:dev

echo Reactive-Route
curl localhost:8080/ok -v
< V-Header: Header added by VertX Filter
< content-length: 13
OK from Route

echo JAX-RS
curl -X GET "http://localhost:8080/hello?order=asc" \
    -H "accept: text/plain" -H "authorization: XYZ" -v
< V-Header: Header added by VertX Filter
< content-length: 65
URI: http://localhost:8080/hello - Order asc - Authorization: XYZ
```

리액티브 경로와 JAX-RS 종단점에 관한 두 요청 모두 등록된 필터에 영향을 받아 새로운 헤더가 추가되었습니다.

또한 javax.ws.rs.container.ContainerRequestFilter와 javax.ws.rs.container.ContainerResponseFilter 인터페이스로 필터를 구현할 수 있습니다.

org.acme.quickstart.HeaderAdditionContainerResponseFilter.java 파일을 새로 생성합니다.

파일: ch_03/jaxrs/src/main/java/org/acme/quickstart/HeaderAdditionContainerResponseFilter.java

```
package org.acme.quickstart;

import java.io.IOException;

import javax.ws.rs.container.ContainerRequestContext;
import javax.ws.rs.container.ContainerResponseContext;
import javax.ws.rs.container.ContainerResponseFilter;
import javax.ws.rs.ext.Provider;
```

```
@Provider  ❶
public class HeaderAdditionContainerResponseFilter
                implements ContainerResponseFilter {  ❷

    @Override
    public void filter(ContainerRequestContext requestContext,
                       ContainerResponseContext responseContext)
            throws IOException {
            responseContext.getHeaders()
                .add("X-Header", "Header added by JAXRS Filter");  ❸
    }
}
```

❶ 이 클래스를 확장 인터페이스로 지정함

❷ 응답을 변경함

❸ 응답에 새로운 헤더를 추가함

이 필터는 오직 JAX-RS 자원에만 적용되며 리액티브 경로에는 영향을 미치지 않습니다.

새로운 터미널 창을 열고 쿼커스 응용프로그램을 시작합니다. 그다음 새로운 메서드에 요청을 보냅니다.

```
./mvnw clean compile quarkus:dev

echo Reactive-Route
curl localhost:8080/ok -v
< V-Header: Header added by VertX Filter
< content-length: 13
OK from Route

echo JAX-RS
curl -X GET "http://localhost:8080/hello?order=asc" \
    -H "accept: text/plain" -H "authorization: XYZ" -v
< V-Header: Header added by VertX Filter
< Content-Length: 65
< Content-Type: text/plain;charset=UTF-8
< X-Header: Header added by JAXRS Filter
URI: http://localhost:8080/hello - Order asc - Authorization: XYZ
```

논의 리액티브 경로 종단점에서는 오직 **V-Header**만 추가되었고 **X-Header**는 없습니다. 한편 JAX-RS 종단점에서는 요청에 두 헤더가 모두 추가되었습니다.

함께 보기 JAX-RS와 Vert.x를 더 자세히 알아보려면 다음 웹페이지를 방문하세요.

- 이클립스 Foundation: Jakarta RESTful 웹서비스(*https://oreil.ly/xioAv*)
- Vert.x 문서(*https://vertx.io/docs*)

3.8 SSL로 안전하게 연결하기

문제 공격자로부터 민감한 정보를 보호하는 안전한 연결을 만들기

해결 쿼커스는 SSL을 사용해 안전한 연결을 활성화합니다.

전달되는 정보가 민감(비밀번호, 계정번호, 건강 정보 등)한 경우 클라이언트와 응용프로그램 사이에 안전한 의사소통이 중요합니다. 이러한 이유로 SSL을 사용해 서비스 간의 의사소통을 보호하는 것이 매우 중요합니다.

의사소통을 보호하려면 두 가지 요소가 필요합니다. 인증서certificate와 관련 키 파일입니다. 둘 다 개별적으로 혹은 키 저장소keystore 형태로 제공될 수 있습니다.

쿼커스에서 인증서를 포함하는 키 저장소를 설정합니다.

파일: ch_03/ssl/src/main/resources/application.properties

```
quarkus.http.ssl-port=8443   ❶
quarkus.http.ssl.certificate.key-store-file=keystore.jks   ❷
quarkus.http.ssl.certificate.key-store-file-type=jks
quarkus.http.ssl.certificate.key-store-password=changeit   ❸
```

❶ HTTP 포트번호를 설정합니다

❷ 키 저장소 파일 경로는 `src/main/resources` 폴더를 기준으로 합니다. 키 저장소 타입을 설정합니다

❸ 키 저장소를 여는 비밀번호

응용프로그램을 시작하고 HTTPS 종단점에 요청을 보냅니다.

```
./mvnw clean compile quarkus:dev

curl --insecure https://localhost:8443/hello
hello
```

인증서가 자가 서명self-signed되었기 때문에 --insecure 플래그를 넣어 인증서 검증을 제외합니다. 인증서가 자가 서명이 아니라면 insecure 플래그는 사용하면 안 됩니다. 이 플래그는 오직 예제를 위해서만 사용합니다.

> **IMPORTANT_** 설정 파일에 비밀번호를 평문으로 넣는 것은 나쁜 습관입니다. 환경 변수인 QUARKUS_
> HTTP_SSL_CERTIFICATE_KEY_STORE_PASSWORD에 넣어도 좋습니다. 이 내용은 앞서 MicroProfile
> Config 명세가 소개된 책의 앞 부분에서 읽을 수 있습니다.

논의 바쁜 개발자를 위해 쿼커스를 위한 키 인증서를 생성하는 법입니다.

1. src/main/resource 폴더로 이동합니다
2. 다음 명령을 실행합니다

```
keytool -genkey -keyalg RSA -alias selfsigned \
        -keystore keystore.jks -storepass changeit \
        -validity 360 -keysize 2048
```

함께 보기 인증서, 키 저장소와 신뢰 저장소trust store를 생성하는 자세한 방법은 다음 웹페이지를 참고하세요.

- 오라클: 자바 플랫폼, 스탠다드 에디션 도구 레퍼런스: keytool(https://oreil.ly/mwOSH)

CHAPTER 4

설정

4장에서는 설정 인자를 구성하는 방법을 배웁니다.

- 쿼커스 서비스 설정하기
- 서비스에 설정 인자를 주입하기
- 환경에 의존하는 값을 적용하기
- 로깅 시스템을 올바르게 설정하기
- 사용자 정의로 설정 시스템을 생성하기

4.1 사용자 정의 속성으로 응용프로그램 설정하기

문제 쿼커스 응용프로그램을 사용자 정의 속성으로 설정하기

해결 쿼커스는 다수의 이클립스 마이크로프로파일 명세를 사용합니다. 그중 하나는 설정 명세입니다. 하지만 설정을 단순화하기 위해 쿼커스는 모든 설정을 담고 있는 `application.properties` 단일 파일을 사용합니다. 이 파일은 클래스패스 루트에 있어야 합니다.

이 파일은 로깅 혹은 기본 경로와 같은 쿼커스 속성을 설정할 수 있으며, 데이터소스 혹은 카프카Kafka와 같은 쿼커스 확장과 응용프로그램에 지정할 수 있는 사용자 정의 속성도 포함합니다.

이 책에서는 이 모두를 다루지만 이 절에서는 마지막 것을 배울 것입니다.

src/main/resources/application.properties 파일을 열고 다음 속성을 추가합니다.

파일: ch_04/config/src/main/resources/application.properties

```
greeting.message=Hello World
```

org.eclipse.microprofile.config.inject.ConfigProperty 애너테이션으로 application.properties 파일에 정의된 속성을 필드에 주입할 수 있습니다.

org.acme.quickstart.GreetingResource.java 파일을 열고 greeting.message 속성값을 주입합니다.

파일: ch_04/config/src/main/java/org/acme/quickstart/GreetingResource.java

```
@ConfigProperty(name = "greeting.message") // ❶
String message; // ❷

@GET
@Produces(MediaType.TEXT_PLAIN)
public String hello() {
    return message; // ❸
}
```

❶ greeting.message 속성값을 주입합니다

❷ 패키지 접근 제어자를 갖는 필드를 배치합니다

❸ 설정된 값을 반환합니다

> **TIP_** 그랄VM과 리플렉션reflection을 사용할 때는 성능상의 이유로, 필드에는 런타임에 주입될 수 있도록 private이 아닌 패키지(default) 접근 제어자를 사용하는 것을 권장합니다. 자세한 내용은 쿼커스 CDI 레퍼런스 가이드(*https://oreil.ly/8e1Sd*)를 참고하세요.[1]

새로운 터미널 창을 열고 /hello 경로로 요청을 보냅니다. 결과 메시지에서는 application.properties 파일에 정의된 값을 볼 수 있습니다.

---

[1] 옮긴이_앞서 나왔지만 private 접근 제어자는 성능이 떨어집니다.

```
curl http://localhost:8080/hello

Hello World
```

필수가 아닌 기본값을 가지고 있는 설정 필드를 만들려면 @ConfigProperty 애너테이션에 defaultValue 속성을 사용할 수 있습니다.

org.acme.quickstart.GreetingResource.java 파일을 열고 greeting.upper-case 속성 값을 주입합니다.

파일: ch_04/config/src/main/java/org/acme/quickstart/GreetingResource.java

```
@ConfigProperty(name = "greeting.upper-case",
                defaultValue = "true")  ❶
boolean upperCase;
@GET
@Path("/optional")
@Produces(MediaType.TEXT_PLAIN)
public String helloOptional() {
    return upperCase ? message.toUpperCase() : message;
}
```

❶ greeting.upper-case 속성의 기본값을 true로 설정합니다

새로운 터미널 창을 열고 /hello/optional 경로로 요청합니다. 결과가 대문자로 나오는지 확인합니다.

```
curl http://localhost:8080/hello/optional

HELLO WORLD
```

다중값multivalue 속성도 지원합니다. 요구사항이나 기호에 따라 Arrays, java.util.List 혹은 java.util.Set 중 하나로 필드를 정의합니다. 속성값의 구분자delimiter는 콤마(,)이고 이스케이프 문자escapse character는 역슬래시(\) 입니다.

src/main/resources/application.properties 파일을 열고 3개의 값을 갖는 다음 속성을 추가합니다.

파일: ch_04/config/src/main/resources/application.properties

```
greeting.suffix=!!, How are you???
```

org.acme.quickstart.GreetingResource.java 파일을 열고 greeting.suffix 속성값을 주입합니다.

파일: ch_04/config/src/main/java/org/acme/quickstart/GreetingResource.java

```java
@ConfigProperty(name = "greeting.suffix")
List<String> suffixes;
@GET
@Path("/list")
@Produces(MediaType.TEXT_PLAIN)
public String helloList() {
    return message + suffixes.get(1);
}
```

터미널 창에서 /hello/list 경로로 요청을 보내고 응답 메시지가 두 번째 접미사suffix를 포함하는지 확인하세요.

```
curl http://localhost:8080/hello/list

Hello World How are you???
```

YAML 형식도 지원되며 응용프로그램을 설정할 수 있습니다. 이 경우에는 application.yaml 혹은 application.yml 파일을 사용합니다.

YAML 설정 파일을 사용하려면 config-yaml 확장을 설치해야 합니다.

```
./mvnw quarkus:add-extension -Dextensions="config-yaml"
```

예를 들어 다음과 같은 속성값이 있다고 가정합니다.

```
greeting.message=Hello World

%staging.quarkus.http.port=8182
```

```
quarkus.http.cors=true
quarkus.http.cors.methods=GET,PUT,POST
```

이것을 YAML로 변환하면 다음과 같습니다.

```
greeting:
  message: Hello World    ❶
"%staging":    ❷
  quarkus:
    http:
      port: 8182
quarkus:
  http:
    cors:
      ~: true    ❸
      methods: GET,PUT,POST
```

❶ 단순 속성은 구조화되어 있습니다

❷ 프로파일은 인용 부호(quotation marks)로 감쌉니다

❸ 하위키(subkeys)가 있을 때 ~ 부호는 접두사가 없는 부분을 의미합니다. 즉, `quarkus:http:cors = true`
입니다

논의 이클립스 마이크로프로파일 설정은 내장 변환기와 함께 제공되며 각 설정값은 다음의
자바 객체로 대응됩니다.

- boolean과 java.lang.Boolean: 다음은 true로 변환됩니다. 예를 들어 true, 1, YES, Y와 ON. 그 외 나머지 값은 false로 대응됩니다.
- byte와 java.lang.Byte
- short와 java.lang.Short
- int와 java.lang.Integer
- long과 java.lang.Long
- float와 java.lang.Float
- double과 java.lang.Double
- char와 java.lang.Character
- java.lang.Class는 Class.forName() 호출의 결과에 의존함

내장 변환기 혹은 사용자 정의 변환기가 없다면 그다음은 대상 객체에 있는 다음 메서드를 확인합니다. 만약 내장 변환기 혹은 사용자 정의 변환기가 있다면 발견된 다음의 메서드는 변환기 객체를 인스턴스화하고 문자열 인수는 변환 시에 넘겨집니다.

- 대상 타입이 public static T of(String) 메서드를 가진 경우
- 대상 타입이 public static T valueOf(String) 메서드를 가진 경우
- 대상 타입이 String 인자를 가진 public 생성자를 가진 경우
- 대상 타입이 public static T parse(CharSequence) 메서드를 가진 경우

4.2 설정 속성에 프로그램적으로 접근하기

문제 org.eclipse.microprofile.config.inject.ConfigProperty 애너테이션으로 주입된 값을 사용하는 것이 아니라 프로그램적으로 설정 속성값에 접근하기

해결 프로그램에서 속성값에 접근하려는 객체에 org.eclipse.microprofile.config. Config 클래스를 주입합니다.

이클립스 마이크로프로파일 설정 명세는 ConfigProperty를 직접 사용하지 않아도 org. eclipse.microprofile.config.Config 객체로 프로그램에서 속성에 접근할 수 있도록 해줍니다.

org.acme.quickstart.GreetingResource.java 파일을 열고 Config 클래스를 주입합니다.

파일: ch_04/config/src/main/java/org/acme/quickstart/GreetingResource.java

```
@Inject  ❶
Config config;
@GET
@Path("/config")
@Produces(MediaType.TEXT_PLAIN)
public String helloConfig() {
    config.getPropertyNames().forEach( p -> System.out.println(p));  ❷
```

```
        return config.getValue("greeting.message", String.class);   ❸
    }
```

❶ Inject CDI 애너테이션으로 인스턴스를 주입합니다

❷ 속성 목록에 접근할 수 있습니다

❸ 속성값을 최종 타입으로 형 변환합니다

ConfigProvider.getConfig() 메서드를 호출하면 CDI를 사용하지 않고도 Config 클래스에 접근할 수 있습니다.

4.3 설정값을 외부에서 덮어쓰기

문제 실행시간에 어떤 설정값을 덮어쓰기

해결 시스템 속성 혹은 환경 변수를 설정하면 실행시간에 어떤 속성값을 덮어쓸 수 있습니다.

퀴커스는 시스템 속성(-Dproperty.name=value)과 환경 변수(export PROPERTY_NAME=value)로 설정값을 덮어쓸 수 있습니다. 시스템 속성은 환경 변수보다 우선순위가 높습니다.

이 속성을 외재화하는 예는 데이터베이스 URL, 사용자 이름, 비밀번호 등으로 대상 환경에서만 알려지는 값입니다. 하지만 트레이드 오프 관계도 있음을 알아야 합니다. 실행시간 속성이 늘어날수록 빌드시간에 퀴커스가 미리 할 수 있는 일이 줄어듭니다.

4.1절에 있는 응용프로그램을 패키징해 greeting.message 속성을 시스템 속성으로 덮어씁니다.

```
./mvnw clean package -DskipTests

java -Dgreeting.message=Aloha -jar target/getting-started-1.0-SNAPSHOT-runner.jar
```

새로운 터미널 창에서 속성이 덮어쓰였는지 확인합니다. Hello World는 Aloha가 되었습니다.

```
curl localhost:8080/hello

Aloha
```

환경 변수에는 속성 이름을 매칭할 때 세 가지 관례가 존재합니다. 이렇게 다양한 방법을 제공하는 이유는 운영체제에 따라 알파벳과 언더스코어(_)만 허용하고 점(.)과 같은 다른 문자는 허용하지 않기 때문입니다. 모든 가능한 경우를 지원하기 위해 다음의 법칙이 사용됩니다.

1. 정확하게 매칭되는 경우(greeting.message)
2. 영숫자가 아닌 문자는 언더스코어로 대체하기(greeting_message)
3. 영숫자가 아닌 문자는 언더스코어로 대체하고 나머지는 대문자로 변환하기(GREETING_MESSAGE)

가상의 application.properties 파일이 있습니다.

```
greeting.message=Hello World
```

이 값은 다음의 명령어를 사용해 환경 변수를 덮어쓸 수 있습니다. 세 경우가 동일합니다.

```
export greeting.message=Aloha
export greeting_message=Aloha
export GREETING_MESSAGE=Aloha
```

또한 응용프로그램 외부에는 application.properties 파일을 넣을 수 있는 특별한 공간이 있습니다. 응용프로그램이 동작하는 곳 하위의 config라는 디렉터리입니다. 이 파일에 정의된 실행시간 속성은 기본 속성을 오버라이드합니다.

> **IMPORTANT_** config/application.properties 파일은 개발 모드에서도 동작합니다. 하지만 동작하려면 여러분의 빌드 도구의 출력 디렉터리(메이븐은 target 디렉터리이고, 그레이들은 build 디렉터리)에 넣어주어야 합니다. 만약 clean 태스크를 실행하면 출력 디렉터리가 지워지므로 다시 넣어야 한다는 것을 명심하세요.

환경 변수와 `application.properties` 파일과는 별도로 속성값을 오버라이드하려면 현재 동작하는 디렉터리에 `.env` 파일을 넣어야 합니다. 이때는 환경 변수의 형식(`GREETING_MESSAGE=Aloha`)을 따라야 합니다.

4.4 프로파일 설정하기

문제 쿼커스를 실행 중인 환경에 의존해 설정값을 덮어쓰기

해결 쿼커스는 설정 프로파일^{configuration profiles}의 개념을 지원합니다. 이를 통해 서비스를 실행하는 환경에 맞춰 동일한 파일에서 동일한 속성을 재정의하고 환경에 맞춰 다른 값을 활성화하거나 비활성화할 수 있습니다.

설정 프로파일의 문법은 `%{profile}.config.key=value`입니다.

논의 쿼커스의 내장 프로파일은 다음과 같습니다.

dev
개발 모드에서 활성화됩니다(예, `quarkus:dev`).

test
테스트를 실행하면 활성화됩니다.

prod
개발 혹은 테스트 모드가 아닌 경우의 기본 프로파일입니다. 암시적으로 설정되어 있으므로 `application.properties` 파일에서 설정할 필요는 없습니다.

`src/main/resources/application.properties` 파일을 열고 쿼커스의 실행 포트를 8181로 변경합니다(기본값은 8080입니다).

```
%dev.quarkus.http.port=8181./mvnw compile quarkus:dev
```

다음은 서비스를 다시 시작하여 청취 포트가 8080(기본값)에서 8181으로 변경되었는지 확인합니다.

```
./mvnw compile quarkus:dev

INFO  [io.qua.dep.QuarkusAugmentor] (main) Beginning quarkus augmentation
INFO  [io.qua.dep.QuarkusAugmentor] (main) Quarkus augmentation completed
    in 671ms
INFO  [io.quarkus] (main) Quarkus 1.11.3 started in 1.385s. Listening on:
    http://0.0.0.0:8181
INFO  [io.quarkus] (main) Profile dev activated. Live Coding activated.
INFO  [io.quarkus] (main) Installed features:
    [cdi, hibernate-validator, resteasy]
```

이제 실행 주소는 기본값 대신에 http://0.0.0.0:8181/이 되었습니다.

마지막으로 application.properties 파일에 추가한 %dev.quarkus.http.port=8181 행을 지워서 8080 포트로 돌아갑니다.

4.5 로거 설정 변경하기

문제 기본 로깅 설정을 변경하기

해결 쿼커스는 같은 파일에서 모든 설정 속성을 정의할 수 있는 통합 설정 모델을 제공합니다. 쿼커스의 application.properties 파일은 로깅에 관련한 내용을 설정할 수 있습니다.

예를 들어 로깅 수준을 변경하고 싶으면 quarkus.log.level 속성을 최소 수준으로 변경합니다.

src/main/resources/application.properties 파일을 열고 다음의 내용을 추가합니다.

```
quarkus.log.level=DEBUG
```

이제 응용프로그램을 시작하면 콘솔에 새로운 로깅 수준에 맞는 메시지를 볼 수 있습니다.

```
./mvnw compile quarkus:dev

...
[INFO] --- quarkus-maven-plugin:1.11.3.Final:dev (default-cli) @ getting-started ---
Listening for transport dt_socket at address: 5005
DEBUG² [org.jbo.logging] (main) Logging Provider: \
    org.jboss.logging.JBossLogManagerProvider
INFO  [io.qua.dep.QuarkusAugmentor] (main) Beginning quarkus augmentation
DEBUG [io.qua.run.con.ConverterSupport] (main) Populate SmallRye config builder
    with converter for class java.net.InetSocketAddress of priority 200
DEBUG [io.qua.run.con.ConverterSupport] (main) Populate SmallRye config builder
    with converter for class org.wildfly.common.net.CidrAddress of priority 200
```

NOTE_ 이 책에서는 한 줄의 내용이 여러 줄로 표시되는 경우에 역슬래시(\)로 표기했습니다.

quarkus.log.file.enable 속성을 사용하면 파일에 로그를 저장할 것인지 설정할 수 있습니다. 저장되는 파일은 기본적으로 quarkus.log입니다.

```
quarkus.log.file.enable=true
```

NOTE_ 여러분은 개발 모드이고 소스 디렉터리에서 작업하고 있으므로 로깅 파일은 target 디렉터리에 저장됩니다.

---

2 옮긴이_DEBUG 로그가 표시됩니다

4.6 응용프로그램 로그 추가하기

문제 응용프로그램에 로그 추가하기

해결 대부분의 응용프로그램에는 로그 메시지를 추가해야 하며 퀘커스에서 제공하는 기본 로그로는 충분하지 않을 것입니다. 응용프로그램에는 제공되는 다양한 로그 API가 활용되며 이 로그를 합해 출력됩니다.

퀘커스는 다음 로그 라이브러리를 지원합니다.

- JDK java.util.logging
- JBoss logging
- SLF4J
- 아파치 커먼즈 Logging

JBoss Logging으로 로그 사용법을 알아봅니다. org.acme.quickstart.GreetingResource.java 파일을 열어 특정 종단점이 호출되었을 때 로그를 출력합니다.

파일: ch_04/scaffold/src/main/java/org/acme/quickstart/GreetingResource.java

```
private static org.jboss.logging.Logger logger =
                org.jboss.logging.Logger.getLogger(GreetingResource.class);   ❶

@GET
@Path("/log")   ❷
@Produces(MediaType.TEXT_PLAIN)
public String helloLog() {
    logger.info("I said Hello");   ❸
    return "hello";
}
```

❶ 로거 인스턴스를 생성합니다

❷ 종단점 경로는 /log입니다

❸ info 수준의 로그를 출력합니다

이제 응용프로그램을 실행합니다.

```
./mvnw compile quarkus:dev
```

터미널 창에서 /hello/log 요청을 실행합니다.

```
curl http://localhost:8080/hello/log
```

터미널 창에서 다음과 같이 INFO 로그를 볼 수 있습니다.

```
INFO  [org.acm.qui.GreetingResource] (executor-thread-1) I said Hello
```

논의 로깅은 카테고리별로 이뤄집니다. 어떤 카테고리에 적용되는 설정은 별도의 설정이 없는 한 그 하위 카테고리에도 그대로 적용됩니다.

카테고리는 클래스 위치로 표현됩니다(이를테면 클래스가 정의된 패키지 혹은 하위 패키지). 예를 들어 TRACE 수준으로 Undertow 보안 로깅을 설정하려면 application.properties 파일에 다음과 같이 설정합니다.

```
quarkus.log.category."io.undertow.request.security".level=TRACE
```

이전 예제에서 org.acme.quickstart 하위의 클래스는 WARNING 수준 이상의 로그만 출력하려면 다음과 같이 설정합니다.

파일: ch_04/scaffold/src/main/resources/application.properties

```
quarkus.log.category."org.acme.quickstart".level=WARNING  ❶
```

❶ 카테고리를 지정할 때는 쌍따옴표(")로 감싸야 합니다

다시, *http://localhost:8080/hello/log*를 요청하면 앞서 입력한 INFO 로그는 출력되지 않습니다.[3]

----

3 옮긴이_로깅 수준은 높은 순으로 FATAL, ERROR, WARN, INFO, DEBUG, TRACE입니다.

4.7 고급 로깅

문제 모든 서비스의 로그를 중앙으로 모으기

해결 마이크로서비스 아키텍처와 쿠버네티스로 작업할 때 로깅은 고려해야 할 매우 중요한 사항입니다. 왜냐하면 각 서비스가 각자 로깅을 하기 때문입니다. 개발자 혹은 운영자로서 모든 로그를 한 곳으로 중앙화해 전체적으로 파악하고 싶을 수도 있습니다.

쿼커스 로깅은 또한 JSON과 GELF 출력을 지원합니다.

이 로그는 평문이 아닌 JSON 형식으로 작성되며 `logging-json` 확장을 등록해야 합니다.

```
./mvnw quarkus:add-extension -Dextensions="logging-json"
```

GELF 확장을 사용하면 GELF 형식으로 로그를 출력해 TCP 혹은 UDP로 전송합니다.

그레이로그 확장 로그 형식^{Graylog extended log format(GELF)}은 최근 사용되는 가장 중앙화된 세 가지 로그 시스템에 사용됩니다.

- 그레이로그(몽고DB, 일래스틱서치^{Elasticsearch}, 그레이로그)
- ELK(일래스틱서치, 로그스태시^{Logstash}, 키바나^{Kibana})
- EFK(일래스틱서치, 플루언트디^{Fluentd}, 키바나)

GELF 형식으로 로깅하려면 `logging-gelf` 확장을 추가해야 합니다.

```
./mvnw quarkus:add-extension -Dextensions="logging-gelf"
```

로깅 코드는 변경하지 않으며 동일한 인터페이스가 사용됩니다.

파일: ch_04/scaffold/src/main/java/org/acme/quickstart/GreetingResource.java

```
private static org.jboss.logging.Logger logger =
            org.jboss.logging.Logger.getLogger(GreetingResource.class);  ❶
```

```java
@GET
@Path("/log")  ❷
@Produces(MediaType.TEXT_PLAIN)
public String helloLog() {
    logger.info("I said Hello");  ❸
    return "hello";
}
```

❶ 로거 인스턴스를 생성합니다

❷ 종단점 하위 경로는 /log입니다

❸ INFO 수준으로 로그를 출력합니다

GELF 처리자는 application.properties 파일에 설정해야 합니다.

```properties
quarkus.log.handler.gelf.enabled=true  ❶
quarkus.log.handler.gelf.host=localhost  ❷
quarkus.log.handler.gelf.port=12201  ❸
```

❶ 확장을 활성화합니다

❷ 로그 메시지가 전송되는 호스트를 지정합니다

❸ 종단점 포트를 설정합니다

IMPORTANT_ 만약 로그스태시(ELK)를 사용한다면 GELF 형식을 이해하는 입력 플러그인Input plug-in을 활성화해야 합니다.

```
input {
  gelf {
    port => 12201
  }
}
output {
  stdout {}
  elasticsearch {
    hosts => ["http://elasticsearch:9200"]
  }
}
```

```
<source>
  type gelf
  tag example.gelf
  bind 0.0.0.0
  port 12201
</source>

<match example.gelf>
  @type elasticsearch
  host elasticsearch
  port 9200
  logslash_format true
</match>
```

논의 쿼커스 로깅은 별도의 확장 추가 없이 기본적으로 syslog 형식을 지원합니다. syslog
형식은 쿼커스에서 GELF 형식에 대한 대안으로 플루언트디에서 사용할 수 있습니다.

```
quarkus.log.syslog.enable=true
quarkus.log.syslog.endpoint=localhost:5140
quarkus.log.syslog.protocol=udp
quarkus.log.syslog.app-name=quarkus
quarkus.log.syslog.hostname=quarkus-test
```

```
<source>
  @type syslog
  port 5140
  bind 0.0.0.0
  message_format rfc5424
  tag system
</source>
```

```
<match **>
  @type elasticsearch
  host elasticsearch
  port 9200
  logstash_format true
</match>
```

쿠버네티스에서 로그를 가장 단순화하는 방법은 콘솔에 로그를 출력하고, 출력된 모든 로그 라인을 수집하는 중앙 로그 관리자를 클러스터에 설치하는 것입니다.

함께 보기 고급 로깅 주제를 더 배우려면 다음 웹사이트를 방문하세요.

- Logstash/Gelf Loggers(*https://oreil.ly/Mj9Ha*)

4.8 사용자 정의 프로파일 설정하기

문제 생성한 사용자 정의 프로파일에 다른 설정값 설정하기

해결 지금까지 쿼커스의 내장 프로파일에 동일한 속성에 대한 다른 설정값을 갖거나 환경에 맞게 활성화하는 방법을 알아보았습니다. 하지만 쿼커스에서는 자기만의 프로파일을 설정할 수도 있습니다.

여러분이 할 일은 오직 quarkus.profile 시스템 속성 혹은 QUARKUS_PROFILE 환경 변수로 프로파일의 활성화 여부를 지정하는 것입니다. 만약 둘 다 설정되어 있다면 시스템 속성이 우선순위가 높습니다.

그다음 프로파일 이름으로 속성을 생성하고 현재 프로파일을 이름으로 설정합니다. 쿼커스의 청취 포트를 덮어쓰는 새로운 staging[4] 프로파일을 생성합니다.

src/main/resources/application.properties 파일을 열고 staging 프로파일이 활성화되었을 때 쿼커스를 8182 포트에서 실행하도록 설정합니다.

---

4 옮긴이_스테이징 서버는 일반적으로 개발과 운영[production] 사이의 중간 단계를 의미합니다.

파일: ch_04/config/src/main/resources/application.properties

```
%staging.quarkus.http.port=8182
```

staging 프로파일을 활성화해 응용프로그램을 시작합니다.

```
./mvnw -Dquarkus.profile=staging compile quarkus:dev

INFO  [io.qua.dep.QuarkusAugmentor] (main) Beginning quarkus augmentation
INFO  [io.qua.dep.QuarkusAugmentor] (main) Quarkus augmentation completed
    in 640ms
INFO  [io.quarkus] (main) Quarkus 1.11.3.Final started in 1.300s. Listening on:
    http://0.0.0.0:8182
INFO  [io.quarkus] (main) Profile staging activated. Live Coding activated.
INFO  [io.quarkus] (main) Installed features: [cdi, hibernate validator,
    resteasy]
```

이 경우 시스템 속성 접근법을 사용했지만 QUARKUS_PROFILE 환경 변수를 지정할 수도 있습니다.

논의 만약 테스트에서 실행되는 프로파일을 지정하려면 빌드 스크립트에서 quarkus.test.profile 시스템 속성에 원하는 프로파일을 지정합니다. 예를 들어 메이븐에서는

```
<groupId>org.apache.maven.plugins</groupId>
<artifactId>maven-surefire-plugin</artifactId>
<version>${surefire-plugin.version}</version>
<configuration>
    <systemPropertyVariables>
        <quarkus.test.profile>foo</quarkus.test.profile>
        <buildDirectory>${project.build.directory}</buildDirectory>
    </systemPropertyVariables>
</configuration>
```

혹은 그레이들에서는

```
test {
    useJUnitPlatform()
    systemProperty "quarkus.test.profile", "foo"
}
```

또한 기본 운영production 프로파일을 변경할 수도 있습니다. 쿼커스의 내장 프로파일은 prod이고 따라서 만약 별도의 프로파일을 지정하지 않았다면 응용프로그램은 이 프로파일의 값으로 실행해야 합니다. 하지만 빌드시간에는 변경할 수 있습니다. 따라서 실행할 프로파일을 명시하지 않으면 응용프로그램이 실행될 때 이 프로파일로 실행됩니다(빌드시간에 변경한 프로파일).

이렇게 하려면 quarkus.profile 시스템 속성을 기본으로 설정할 프로파일값으로 지정해 응용프로그램을 빌드합니다.

```
./mvnw package -Pnative -Dquarkus.profile=prod-kubernetes
./target/getting-started-1.0-runner ❶
```

❶ 이 명령은 기본적으로 prod-kubernetes 프로파일을 활성화해 실행합니다

4.9 사용자 정의 소스 생성하기

문제 application.properties 파일 외에 다른 소스source에서 설정 인자 로드하기

해결 쿼커스는 이클립스 마이크로프로파일 설정 명세를 사용해 관련된 모든 로직을 구현합니다. 명세는 org.eclipse.microprofile.config.spi.ConfigSource 자바 SPI 인터페이스로 쿼커스의 기본값 외에 다른 설정 속성을 로딩할 수 있습니다.

예를 들어 데이터베이스, XML 파일, REST API로 설정 속성을 로딩할 수 있습니다.

단순한 인메모리in-memory 설정 소스를 생성합니다. 여기에서는 생성 시에 만들어진 Map 객체로부터 값을 얻어옵니다. 새로운 클래스는 org.acme.quickstart.InMemoryConfigSource.java 파일에 있습니다.

파일: ch_04/custom-config/src/main/java/org/acme/quickstart/InMemoryConfigSource.java

```
package org.acme.quickstart;

import java.util.HashMap;
```

```
import java.util.Map;

import org.eclipse.microprofile.config.spi.ConfigSource;

public class InMemoryConfigSource implements ConfigSource {

    private Map<String, String> prop = new HashMap<>();

    public InMemoryConfigSource() {  ❶
        prop.put("greeting.color", "red");
    }

    @Override
    public int getOrdinal() {  ❷
        return 500;
    }

    @Override
    public Map<String, String> getProperties() {  ❸
        return prop;
    }

    @Override
    public String getValue(String propertyName) {  ❹
        return prop.get(propertyName);
    }

    @Override
    public String getName() {  ❺
        return "MemoryConfigSource";
    }

}
```

❶ 맵에 속성값을 넣습니다

❷ 값의 중요성을 결정합니다. 최상위 순서는 우선순위가 낮은 것보다 우선합니다

❸ 맵에 있는 모든 속성을 얻습니다. 이 경우 직접적입니다

❹ 단일 속성의 값을 얻습니다

❺ 이 속성 소스의 이름을 반환합니다

그다음 이것을 자바 SPI에 등록합니다. src/main/resources/META-INF 폴더 하위에 services

폴더를 생성합니다. 그다음 services 폴더에 org.eclipse.microprofile.config.spi. ConfigSource 파일을 생성하고 다음 내용을 추가합니다.

파일: ch_04/custom-config/src/main/resources/META-INF/services/org.eclipse.microprofile.config. spi.ConfigSource

```
org.acme.quickstart.InMemoryConfigSource
```

마지막으로 org.acme.quickstart.GreetingResource.java를 수정해 속성을 주입합니다.

파일: ch_04/custom-config/src/main/java/org/acme/quickstart/GreetingResource.java

```
@ConfigProperty(name = "greeting.color")  ❶
String color;

@GET
@Path("/color")
@Produces(MediaType.TEXT_PLAIN)
public String color() {
    return color;
}
```

❶ InMemoryConfigSource 클래스에 정의된 속성값을 주입합니다

터미널 창에서 /hello/color 경로로 요청하면 출력 메시지로 사용자 정의 소스에 설정된 값을 확인할 수 있습니다.

```
curl http://localhost:8080/hello/color

red
```

논의 ConfigSource는 지정된 순서를 가지고 있으며 동일한 응용프로그램에 다수의 설정 소스가 있는 경우에 ConfigSource로부터 가져온 값의 중요성을 설정합니다. 더 높은 순서의 ConfigSource 설정값은 낮은 값의 ConfigSource보다 우선적으로 사용됩니다. 다음 목록의 기본값을 참고로 사용하면, 시스템 속성은 모든 것에 우선하고 **src/main/resources** 디렉터

리에 있는 `application.properties` 파일은 다른 아무런 `ConfigSource`가 없다면 우선적으로 사용될 것입니다.

- 시스템 속성은 400
- 환경 변수는 300
- config 디렉터리에 `application.properties` 파일은 260
- 프로젝트에 `application.properties` 파일은 250

4.10 사용자 정의 변환기 생성하기

문제 사용자 정의 변환기 구현하기

해결 `org.eclipse.microprofile.config.spi.Converter` 자바 SPI를 구현해 `String` 속성값을 원하는 타입으로 변환할 수 있습니다.

쿼커스는 이클립스 마이크로프로파일 설정 명세를 사용해 설정에 관한 모든 로직을 구현합니다. 명세는 `org.eclipse.microprofile.config.spi.Converter` 자바 SPI 인터페이스로 설정값을 특정 타입으로 변환할 수 있습니다.

예를 들어 퍼센트값(예, 15%)을 `double`형 변수를 포함하는 `Percentage` 객체로 변형할 수 있습니다.

`org.acme.quickstart.Percentage.java` 파일에 새로운 POJO 클래스를 만듭니다.

파일: ch_04/custom—config/src/main/java/org/acme/quickstart/Percentage.java

```
package org.acme.quickstart;

public class Percentage {

    private double percentage;

    public Percentage(double percentage) {
        this.percentage = percentage;
```

```
        }

        public double getPercentage() {
            return percentage;
        }

    }
```

그다음 org.acme.quickstart.PercentageConverter.java 클래스를 생성해 String값을
Percentage 객체로 변환합니다.

파일: ch_04/custom-config/src/main/java/org/acme/quickstart/PercentageConverter.java

```
package org.acme.quickstart;

import javax.annotation.Priority;

import org.eclipse.microprofile.config.spi.Converter;

@Priority(300)   ❶
public class PercentageConverter implements Converter<Percentage> {   ❷

    @Override
    public Percentage convert(String value) {

        String numeric = value.substring(0, value.length() - 1);
        return new Percentage (Double.parseDouble(numeric) / 100);

    }

}
```

❶ 우선순위를 정합니다. 이 경우에는 선택적입니다
❷ 변환할 타입을 명시한 제네릭 타입

그다음 자바 SPI를 등록합니다. src/main/resources/META-INF 폴더 하위에 services 폴
더를 생성하고, 폴더에 org.eclipse.microprofile.config.spi.Converter 파일을 만들어
다음의 내용을 추가합니다.

```
org.acme.quickstart.PercentageConverter
```

그다음 org.acme.quickstart.GreetingResource.java 파일을 수정해 속성을 주입합니다.

파일: ch_04/custom—config/src/main/java/org/acme/quickstart/GreetingResource.java

```java
@ConfigProperty(name = "greeting.vat")
Percentage vat;

@GET
@Path("/vat")
@Produces(MediaType.TEXT_PLAIN)
public String vat() {
    return Double.toString(vat.getPercentage());
}
```

마지막으로 src/main/resources 디렉터리에 있는 application.properties 파일에 새로
운 속성을 추가합니다.

파일: ch_04/custom—config/src/main/resources/application.properties

```
greeting.vat = 21%
```

터미널 창에서 /hello/vat 경로로 요청하면 출력 메시지가 퍼센트값에서 double값으로 변형
된 것을 확인할 수 있습니다.

```
curl http://localhost:8080/hello/vat

0.21
```

논의 변환기에 @Priority 애너테이션이 없으면 우선순위는 100으로 등록됩니다. 쿼커스 내
장 변환기는 우선순위가 200입니다. 따라서 쿼커스 변환기를 대체하려면 그보다 높은 우선순
위값을 사용해야 합니다. 대체할 필요가 없다면 기본 변환기로도 충분합니다.

퀘커스 핵심 변환기는 4.1절에서 확인할 수 있습니다.

4.11 설정값을 그룹화하기

문제 설정 속성에 공통 접두사를 반복적으로 붙이는 것을 피하기

해결 같은 접두사를 가진 공통 속성은 `@io.quarkus.arc.config.ConfigProperties` 애너테이션으로 그룹화할 수 있습니다.

응용프로그램에서 설정 속성을 간헐적으로 생성했다면 일반적으로 이 속성은 같은 접두사(예, `greetings`)를 가지고 있을 것입니다. 이 속성을 주입하려면 `@ConfigProeprty` 애너테이션을 사용하거나(4.1절), `io.quarkus.arc.config.ConfigProperties` 애너테이션으로 속성을 그룹화할 수 있습니다.

`application.properties` 파일을 보면:

파일: ch_04/config/src/main/resources/application.properties

```
greeting.message=Hello World
greeting.suffix=!!, How are you???
```

이제 `io.quarkus.arc.config.ConfigProperties` 애너테이션으로 설정 속성을 자바 객체로 매핑하는 클래스를 구현합니다. `org.acme.quickstart.GreetingConfiguration.java` 파일에 새로운 클래스를 생성합니다.

파일: ch_04/config/src/main/java/org/acme/quickstart/GreetingConfiguration.java

```java
package org.acme.quickstart;

import java.util.List;
import java.util.Optional;
```

```java
import javax.validation.constraints.Max;
import javax.validation.constraints.Min;

import io.quarkus.arc.config.ConfigProperties;

@ConfigProperties(prefix = "greeting")   ❶
public class GreetingConfiguration {

    public String message;   ❷
    public String suffix = "!";   ❸
}
```

❶ 공통 접두사를 가진 설정 POJO를 지정합니다

❷ greeting.message 속성 매핑

❸ 해당 속성이 없는 경우에는 greeting.suffix의 기본값을 지정합니다

앞의 코드에서 중요한 점은 prefix 속성이 필수가 아니라는 것입니다. 만약 속성을 지정하지 않으면 접두사는 클래스 이름으로 판단됩니다(Configuration 접미사 부분을 제거한 형태). 이 경우 prefix 속성은 자동으로 greeting이 됩니다.[5]

그다음 이 설정 POJO를 주입해 사용해봅니다.

org.acme.quickstart.GreetingResource.java 클래스를 변경해 설정 POJO 클래스를 주입합니다.

파일: ch_04/config/src/main/java/org/acme/quickstart/GreetingResource.java

```java
@Inject   ❶
GreetingConfiguration greetingConfiguration;

@GET
@Path("/configurations")
@Produces(MediaType.TEXT_PLAIN)
public String helloConfigurations() {
    return greetingConfiguration.message + greetingConfiguration.suffix;
}
```

------

5 옮긴이_prefix 속성을 제거해도 동일하다는 의미입니다.

❶ CDI @Inject 애너테이션으로 설정을 주입합니다.

터미널 창에서 /hello/configurations를 요청하면 자바에서 설정값이 나오는지 확인합니다.

```
curl http://localhost:8080/hello/configurations

Hello World!!, How are you???
```

여기서 알 수 있듯이 모든 필드에 @ConfigPrperty 애너테이션을 사용할 필요는 없습니다. 단지 속성값 혹은 기본값을 얻어오는 클래스로 손쉽게 대체할 수 있습니다.

논의 게다가 퀴커스는 중첩된 객체 설정도 지원하기 때문에 내부 클래스를 사용하면 하위 카테고리도 매핑할 수 있습니다.

예를 들어 greeting.ouput.recipients라는 이름의 새로운 속성을 application.properties 파일에 추가했습니다.

파일: ch_04/config/src/main/resources/application.properties

```
greeting.output.recipients=Ada,Alexandra
```

내부 클래스를 사용해 설정 객체에 매핑할 수 있습니다. org.acme.quickstart.Greeting Configuration.java 파일을 수정합니다. 다음과 같이 output 하위 카테고리를 의미하는 새로운 내부 클래스를 추가하고 필드로 등록합니다.

파일: ch_04/config/src/main/java/org/acme/quickstart/GreetingConfiguration.java

```
public OutputConfiguration output;  ❶

public static class OutputConfiguration {
    public List<String> recipients;
}
```

❶ 하위 카테고리 이름이 필드 이름입니다(output)

그러면 `greeting.output.recipients` 필드에 접근해 값을 얻어올 수 있습니다. 또한 빈 검증 애너테이션을 가진 필드를 사용해 모든 설정값이 유효한지 응용프로그램을 시작할 때마다 확인할 수 있습니다. 만약 유효하지 않으면 응용프로그램은 시작되지 않고 로그에 유효성 오류를 기록합니다.

4.12 설정값 검증하기

문제 설정값이 옳은지 유효성 검증하기

해결 빈 검증 명세를 사용해 클래스에 `@ConfigProperty` 애너테이션으로 주입된 속성값을 검증합니다.

빈 검증 명세는 애너테이션으로 객체의 제약을 설정할 수 있습니다. 쿼커스는 이클립스 마이크로프로파일 설정 명세와 빈 검증 명세를 통합해 어떤 설정값이 특정 기준을 만족하는지 검증합니다. 이 검증은 부트시간에 실행되며 위반사항이 있다면 오류 메시지가 콘솔에 출력되고 부트절차는 중단됩니다.

첫 번째로 할 일은 쿼커스 빈 검증 의존성을 등록하는 것입니다. `pom.xml` 파일을 직접 수정하거나 다음의 명령을 프로젝트 루트 디렉터리에서 실행합니다.

실행 디렉터리: ch_04/config

```
./mvnw quarkus:add-extension -Dextensions="quarkus-hibernate-validator"
```

그다음 이전 절에서 배운 설정 객체를 생성합니다. 다음 예로는 `greeting.repeat` 설정 속성의 제약으로 1~3회만 유효합니다.

정수 범위 유효성 검증을 위해서는 다음 빈 검증 애너테이션을 사용합니다. `javax.validation.constraints.Max`와 `javax.validation.constraints.Min`입니다. `org.acme.quickstart.GreetingConfiguration.java` 파일을 열고 빈 검증 애너테이션을 추가합니다.

파일: ch_04/config/src/main/java/org/acme/quickstart/GreetingResource.java

```
@Min(1)        ❶
@Max(3)        ❷
public Integer repeat;
```

❶ 허용되는 최솟값

❷ 허용되는 최댓값

src/main/resources/application.properties 파일을 열고 greeting.repeat 설정 속성을 7로 설정합니다.[6]

파일: ch_04/config/src/main/resources/application.properties

```
greeting.repeat=7
```

응용프로그램을 시작하면 설정값이 정의된 제약 중 하나를 위반했다는 오류 메시지를 볼 수 있습니다.

```
./mvnw compile quarkus:dev
```

논의 이 예제에서는 빈 검증 명세의 간단한 소개와 필드의 유효성을 검증하는 애너테이션을 배웠습니다. 하이버네이트 검증과 빈 검증 구현에는 @Digits, @Email, @NotNull, @NotBlank 등 더 많은 제약조건을 제공합니다.

---

6 옮긴이_ 책 예제는 유효한 값❷으로 설정되어 있으므로 직접 7로 변경해보세요.

CHAPTER 5

프로그래밍 모델

5장에서는 쿼커스의 프로그래밍 모델에 관한 주제를 살펴볼 것입니다. 쿼커스의 프로그래밍 모델은 매우 독특합니다. 쿼커스는 다른 프레임워크와는 다르게 CDI를 사용하는 명령형 imperative 모델과 SmallRye Mutiny를 사용하는 리액티브reactive 모델을 모두 사용합니다(리액티브 접근법은 15장에서 배웁니다). 때때로 여러분은 두 가지 접근법 모두를 알아야 합니다. 따라서 두 접근법 모두 배워두는 것은 유용할 것입니다.

이 장에서는 명령형 모델에 초점을 맞춰 다음의 내용을 배웁니다.

- JSON과 XML 문서를 마샬링/언마샬링하기
- 요청 인자의 유효성을 검증하기
- CDI 명세로 콘텍스트 및 의존성 주입하기
- 쿼커스 서비스에 대한 테스트 작성하기

5.1 JSON 마샬링/언마샬링

문제 자바 객체를 JSON 문서로(부터) 마샬링/언마샬링[1]하기

---

1 옮긴이_마샬링에 관한 내용은 *https://ko.wikipedia.org/wiki/*마샬링_(컴퓨터_과학)을 참고하세요.

해결 JSON-B 명세 혹은 Jackson 프로젝트를 사용해 자바 객체를 JSON 문서로(부터) 마샬링/언마샬링합니다.

REST API를 생성할 때 일반적으로 JSON은 정보를 교환하는 데이터 형식으로 사용합니다. 지금까지 단순한 평문 응답을 반환하는 예를 봐왔습니다. 하지만 이번 절에서는 JSON을 요청의 본문이나 응답 데이터 형식으로 사용하는 법을 배우게 될 것입니다.

먼저 pom.xml 파일에 JSON-B 확장을 등록합니다. 터미널 창을 열고 프로젝트의 루트 디렉터리에서 다음 명령을 실행합니다.

```
./mvnw quarkus:add-extension -Dextensions="quarkus-resteasy-jsonb"

[INFO] --- quarkus-maven-plugin:1.11.3.Final:add-extension (default-cli)
    @ custom-config ---
√ Adding extension io.quarkus:quarkus-resteasy-jsonb
```

io.quarkus:quarkus-resteasy-jsonb 확장이 빌드 도구에 추가되었습니다.

> **NOTE_** 그레이들에서는 ./gradlew addExtension —extensions="quarkus-resteasy-jsonb" 명령으로 확장을 추가합니다.

다음은 developer 클래스를 생성해 종단점에서 마샬링/언마샬링을 수행합니다. 새로운 클래스의 이름은 org.acme.quickstart.Developer.java입니다.

파일: ch_05/jsonb/src/main/java/org/acme/quickstart/Developer.java

```java
package org.acme.quickstart;

public class Developer {

    private String name;
    private String favoriteLanguage;
    private int age;

    public String getName() {
        return name;
    }
```

```java
    public void setName(String name) {
        this.name = name;
    }

    public String getFavoriteLanguage() {
        return favoriteLanguage;
    }

    public void setFavoriteLanguage(String favoriteLanguage) {
        this.favoriteLanguage = favoriteLanguage;
    }

    public int getAge() {
        return age;
    }

    public void setAge(int age) {
        this.age = age;
    }

}
```

마지막으로 developer 연산을 구현하는 REST API 종단점을 구현합니다. org.acme.
quickstart.DeveloperResource.java 클래스 파일을 생성합니다.

파일: ch_05/jsonb/src/main/java/org/acme/quickstart/DeveloperResource.java

```java
package org.acme.quickstart;

import java.util.ArrayList;
import java.util.List;

import javax.ws.rs.Consumes;
import javax.ws.rs.GET;
import javax.ws.rs.POST;
import javax.ws.rs.Path;
import javax.ws.rs.Produces;
import javax.ws.rs.core.MediaType;
import javax.ws.rs.core.Response;

@Path("/developer")
public class DeveloperResource {
```

```
    private static final List<Developer> developers = new ArrayList<>();

    @POST
    @Consumes(MediaType.APPLICATION_JSON)
    public Response addDeveloper(Developer developer) {
        developers.add(developer);
        return Response.ok().build();
    }

    @GET
    @Produces(MediaType.APPLICATION_JSON)
    public List<Developer> getDevelopers() {
        return developers;
    }
}
```

새로운 터미널 창을 열고 쿼커스 응용프로그램을 시작해 POST와 GET 메서드 요청을 보냅니다.

```
./mvnw clean compile quarkus:dev

curl -d '{"name":"Alex","age":39, "favoriteLanguage":"java"}' \
  -H "Content-Type: application/json" -X POST http://localhost:8080/developer

curl localhost:8080/developer
[{"age":39,"favoriteLanguage":"java","name":"Alex"}]
```

각 자바 필드는 JSON 필드와 직접 매핑됩니다. 이를 변경하려면 javax.json.bind.annotation.JsonbProperty 애너테이션으로 다른 매핑 관계를 맺으면 됩니다.

```
@JsonbProperty("favorite-language")
String favoriteLanguage;
```

논의 JSON-B 확장 대신에 Jackson 프로젝트를 사용해 자바 객체를 JSON 문서로(부터) 마샬링/언마샬링할 수 있습니다. Jackson 확장을 등록하려면 다음의 명령을 입력합니다.

```
./mvnw quarkus:add-extension -Dextensions="quarkus-resteasy-jackson"
```

기본적으로 com.fasterxml.jackson.databind.ObjectMapper 클래스가 제공되지만 CDI 를 사용해 사용자 정의 ObjectMapper를 사용할 수 있습니다.

```
package org.acme.quickstart;

import com.fasterxml.jackson.databind.ObjectMapper;
import io.quarkus.jackson.ObjectMapperCustomizer;
import javax.inject.Singleton;

@Singleton
public class RegisterCustomModuleCustomizer
    implements ObjectMapperCustomizer {

    public void customize(ObjectMapper mapper) {
        objectMapper.configure(
            DeserializationFeature.FAIL_ON_NULL_FOR_PRIMITIVES, false);
    }
}
```

함께 보기 JSON−B와 Jackson에 대한 자세한 내용은 다음 웹페이지를 참고하세요.

- 자카르카 JSON 바인딩(*http://json-b.net*)
- Jackson 프로젝트(*https://github.com/FasterXML/jackson*)

5.2 XML 마샬링/언마샬링

문제 자바 객체를 XML 문서로(부터) 마샬링/언마샬링하기

해결 JAX−B 명세를 사용해 자바 객체를 XML 문서로(부터) 마샬링/언마샬링합니다.

여러분은 REST API를 생성할 때 정보를 교환하는 데이터 형식으로 XML을 사용할 수 있습니다. 지금까지 여러분은 JSON 형식으로 하는 법을 배웠습니다. 이제는 XML 데이터를 요청과 응답 본문 데이터 형식으로 사용하는 법을 배웁니다.

먼저 pom.xml 파일에 JAX-B 확장을 등록합니다. 터미널 창을 열고 프로젝트의 루트 디렉터리에 다음 명령을 입력합니다.

```
./mvnw quarkus:add-extension -Dextensions="quarkus-resteasy-jaxb"

[INFO] --- quarkus-maven-plugin:1.11.3.Final:add-extension (default-cli)
    @ custom-config ---
√ Adding extension io.quarkus:quarkus-resteasy-jaxb
```

io.quarkus:quarkus-resteasy-jaxb 확장이 빌드 도구에 추가되었습니다.

> **NOTE_** 그레이들에서는 `./gradlew addExtension --extensions="quarkus-resteasy-jaxb"` 명령을 실행해 확장을 설치합니다.

다음은 computer 클래스를 생성해 종단점에서 마샬링/언마샬링합니다. `org.acme.quickstart.Computer.java` 클래스를 생성합니다.

파일: ch_05/jsonb/src/main/java/org/acme/quickstart/Computer.java

```java
package org.acme.quickstart;

import javax.xml.bind.annotation.XmlRootElement;

@XmlRootElement ❶
public class Computer {

    private String brand;
    private String serialNumber;

    public String getBrand() {
        return brand;
    }

    public void setBrand(String brand) {
        this.brand = brand;
    }

    public String getSerialNumber() {
        return serialNumber;
```

```
    }

    public void setSerialNumber(String serialNumber) {
        this.serialNumber = serialNumber;
    }

}
```

❶ XmlRootElement는 이 클래스를 XML 문서로 지정합니다

마지막으로 computer 연산을 구현하는 REST API 종단점을 생성합니다. org.acme.quickstart.
ComputerResource.java 파일에 새로운 클래스를 생성합니다.

파일: ch_05/jsonb/src/main/java/org/acme/quickstart/ComputerResource.java

```
package org.acme.quickstart;

import java.util.ArrayList;
import java.util.List;

import javax.ws.rs.Consumes;
import javax.ws.rs.GET;
import javax.ws.rs.POST;
import javax.ws.rs.Path;
import javax.ws.rs.Produces;
import javax.ws.rs.core.MediaType;
import javax.ws.rs.core.Response;

@Path("/computer")
public class ComputerResource {

    private static final List<Computer> computers = new ArrayList<>();

    @POST
    @Consumes(MediaType.APPLICATION_XML)
    public Response addComputer(Computer computer) {
        computers.add(computer);
        return Response.ok().build();
    }

    @GET
```

```
    @Produces(MediaType.APPLICATION_XML)
    public List<Computer> getComputers() {
        return computers;
    }

}
```

새로운 터미널 창을 열고 쿼커스 응용프로그램을 시작해 POST와 GET 메서드 요청을 보냅니다.

```
./mvnw clean compile quarkus:dev

curl \
    -d '<computer><brand>iMac</brand>
        <serialNumber>111-111-111</serialNumber></computer>'
    -H "Content-Type: application/xml" -X POST http://localhost:8080/computer

curl localhost:8080/computer
<?xml version="1.0" encoding="UTF-8" standalone="yes"?><collection><computer>
<brand>iMac</brand><serialNumber>111-111-111</serialNumber>
</computer></collection>
```

논의 @XmlRootElement 외에도 JAX-B 명세에는 다른 중요한 애너테이션들이 있습니다.

@XmlRootElement

XML 문서의 루트를 지정합니다. 또한 이것을 사용해 요소의 이름 혹은 이름공간을 지정할 수 있습니다.

@XmlType

필드가 쓰여지는 순서를 정의합니다.

@XmlElement

namespace, nillable 혹은 required 같은 다른 속성 중에서 실제 XML 요소의 이름을 정의합니다.

@XmlAttribute

요소가 아니라 속성으로 매핑되는 필드를 정의합니다.

@XmlTransient

해당 필드가 XML에 포함되는지 여부를 표시합니다.

함께 보기 JAX-B에 대한 자세한 내용은 다음 웹페이지를 참고하세요.

❶ 오라클 강의: JAXB 소개(*https://docs.oracle.com/javase/tutorial/jaxb/intro/index.html*)

5.3 입출력값 검증하기

문제 REST와 비즈니스 서비스의 입/출력값 검증하기

해결 모델에 빈 검증 명세를 사용해 검증 기능을 추가합니다.

보통 모델은 몇 가지 제약이 있습니다. 그 모델의 의미가 유효(예, name은 null이면 안 되거나 email은 유효한 이메일 형식이어야 함)한지 여부를 떠나서 말이죠. 쿼커스는 빈 검증과 통합되어 애너테이션으로 객체 모델의 제약조건을 검증합니다.

먼저 해야 할 일은 빈 검증 확장을 pom.xml 파일에 등록하는 것입니다. 터미널 창을 열고 프로젝트 루트 디렉터리에서 다음 명령어를 입력하세요.

```
./mvnw quarkus:add-extension -Dextensions="quarkus-hibernate-validator"

[INFO] --- quarkus-maven-plugin:1.11.3.Final:add-extension (default-cli)
    @ jsonb ---
√ Adding extension io.quarkus:quarkus-resteasy-jsonb
```

빌드 도구에 io.quarkus:quarkus-hibernate-validator 확장이 추가되었습니다.

다음은 developer 클래스를 갱신해 제약조건을 의미하는 애너테이션을 추가합니다. org.acme.quickstart.Developer.java 클래스를 열어 몇몇 필드에 애너테이션을 추가합니다.

파일: ch_05/bval/src/main/java/org/acme/quickstart/Developer.java

```
@Size(min = 4)  ❶
private String name;

@NotBlank  ❷
private String favoriteLanguage;
```

❶ 문자열의 최소 크기는 4입니다

❷ 이 필드는 필수입니다

마지막으로 javax.validation.Valid 애너테이션을 붙여 유효성 검증이 필요함을 설정합니다. org.acme.quickstart.DeveloperResource.java 클래스를 열어 developer 인자에 애너테이션을 추가하세요.

파일: ch_05/bval/src/main/java/org/acme/quickstart/DeveloperResource.java

```
@POST
@Consumes(MediaType.APPLICATION_JSON)
public Response addDeveloper(@Valid Developer developer) {  ❶
    developers.add(developer);
    return Response.ok().build();
}
```

❶ @Valid 애너테이션은 객체의 유효성 검증을 강제합니다

새로운 터미널 창을 열고 퀴커스 응용프로그램을 시작합니다. 그리고 다음의 POST 메서드 요청을 실행합니다.

```
./mvnw clean compile quarkus:dev

curl -d '{"name":"Ada","age":7, "favoriteLanguage":"java"}' \
    -H "Content-Type: application/json" \
    -X POST http://localhost:8080/developer -v

< HTTP/1.1 400 Bad Request
< Content-Length: 89
< validation-exception: true
< Content-Type: text/plain;charset=UTF-8

curl -d '{"name":"Alexandra","age":5, "favoriteLanguage":"java"}' \
    -H "Content-Type: application/json" \
    -X POST http://localhost:8080/developer -v

< HTTP/1.1 200 OK
< Content-Length: 0
```

첫 번째 요청에서 이름이 잘못된 길이를 가지고 있기 때문에 '400 Bad Request' HTTP 코드가 반환되는 것에 주목하세요. 두 번째 요청에서는 요청 본문이 바르기 때문에 메서드는 정상적으로 동작합니다.

만약 오류가 있다면 응답이 어떤 이유로 실패했는지 어떠한 정보도 포함하지 않을 수 있습니다. 서비스의 내부는 직접적이 아니라 통제된 방식으로 보여지는 것이 맞습니다.

논의 더 나은 응답 메시지를 제공하고자 한다면 ExceptionMapper의 구현을 제공할 수도 있습니다.

org.acme.quickstart.BeanValidationExceptionMapper.java 파일에 새로운 클래스를 생성합니다.

파일: ch_05/bval/src/main/java/org/acme/quickstart/BeanValidationExceptionMapper.java

```
package org.acme.quickstart;

import javax.json.Json;
```

```
import javax.json.JsonArray;
import javax.json.JsonArrayBuilder;
import javax.validation.ConstraintViolation;
import javax.validation.ConstraintViolationException;
import javax.ws.rs.core.MediaType;
import javax.ws.rs.core.Response;
import javax.ws.rs.ext.ExceptionMapper;
import javax.ws.rs.ext.Provider;

@Provider  ❶
public class BeanValidationExceptionMapper
  implements ExceptionMapper<ConstraintViolationException> {  ❷

    @Override
    public Response toResponse(ConstraintViolationException exception) {
      return Response.status(Response.Status.BAD_REQUEST)
        .entity(createErrorMessage(exception))
        .type(MediaType.APPLICATION_JSON)
        .build();
    }

    private JsonArray createErrorMessage(ConstraintViolationException exc) {
      JsonArrayBuilder errors = Json.createArrayBuilder();  ❸
      for (ConstraintViolation<?> violation : exc.getConstraintViolations()) {  ❹
        errors.add(
            Json.createObjectBuilder()  ❺
            .add("path", violation.getPropertyPath().toString())
            .add("message", violation.getMessage())
            );
      }
      return errors.build();
    }
}
```

❶ @Provider 애너테이션은 JAX-RS 런타임이 발견 가능한 확장 인터페이스의 구현임을 설정합니다

❷ javax.ws.rs.ext.ExceptionMapper는 예외를 javax.ws.rs.core.Response로 변환하는 데 사용됩니다

❸ 제약위반의 배열을 생성합니다

❹ 각 제약위반을 순회합니다

❺ JSON 객체를 생성합니다

이제 POST 메서드 요청을 다시 보냅니다.

```
curl -d '{"name":"Ada","age":7, "favoriteLanguage":"java"}' \
    -H "Content-Type: application/json" \
    -X POST http://localhost:8080/developer -v

< HTTP/1.1 400 Bad Request
< Content-Length: 90
< Content-Type: application/json

[{"path":"addDeveloper.developer.name",
  "message":"size must be between 4 and 2147483647"}]%²
```

이제 출력이 조금 달라졌습니다. 오류 코드는 '400 Bad Request'로 동일하지만 이제 응답의 본문에 예외 매퍼에서 생성한 JSON 문서가 포함되어 있습니다.

또한 출력 인자(요청자에게 반환되는 인자)에도 @Valid 애너테이션을 추가해 반환 타입의 유효성을 검증할 수 있습니다.

파일: ch_05/bval/src/main/java/org/acme/quickstart/DeveloperResource.java

```
@GET
@Produces(MediaType.APPLICATION_JSON)
public @Valid List<Developer> getDevelopers() {
    return developers;
}
```

게다가 종종 여러분은 종단점이 아니라 비즈니스 서비스 계층에 유효성 검증을 추가하고 싶을 수도 있습니다. CDI를 사용하면 빈 검증은 비즈니스 서비스에서도 사용할 수 있습니다. 다음 예를 보세요.

```
@ApplicationScoped
public class DeveloperService {
    public void promoteDeveloper(@Valid Developer developer) {
    }
}
```

---

2 옮긴이_실행 PC의 언어에 맞게 나옵니다. 예, 한국어.

함께 보기 빈 검증과 어떤 제약 조건이 기본적으로 구현(예, @Min, @Max, @AssertTrue, @Email 등)되어 있는지에 대한 자세한 내용은 다음 웹페이지를 참고하세요.

- 자카르타 빈 검증 (*https://beanvalidation.org*)

5.4 사용자 정의 유효성 검증하기

문제 사용자 정의 유효성 검증을 생성하기

해결 `javax.validation.ConstraintValidator` 인터페이스를 구현해 빈 검증 확장 모델을 사용합니다.

때때로 빈 검증 명세가 기본적으로 제공하는 제약으로는 충분하지 않아 비즈니스 모델에 딱 맞는 제약조건을 구현해야 합니다. 빈 검증은 `javax.validation.ConstraintValidator` 인터페이스를 구현하는 클래스를 생성하고 검증할 필드에 애너테이션을 붙이도록 허용합니다.

여러분의 선호 언어가 오직 JVM 기반의 언어라는 제약조건을 검증합니다. 먼저 애너테이션을 생성해야 합니다. `org.acme.quickstart.JvmLanguage.java` 파일에 새로운 클래스를 생성합니다.

파일: ch_05/bval/src/main/java/org/acme/quickstart/JvmLanguage.java

```
package org.acme.quickstart;

import java.lang.annotation.Documented;
import java.lang.annotation.ElementType;
import java.lang.annotation.Retention;
import java.lang.annotation.RetentionPolicy;
import java.lang.annotation.Target;

import javax.validation.Constraint;
import javax.validation.Payload;

@Target({ ElementType.METHOD, ElementType.FIELD, ElementType.ANNOTATION_TYPE,
```

```
        ElementType.CONSTRUCTOR, ElementType.PARAMETER, ElementType.TYPE_USE })
@Retention(RetentionPolicy.RUNTIME)
@Documented
@Constraint(validatedBy = { JvmLanguageValidator.class})  ❶
public @interface JvmLanguage {
    String message() default "You need to provide a Jvm based-language";
    Class<?>[] groups() default { };
    Class<? extends Payload>[] payload() default { };
}
```

❶ 제약조건 위반 시 일반적인 컴파일 오류로 raise 합니다

그다음 제약조건 위반을 탐지하는 로직을 생성합니다. 새로운 클래스는 javax.validation.
ConstraintValidator 인터페이스를 구현해야 합니다.

다음 org.acme.quickstart.JvmLanguageValidator.java 파일에 새로운 클래스를 생성합
니다.

파일: ch_05/bval/src/main/java/org/acme/quickstart/JvmLanguageValidator.java

```
package org.acme.quickstart;

import java.util.Arrays;
import java.util.List;

import javax.validation.ConstraintValidator;
import javax.validation.ConstraintValidatorContext;

public class JvmLanguageValidator
    implements ConstraintValidator<JvmLanguage, String> {  ❶ ❷

    private List<String> favoriteLanguages = Arrays.asList("java", "groovy", "kotlin", "scala");

    @Override
    public boolean isValid(String value, ConstraintValidatorContext context) {
        return favoriteLanguages.stream()
            .anyMatch(l -> l.equalsIgnoreCase(value));  ❸
    }
}
```

❶ 이전 단계에서 정의한 애너테이션

❷ 유효성 검증을 적용할 객체 타입

❸ 제공된 선호 언어가 JVM 기반의 언어인지 검사

마지막으로 org.acme.quickstart.Developer 클래스에 있는 favoriteLanguage 필드에 애너테이션을 추가합니다.

파일: ch_05/bval/src/main/java/org/acme/quickstart/Developer.java

```java
@JvmLanguage
@NotBlank
private String favoriteLanguage;
```

새로운 터미널 창을 열고 쿼커스 응용프로그램을 시작하고 POST 메서드로 몇몇 요청을 보냅니다.

```
./mvnw clean compile quarkus:dev

curl -d '{"name":"Alexadra","age":7, "favoriteLanguage":"python"}' \
    -H "Content-Type: application/json" \
    -X POST http://localhost:8080/developer -v

[{"path":"addDeveloper.developer.favoriteLanguage",
  "message":"You need to provide a Jvm based-language"}]

< HTTP/1.1 400 Bad Request
< Content-Length: 89
< validation-exception: true
< Content-Type: text/plain;charset=UTF-8


curl -d '{"name":"Alexandra","age":5, "favoriteLanguage":"java"}' \
    -H "Content-Type: application/json" \
    -X POST http://localhost:8080/developer -v

< HTTP/1.1 200 OK
< Content-Length: 106
< Content-Type: application/json
<
```

논의 REST 종단점, 서비스 메서드와 궁극적으로 모든 CDI 범위의 객체에 있는 빈 검증 명세를 따른 어떤 유효성 검증이라도 응용프로그램이 동작하는 동안 자동으로 실행됩니다. 좀 더 통제력을 발휘하려면 다음 5.5절에서 살펴볼 객체를 검증하는 추가적인 방법을 확인하세요.

기본적으로 제약조건 위반 메시지는 시스템 로케일에 맞게 반환됩니다. 만약 이것을 변경하려면 application.properties 파일에서 quarkus.default-locale 설정을 다음과 같이 수정하세요.

```
quarkus.default-locale=es-ES
```

REST 종단점에 대한 로케일은 Accept-Language HTTP 헤더에 기반합니다. application.properties 파일에는 다음과 같이 지원되는 로케일 목록을 지정할 수 있습니다.

```
quarkus.locales=en-US, es-ES
```

함께 보기 자세한 내용은 다음 웹페이지를 확인하세요.

- 자카르타 빈 검증 (*https://beanvalidation.org*)
- 하이버네이트 검증기 (*https://hibernate.org/validator*)

5.5 프로그램으로 객체 검증하기

문제 객체를 프로그램으로 검증하기

해결 빈 검증의 javax.validation.Validator 클래스를 사용합니다.

어떤 환경(예를 들어 비 CDI 빈즈)에서 여러분은 유효성 검증 절차를 통제하고 싶을 것입니다. 이러한 이유로 javax.validation.Validator 클래스가 제공됩니다.

@Valid 애너테이션을 사용하는 선언적인 방법 대신에 javax.validation.Validator를 사용해 입력을 검증하는 종단점을 생성합니다. org.acme.quickstart.DeveloperResource.

java 클래스를 열어 Validator 인스턴스를 주입합니다.

파일: ch_05/bval/src/main/java/org/acme/quickstart/DeveloperResource.java

```java
@Inject
Validator validator;  ❶

@POST
@Path("/programmaticvalidation")
@Consumes(MediaType.APPLICATION_JSON)
@Produces(MediaType.APPLICATION_JSON)
public Response addProgrammaticValidation(Developer developer) {  ❷
    Set<ConstraintViolation<Developer>> violations =
        validator.validate(developer);  ❸

    if (violations.isEmpty()) {  ❹
        developers.add(developer);
        return Response.ok().build();
    } else {
        JsonArrayBuilder errors = Json.createArrayBuilder();
        for (ConstraintViolation<Developer> violation : violations) {  ❺
            errors.add(
                Json.createObjectBuilder()
                .add("path", violation.getPropertyPath().toString())
                .add("message", violation.getMessage())
                );
        }

        return Response.status(Response.Status.BAD_REQUEST)
                    .entity(errors.build())
                    .build();
    }
}
```

❶ 빈 검증 명세에서 Validator 클래스를 주입합니다

❷ @Valid는 필요하지 않습니다

❸ 프로그램으로 객체의 유효성을 검증합니다

❹ 오류가 없다면 진행합니다

❺ 오류가 있다면 출력을 만듭니다

새로운 터미널 창을 열어 쿼커스 응용프로그램을 시작하고 새로운 POST 메서드 요청을 보냅니다.

```
./mvnw clean compile quarkus:dev

curl -d '{"name":"Ada","age":7, "favoriteLanguage":"java"}' \
    -H "Content-Type: application/json" \
    -X POST http://localhost:8080/developer/programmaticvalidation -v

< HTTP/1.1 400 Bad Request
< Content-Length: 89
< validation-exception: true
< Content-Type: text/plain;charset=UTF-8
```

논의 쿼커스는 자동으로 javax.validation.ValidatorFactory 인스턴스를 생성합니다. 이것을 조금 비틀어 여러분을 위한 대체 빈을 생성할 수 있습니다. 여러분의 응용프로그램에서 다음 타입들의 인스턴스는 자동으로 ValidatorFactory로 주입됩니다.

- javax.validation.ClockProvider
- javax.validation.ConstraintValidator
- javax.validation.ConstraintValidatorFactory
- javax.validation.MessageInterpolator
- javax.validation.ParameterNameProvider
- javax.validation.TraversableResolver
- org.hibernate.validator.spi.properties.GetterPropertySelectionStrategy
- org.hibernate.validator.spi.scripting.ScriptEvaluatorFactory

NOTE 앞선 목록에 있는 어떤 타입의 인스턴스를 가지고 있다면 클래스는 @ApplicationScoped로 선언되어야 합니다.

5.6 의존성 주입하기

문제 여러분의 클래스에 의존성을 주입하기

해결 콘텍스트 및 의존성 주입Contexts and Dependency Injection (CDI)을 사용합니다.

논의 쿼커스에서 의존성 주입dependency injection (DI)은 콘텍스트 및 의존성 주입 2.0 명세에 기반하며 거의 표준입니다. 기본적인 사용사례에는 약간의 변경만 필요합니다.

> **NOTE_** 쿼커스는 명세의 대부분을 구현하고 있으며 일부 일반적이지 않은 경우(corner cases)[3]에 대해서는 여러분의 코드에 영향을 주지 않습니다. 쿼기스 웹페이지는 지원되는 기능과 제한사항을 유지하고 있으며 이 책에서 다루지 않는 일부 고급 기능도 포함합니다. 자세한 내용은 쿼커스 CDI 레퍼런스 가이드 (*https://quarkus.io/guides/cdi-reference*)를 참고하세요.

CDI를 사용하면 다른 응용프로그램에서 기대했던 그대로 주입됩니다.

파일: ch_05/cdi/src/main/java/org/acme/quickstart/GreetingResource.java

```java
package org.acme.quickstart;

import javax.inject.Inject;
import javax.ws.rs.GET;
import javax.ws.rs.Path;
import javax.ws.rs.Produces;
import javax.ws.rs.core.MediaType;

@Path("/hello")
public class GreetingResource {
    @Inject                          ❶
    GreetingService service;         ❷
    @GET
    @Produces(MediaType.TEXT_PLAIN)
    public String hello() {
        return service.getGreeting();
    }
}
```

---

3 옮긴이_공학에서 일반적이지 않은 경우를 뜻합니다.

❶ @Inject 애너테이션을 사용합니다

❷ 리플렉션의 제약으로 인해 필드에는 패키지 접근 제어자를 선호합니다

주입된 서비스는 거의 표준이며 놀랄만한 내용은 없습니다.

파일: ch_05/cdi/src/main/java/org/acme/quickstart/GreetingService.java

```java
package org.acme.quickstart;

import java.util.Locale;

import javax.enterprise.context.ApplicationScoped;
import javax.inject.Inject;
import javax.inject.Named;

@ApplicationScoped                    ❶
public class GreetingService {
    public String getGreeting() {
        return "Hello";
    }
}
```

❶ 여러분은 다음에 언급된 바와 같이 클래스를 찾을 수 있도록 빈을 정의하는^bean-defining 애너테이션을 포함해야 합니다

쿼커스에서 빈 발견은 표준 CDI에 있는 단순화된 절차를 따릅니다. 요약하면 만약 여러분의 응용프로그램 클래스가 빈을 정의하는 애너테이션(*https://docs.jboss.org/cdi/spec/2.0/cdi-spec.html#bean_defining_annotations*)을 가지고 있지 않다면 쿼커스는 그것을 찾아낼 수 없습니다.

함께 보기 자세한 내용은 다음 웹페이지를 참고하세요.

- JBoss-JSR 365: 자바를 위한 콘텍스트 및 의존성 주입 2.0
  (*https://docs.jboss.org/cdi/spec/2.0/cdi-spec.html*)
- 깃허브: 그랄VM 네이티브 이미지 호환성과 최적화 가이드
  (*https://www.graalvm.org/reference-manual/native-image/Limitations*)

5.7 팩토리 생성하기

문제 어떤 객체를 위한 팩토리 생성하기

해결 CDI에 있는 `javax.enterprise.inject.Produces` 개념을 사용합니다.

CDI는 producers라는 개념이 있어 다음과 같이 여러분이 새로운 빈 혹은 클래스를 생성해 인스턴스를 만듭니다.

파일: ch_05/cdi/src/main/java/org/acme/quickstart/LocaleProducer.java

```
package org.acme.quickstart;

import java.util.Locale;

import javax.enterprise.context.ApplicationScoped;
import javax.enterprise.inject.Produces;
import javax.inject.Named;

@ApplicationScoped
public class LocaleProducer {
    @Produces
    public Locale getDefaultLocale() {
        return Locale.getDefault();
    }
}
```

논의 쿼커스는 producers의 개념을 좀 더 깊게 사용합니다. 쿼커스는 `@io.quarkus.arc.DefaultBean` 애너테이션을 추가했습니다. CDI 관점에서 이것은 활성화된 기본 대안입니다. 쿼커스가 대안을 허용하지 않기 때문에 DefaultBean 애너테이션을 포함한 클래스는 빈의 기본 인스턴스를 생성할 수 있습니다. 다음 코드는 쿼커스 웹사이트에서 가져온 예제입니다.

```
@Dependent
public class TracerConfiguration {

    @Produces
```

```
    public Tracer tracer(Reporter reporter, Configuration configuration) {
        return new Tracer(reporter, configuration);
    }

    @Produces
    @DefaultBean
    public Configuration configuration() {
        // create a Configuration
    }

    @Produces
    @DefaultBean
    public Reporter reporter(){
        // create a Reporter
    }
}
```

다음 발췌에서 여러분의 응용프로그램 혹은 라이브러리는 필요할 때마다 tracer를 주입할 수 있습니다. 또한 새로운 producer를 생성해 커스터마이징할 수 있습니다.

```
@Dependent
public class CustomTracerConfiguration {

    @Produces
    public Reporter reporter(){
        // create a custom Reporter
    }
}
```

여러분의 응용프로그램에 있는 이 코드의 CustomTracerConfiguration 클래스에서 생성된 Reporter 객체는 기본값 대신에 사용될 것입니다.

함께 보기 자세한 내용은 다음 웹페이지를 참고하세요.

- JBoss: JSR 365: 자바를 위한 콘텍스트 및 의존성 주입
  (*https://docs.jboss.org/cdi/spec/2.0/cdi-spec.html*)

5.8 객체 생명주기 이벤트 실행하기

문제 객체 생성과 소멸의 이전과 이후에 어떤 로직을 실행하기

해결 CDI는 @javax.annotation.PostConstruct와 @javax.annotation.PreDestroy 애너테이션으로 생명주기를 관리합니다. PostConstruct 애너테이션이 붙은 메서드는 객체를 생성한 후에, PreDestory 애너테이션이 붙은 메서드는 객체의 소멸 전에 호출됩니다.

파일: ch_05/cdi/src/main/java/org/acme/quickstart/RecommendationService.java

```java
package org.acme.quickstart;

import java.util.Arrays;
import java.util.List;

import javax.annotation.PostConstruct;
import javax.annotation.PreDestroy;
import javax.enterprise.context.ApplicationScoped;

@ApplicationScoped
public class RecommendationService {
    List<String> products;

    @PostConstruct
    public void init() {
        products = Arrays.asList("Orange", "Apple", "Mango");
        System.out.println("Products initialized");
    }

    @PreDestroy
    public void cleanup() {
        products = null;
        System.out.println("Products cleaned up");
    }

    public List<String> getProducts() {
        return products;
    }
}
```

생성자가 호출되고 모든 주입이 발생한 후에 호출할 로직이 있다면 @PostConstruct 애너테이션이 붙어 있는 메서드로 갑니다. 객체 인스턴스의 생명주기 동안 한 번만 호출됨을 보장합니다.

객체가 소멸되기 전에 호출할 로직이 있다면 @PreDestroy 애너테이션이 붙은 메서드에 넣으세요. 이러한 예는 연결을 닫거나 자원을 정리하거나 로깅을 마무리하는 등에 사용합니다.

함께 보기 자세한 내용은 다음 페이지를 참고하세요.

- 공통 애너테이션 API: PostConstruct.java(*https://oreil.ly/UxdG2*)
- 공통 애너테이션 API: PreDestroy.java(*https://oreil.ly/qsZUC*)

5.9 응용프로그램 생명주기 이벤트 실행하기

문제 응용프로그램이 시작되거나 종료 후에 로직 실행하기

해결 io.quarkus.runtime.StartupEvent와 io.quarkus.runtime.ShutdownEvent를 봅니다. 다음과 같이 응용프로그램이 시작되면 쿼커스는 StartupEvent를 발생시키고 종료 시에는 ShutdownEvent를 발생시킵니다.

파일: ch_05/cdi/src/main/java/org/acme/quickstart/ApplicationEventListener.java

```java
package org.acme.quickstart;

import javax.enterprise.context.ApplicationScoped;
import javax.enterprise.event.Observes;
import io.quarkus.runtime.ShutdownEvent;
import io.quarkus.runtime.StartupEvent;
import org.slf4j.Logger;
import org.slf4j.LoggerFactory;

@ApplicationScoped                              ❶
public class ApplicationEventListener {
    private static final Logger LOGGER =
```

```
        LoggerFactory.getLogger(ApplicationFventListener.class);

    void onStart(@Observes StartupEvent event) {      ❷
        LOGGER.info("Application starting...");
    }

    void onStop(@Observes ShutdownEvent event) {      ❸
        LOGGER.info("Application shutting down...");
    }

}
```

❶ 반드시 빈을 정의하는 애너테이션이 있어야 합니다

❷ 시작 이벤트가 발생합니다

❸ 쿼커스가 발생시키는 종료 이벤트

이 이벤트는 더 추가적인 정보를 담지 않기 때문에 별도로 설명하지 않습니다.

논의 쿼커스(와 다른 CDI 프레임워크)에서 이벤트 관찰은 매우 강력한 방법과 최소한의 오버헤드로 관심사를 분리합니다.

함께 보기 더 많은 내용은 5.8절을 참고하세요.

5.10 이름을 가진 한정자 사용하기

문제 주입을 이름으로 구별하기

해결 `@javax.inject.Named` 애너테이션을 사용합니다.

CDI에서 한정자는 `@Retention(RUNTIME)`으로 정의되고 `@javax.inject.Qualifier`을 포함한 애너테이션입니다. 한정자는 `@Target({METHOD, FIELD, PARAMETER, TYPE})`으로 여러분이 필요한 어떤 곳에서도 사용할 수 있습니다.

CDI는 유용한 한정자인 `@javax.inject.Named`를 제공합니다. 값은 필수가 아니지만 `@Named` 애너테이션과 실제 이름을 사용하지 않으면 어색할 것입니다. 주입점^{injection point}을 식별할 때 CDI는 같은 한정자를 가진 올바른 타입의 빈을 탐색합니다. `@Named`는 애너테이션의 값 부분도 매칭되어야 합니다.

이것은 같은 타입의 여러 인스턴스가 있지만 같은 객체가 아닌 경우에 매우 유용합니다. CDI는 실제 인스턴스는 고려하지 않는데, 그 이유는 생성되기 전에는 타입이 잘 알려지지 않고 어쨌든 매번 달라질 수도 있기 때문입니다. 이러한 문제를 해결하기 위해 CDI는 한정자를 사용합니다.

파일: ch_05/cdi/src/main/java/org/acme/quickstart/GreetingService.java

```java
@Inject
@Named("en_US")
Locale en_US;

@Inject
@Named("es_ES")
Locale es_ES;

public String getGreeting(String locale) {
    if (locale.startsWith("en"))
        return "Hello from " + en_US.getDisplayCountry();

    if (locale.startsWith("es"))
        return "Hola desde " + es_ES.getDisplayCountry();

    return "Unknown locale";
}
```

논의 완전성을 위해 이름을 가진 빈을 다음과 같이 생성합니다.

파일: ch_05/cdi/src/main/java/org/acme/quickstart/LocaleProducer.java

```java
package org.acme.quickstart;

import java.util.Locale;

import javax.enterprise.context.ApplicationScoped;
```

```java
import javax.enterprise.inject.Produces;
import javax.inject.Named;

@ApplicationScoped
public class LocaleProducer {
    @Produces
    public Locale getDefaultLocale() {
        return Locale.getDefault();
    }

    @Produces
    @Named("en_US")
    public Locale getEnUSLocale() {
        return Locale.US;
    }

    @Produces
    @Named("es_ES")
    public Locale getEsESLocale() {
        return new Locale("es", "ES");
    }
}
```

CDI는 가능한 피하려고 하지만 **@Named** 한정자는 통합 과정에서 약하지만 유용한 트릭을 제공합니다. 가능하면 강 타입^{strongly typed} 애너테이션을 권장합니다.

함께 보기 자세한 내용은 다음 웹페이지를 방문하세요.

- JBoss: 주입점에 쓰이는 @Named 한정자(*https://oreil.ly/5NydQ*)

5.11 사용자 정의 한정자 사용하기

문제 주입을 다른 한정자 애너테이션으로 구별하기

해결 한정자 애너테이션을 만들어 사용합니다.

5.10절에서 여러분은 한정자의 개념에 대해 배웠습니다.

파일: ch_05/cdi/src/main/java/org/acme/quickstart/SpainLocale.java

```java
package org.acme.quickstart;

import java.lang.annotation.Retention;
import java.lang.annotation.RetentionPolicy;
import java.lang.annotation.Target;

import javax.inject.Qualifier;

import static java.lang.annotation.ElementType.FIELD;
import static java.lang.annotation.ElementType.METHOD;
import static java.lang.annotation.ElementType.PARAMETER;
import static java.lang.annotation.ElementType.TYPE;

@Qualifier
@Retention(RetentionPolicy.RUNTIME)
@Target({METHOD, FIELD, PARAMETER, TYPE})
public @interface SpainLocale {
}
```

빈을 생성하는 것은 정확히 예상한 대로입니다.

파일: ch_05/cdi/src/main/java/org/acme/quickstart/LocaleProducer.java

```java
@Produces
@SpainLocale
public Locale getSpainLocale() {
  return new Locale("es", "ES");
}
```

그다음 새로운 한정자 인스턴스를 주입하는 것은 쉽습니다.

파일: ch_05/cdi/src/main/java/org/acme/quickstart/GreetingService.java

```java
@Inject
@SpainLocale
Locale spain;
```

논의 한정자 애너테이션은 일반적인 CDI 응용프로그램과 퀴커스에서 CDI를 주입할 때 선호하는 방식입니다.

함께 보기 자세한 내용은 다음 웹페이지를 방문하세요.

- JBoss: 한정자(*https://oreil.ly/MOfwa*)

5.12 애너테이션으로 제한 설정하기

문제 애너테이션으로 의존성을 제한하고 설정하기

해결 producer에 있는 InjectionPoint와 바인딩하지 않는nonbinding 속성을 조합하면 빈을 제한하고 설정할 수 있습니다.

비록 전형적이지는 않지만 한정자와 producer의 흥미로운 사용사례입니다. 동작사항을 알 수 있는 다음 코드를 살펴보세요.

파일: ch_05/cdi/src/main/java/org/acme/quickstart/Quote.java

```java
package org.acme.quickstart;

import java.lang.annotation.Retention;
import java.lang.annotation.Target;

import javax.enterprise.util.Nonbinding;
import javax.inject.Qualifier;

import static java.lang.annotation.ElementType.TYPE;
import static java.lang.annotation.ElementType.FIELD;
import static java.lang.annotation.ElementType.METHOD;
import static java.lang.annotation.ElementType.PARAMETER;
import static java.lang.annotation.RetentionPolicy.RUNTIME;

@Qualifier
@Retention(RUNTIME)
```

```
@Target({TYPE, METHOD, FIELD, PARAMETER})
public @interface Quote {
    @Nonbinding String msg() default "";          ❶
    @Nonbinding String source() default "";
}
```

❶ 속성은 바인딩하지 않습니다. 따라서 주입해서 사용합니다

정상적인 경우에 한정자의 속성은 주입될 것으로 생각합니다. 따라서 속성이 매치되지 않으면
제한된 객체는 주입되지 않을 것입니다.

파일: ch_05/cdi/src/main/java/org/acme/quickstart/QuoteProducer.java

```
@Produces
@Quote                                            ❶
Message getQuote(InjectionPoint msg) {
    Quote q = msg.getAnnotated().getAnnotation(Quote.class);    ❷
    return new Message(q.msg(), q.source());      ❸
}
```

❶ producer의 기본 속성

❷ 한정자의 인스턴스를 얻어 속성으로부터 설정값을 얻어옵니다

❸ 새롭게 설정된 객체를 반환합니다

사용법은 다른 한정자와 똑같습니다.

파일: ch_05/cdi/src/test/java/org/acme/quickstart/QuoteProducerTest.java

```
@Quote(msg = "Good-bye and hello, as always.", source = "Roger Zelazny")
Message myQuote;
```

함께 보기 자세한 내용은 다음 웹페이지를 방문하세요.

• JBoss: 주입점 메타데이터(*https://oreil.ly/BVmV2*)

5.13 인터셉터 생성하기

횡단 관심사 구현하기

해결 횡단 관심사^{cross-cutting concerns}는 프로그램에서 다른 영역들에 영향을 미칩니다. 교과서적인 예는 트랜잭션 통제^{transactional control}로 여러분의 프로그램에서 데이터의 사용은 항상 동일한 혹은 유사한 방식으로 처리되어야 하기 때문입니다.

대응되는 인터셉터 바인딩을 만드는 `@javax.inject.AroundInvoke`와 `@javax.inject.AroundConstruct` 인터셉터를 생성합니다. 또한 CDI 스테레오타입을 생성해 단일 애너테이션으로 여러 관심사를 잘 조합할 수 있습니다.

`@javax.interceptor.InterceptorBinding`을 가신 애너테이션을 생성합니다. 이것으로 실제 인터셉터 코드와 연결하고 여러분이 가로채고 싶은 다른 메서드와 클래스에 애너테이션을 붙일 수 있습니다.

파일: ch_05/cdi/src/main/java/org/acme/quickstart/LogEvent.java

```
package org.acme.quickstart;

import java.lang.annotation.Inherited;
import java.lang.annotation.Retention;
import java.lang.annotation.Target;

import javax.interceptor.InterceptorBinding;

import static java.lang.annotation.ElementType.METHOD;
import static java.lang.annotation.ElementType.TYPE;
import static java.lang.annotation.RetentionPolicy.RUNTIME;

@Inherited
@InterceptorBinding
@Retention(RUNTIME)
@Target({METHOD, TYPE})
public @interface LogEvent {
}
```

여기까지는 특별한 것이 없습니다. 다음은 인터셉터를 생성합니다.

파일: ch_05/cdi/src/main/java/org/acme/quickstart/LogEventInterceptor.java

```java
package org.acme.quickstart;

import java.util.ArrayList;
import java.util.Arrays;
import java.util.List;

import javax.interceptor.AroundInvoke;
import javax.interceptor.Interceptor;
import javax.interceptor.InvocationContext;

@LogEvent
@Interceptor
public class LogEventInterceptor {
    static List<Event> events = new ArrayList<>();

    @AroundInvoke
    public Object logEvent(InvocationContext ctx) throws Exception {
        events.add(new Event(ctx.getMethod().getName(),
                            Arrays.deepToString(ctx.getParameters())));
        return ctx.proceed();
    }
}
```

다소 억지스럽게 꾸민 예제이지만 내부에서 무슨 일이 일어나는지 수월하게 파악할 수 있습니다. 마지막으로 바인딩할 메서드 혹은 클래스에 애너테이션을 붙여줍니다.

```java
@LogEvent
public void executeOrder(Order order) {
    // ...
}
```

매번 executeOrder 메서드가 호출될 때마다 인터셉터에 있는 @javax.interceptor.AroundInvoke 가 붙은 메서드(이 경우에는 logEvent)가 executeOrder 메서드가 호출되기 전에 먼저 호출 됩니다.

논의 쿼커스에서 인터셉터를 구현하는 것은 표준 CDI 메커니즘을 활용하면 매우 쉽습니다. 이 메커니즘은 여러분의 응용프로그램에서 횡단 동작을 정의하고 활용하는 단순한 방법을 제공합니다.

관점 지향 프로그래밍aspect-oriented programming(AOP)은 꽤 오래 지난 1997년에 태어났습니다. 그레거 킥제일Gregor Kiczales이 이끄는 제록스 PARC의 팀은 크로스 커팅cross-cutting[4]과 관점 지향 프로그래밍의 개념과 용어를 만들었습니다. 어떤 이는 마이크로소프트 트랜잭션 서버가 최초로 AOP를 도입한 사례라고 주장합니다. 궁극적으로 엔터프라이즈 자바빈즈Enterprise JavaBeans는 AOP 관점으로 개발되었습니다. 또한 자바 생태계에서 스프링과 애스펙트JAspectJ도 마찬가지입니다.

하지만 여기에서는 CDI와 쿼커스가 중점입니다. 쿼커스 아크Quarkus Arc(쿼커스의 의존성 주입 변형)는 같은 컨셉을 공유합니다. 여기서 아크는 '용접'에서 나온 용어입니다.

함께 보기 자세한 내용은 다음에서 확인하세요.

- 『Essential .NET, Volume I』(AddisonWesley Professional, 2002)
- JBoss: 인터셉터 바인딩(*https://oreil.ly/QlAGP*)
- 스택 오버플로우: Arc의 의미는 무엇인가?(*https://oreil.ly/0BpNz*)

5.14 행동 테스트 작성하기

문제 내부를 검증하기보다 서비스의 정상 동작을 검증하는 행동 테스트를 작성하기

해결 쿼커스의 테스트 솔루션은 자바 생태계의 사실상 표준인 JUnit5(*https://oreil.ly/bh494*)를 기반으로 하며 RESTful 웹 API를 검증하는 테스트 프레임워크인 REST-Assured(*http://rest-assured.io*)와 밀접하게 통합되어 있습니다.

---

4 옮긴이_크로스 커팅cross-cutting은 서로 다른 두 위치에서 동시에 발생하는 동작을 설정하기 위해 필름에서 가장 자주 사용되는 '편집' 기술입니다.

쿼커스 테스트 프레임워크의 가장 중요한 부분은 QuarkusTest 애너테이션입니다. 테스트 클래스에 이 애너테이션을 붙이면 쿼커스 테스트 프레임워크 안에서 효과적으로 테스트할 수 있도록 표시합니다. 테스트는 다음과 같은 생명주기를 따릅니다.

❶ 쿼커스 응용프로그램은 자동으로 한 번만 실행됩니다. 응용프로그램이 부팅되고 요청을 받을 준비가 되면 테스트를 시작합니다

❷ 각 테스트는 실행 중인 인스턴스로 실행됩니다

❸ 쿼커스 응용프로그램이 중단됩니다

src/test/java 디렉터리에 있는 org.acme.quickstart.GreetingResourceTest.java를 엽니다.

파일: ch_05/cdi/src/test/java/org/acme/quickstart/GreetingResourceTest.java

```
package org.acme.quickstart;

import io.quarkus.test.junit.QuarkusTest;
import org.junit.jupiter.api.Test;
import static io.restassured.RestAssured.given;
import static org.hamcrest.CoreMatchers.is;

@QuarkusTest  ❶
public class GreetingResourceTest {

    @Test
    public void testHelloEndpoint() {
        given()  ❷
            .when()
```

---

5 옮긴이_일반적인 JUnit 테스트 케이스는 매번 새로운 인스턴스를 통해 실행됩니다.

```
        .get("/hello")   ❸
        .then()   ❹
          .statusCode(200)
          .body(is("hello"));
    }
}
```

❶ 이 테스트를 쿼커스 테스트로 지정합니다

❷ 검증을 시작하는 REST-Assured의 정적 메서드

❸ /hello 경로에 대한 HTTP GET 메서드 요청을 보냅니다

❹ 단언을 시작합니다

[그림 5-1]과 같이 IDE에서 테스트를 실행할 수 있습니다.

```
 2      💡
 3      import io.quarkus.test.junit.QuarkusTest;
 4      import org.junit.jupiter.api.Test;
 5
 6      import static io.restassured.RestAssured.given;
 7      import static org.hamcrest.CoreMatchers.is;
 8
 9      @QuarkusTest
        Run Test | Debug Test | ✓
10      public class HelloResourceTest {
11
12          @Test
            Run Test | Debug Test | ✓
13          public void testHelloEndpoint() {
14              given()
15                .when().get("/hello")
16                .then()
17                   .statusCode(200)
18                   .body(is("hello"));
19          }
20
21      }
```

그림 5-1 자바와 통합된 VS Code

혹은 터미널 창에서도 다음과 같이 테스트를 실행할 수 있습니다(경로: ch_05/cdi).

```
./mvnw clean compile test
[INFO] -------------------------------------------------------
[INFO] T E S T S
[INFO] -------------------------------------------------------
[INFO] Running org.acme.quickstart.GreetingResourceTest
  INFO  [io.qua.dep.QuarkusAugmentor] (main) Beginning quarkus augmentation
  INFO  [io.qua.resteasy] (build-13) Resteasy running without servlet container.
  INFO  [io.qua.resteasy] (build-13) - Add quarkus-undertow to run Resteasy
                                     within a servlet container
  INFO  [io.qua.dep.QuarkusAugmentor] (main) Quarkus augmentation completed
                                     in 803ms
  INFO  [io.quarkus] (main) Quarkus 1.11.3.Final started in 0.427s.
                           Listening on: http://0.0.0.0:8081 ❶
  INFO  [io.quarkus] (main) Profile test activated. ❷
  INFO  [io.quarkus] (main) Installed features: [cdi, resteasy]
[INFO] Tests run: 1, Failures: 0, Errors: 0, Skipped: 0, Time elapsed: 3.586 s
    - in org.acme.quickstart.GreetingResourceTest
2019-11-06 13:02:43,431 INFO  [io.quarkus] (main) Quarkus stopped in 0.053s
[INFO]
[INFO] Results:
[INFO]
[INFO] Tests run: 1, Failures: 0, Errors: 0, Skipped: 0
```

❶ 쿼커스는 8081 포트에서 테스트 실행을 청취합니다

❷ test 프로파일이 활성화됨

이전 예제에서 보았듯이 8081 포트가 테스트 실행을 위한 기본 포트입니다.

논의 quarkus.http.test-port 속성을 지정하면 테스트 실행을 위한 기본 포트를 변경할 수 있습니다.

```
quarkus.http.test-port=8083
```

쿼커스는 REST-Assured와 밀접하게 통합되어 있기 때문에 자동으로 사용되는 포트를 갱신합니다. 따라서 이 부분에서 부가적인 설정은 필요하지 않습니다.

```
quarkus.http.test-port=0

./mvnw clean compile test

INFO  [io.quarkus] (main) Quarkus 1.11.3.Final started in 0.442s.
                       Listening on: http://0.0.0.0:49661
INFO  [io.quarkus] (main) Profile test activated.
INFO  [io.quarkus] (main) Installed features: [cdi, resteasy]
```

쿼커스는 행동 테스트 작성을 지원합니다. 행동 테스트는 서비스의 내부는 알거나 검증하지 않고 서비스의 기능성을 검증합니다. [그림 5-2]는 행동 테스트의 성격을 보여줍니다.

REST API와 마이크로서비스의 경우, 일반적으로 행동 테스트를 서비스 인스턴스에 요청을 보내고 그에 맞는 응답이 오는지 검증하는 방식으로 이해할 수 있습니다.

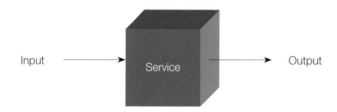

그림 5-2 행동 테스트

1장에서 언급한 방식으로 프로젝트 뼈대를 생성했다면 여기에는 이미 빌드 스크립트에 필요한 의존성과 함께 완전한 행동 테스트 코드가 포함되어 있습니다.

함께 보기 만약 쿼커스 테스트 프레임워크에서 사용된 하부 기술에 대해 자세히 알고 싶다면 다음 웹페이지를 방문하세요.

- JBoss: JUnit 5 사용자 가이드(*https://oreil.ly/oahZK*)
- REST-Assured(*http://rest-assured.io*)

5.15 단위 테스트 작성하기

문제 단위 테스트를 작성해 서비스 내부의 정확성correctness 검증하기

해결 JUnit5(*https://oreil.ly/oahZK*) 기반의 쿼커스 테스트 솔루션과 그것의 CDI 통합을 사용합니다.

쿼커스는 @Inject 애너테이션으로 CDI 빈을 테스트 코드에 주입할 수 있습니다. 사실 내부적으로 쿼커스 테스트는 단지 CDI 빈이고 빈에서 유효한 모든 것은 테스트에서도 유효합니다.

빈 검증을 사용하는 Greeting Service 빈을 만들어 입력 인자의 유효성을 검증합니다. 먼저 quarkus-hibernate-validator 확장을 추가하세요. 그다음 org.acme.quickstart.GreetingService.java라는 새로운 클래스를 만드세요.

파일: ch_05/testing/src/main/java/org/acme/quickstart/GreetingService.java

```java
package org.acme.quickstart;

import javax.enterprise.context.ApplicationScoped;
import javax.validation.constraints.Min;

@ApplicationScoped  ❶
public class GreetingService {

    public String greetingMessage(@Min(value = 16) int age) {  ❷
        if (age < 19) {
            return "Hey boys and girls";
        } else {
            return "Hey ladies and gentlemen";
        }
    }

}
```

❶ 서비스를 CDI 빈으로 설정

❷ 메서드에 제약 조건을 추가합니다

이제 다음 세 경우에 대해 Greeting Service가 예상대로 동작하는지 검증합니다.

- 사용자 나이가 16세 미만이면 예외 발생
- 사용자 나이가 16세 이상 18세 이하이면 10대의 메시지를 반환
- 사용자 나이가 19세 이상이면 성인을 위한 메시지 반환

AssertJ 프로젝트를 사용하면 가독성이 높은 단언문을 만들 수 있어 추천합니다. 그것을 사용하려면 빌드 스크립트에 AssertJ 의존성을 등록해야 합니다.

파일: ch_05/testing/pom.xml

```xml
<dependency>
  <groupId>org.assertj</groupId>
  <artifactId>assertj-core</artifactId>
  <version>3.14.0</version>
  <scope>test</scope>
</dependency>
```

src/test/java 디렉터리에 org.acme.quickstart.GreetingServiceTest.java 클래스를 새로 만듭니다.

파일: ch_05/testing/src/test/java/org/acme/quickstart/GreetingServiceTest.java

```java
package org.acme.quickstart;

import javax.inject.Inject;
import javax.validation.ConstraintViolationException;

import org.assertj.core.api.Assertions;
import org.junit.jupiter.api.Test;

import io.quarkus.test.junit.QuarkusTest;

@QuarkusTest  ❶
public class GreetingServiceTest {

  @Inject  ❷
  GreetingService greetingService;
```

```
    @Test  ❸
    public void testGreetingServiceForYoungers() {

        Assertions.assertThatExceptionOfType(ConstraintViolationException.class)  ❹
            .isThrownBy(() -> greetingService.greetingMessage(15));
    }

    @Test
    public void testGreetingServiceForTeenagers() {
        String message = greetingService.greetingMessage(18);
        Assertions.assertThat(message).isEqualTo("Hey boys and girls");
    }

    @Test
    public void testGreetingServiceForAdult() {
        String message = greetingService.greetingMessage(21);
        Assertions.assertThat(message).isEqualTo("Hey ladies and gentlemen");
    }

}
```

❶ 이 테스트를 쿼커스 테스트로 설정

❷ GreetingService 인스턴스를 주입

❸ CDI 컨테이너가 생성한 Greeting Service 인스턴스로 테스트 실행

❹ AssertJ 단언문을 사용

새로운 터미널 창을 열고 테스트를 실행합니다.[6]

```
./mvnw clean compile test

[INFO] Running org.acme.quickstart.GreetingResourceTest
 INFO  [io.qua.dep.QuarkusAugmentor] (main) Beginning quarkus augmentation
 INFO  [io.qua.resteasy] (build-3) Resteasy running without servlet container.
 INFO  [io.qua.resteasy] (build-3) - Add quarkus-undertow to run Resteasy
                                    within a servlet container
 INFO  [io.qua.dep.QuarkusAugmentor] (main) Quarkus augmentation completed
                                    in 813ms
 INFO  [io.quarkus] (main) Quarkus 1.11.3.Final started in 0.715s.
```

----

6 옮긴이_테스트가 실패하는 경우 ch_05/testing/src/test/java/org/acme/quickstart/MockedGreetingService.java 파일을 제
거하고 실행하세요.

```
                    Listening on: http://0.0.0.0:51581
    INFO  [io.quarkus] (main) Profile test activated.
    INFO  [io.quarkus] (main) Installed features:
                              [cdi, hibernate-validator, resteasy]
   [INFO] Tests run: 1, Failures: 0, Errors: 0, Skipped: 0, Time elapsed: 3.614 s
             - in org.acme.quickstart.GreetingResourceTest
   [INFO] Running org.acme.quickstart.GreetingServiceTest
   [INFO] Tests run: 3, Failures: 0, Errors: 0, Skipped: 0, Time elapsed: 0.086 s
             - in org.acme.quickstart.GreetingServiceTest
   2019-11-06 16:16:11,503 INFO  [io.quarkus] (main) Quarkus stopped in 0.029s
```

쿼커스 응용프로그램은 한 번 실행되었지만 두 개의 테스트 클래스가 실행됨을 주목하세요.

논의 5.14절에서는 오직 서비스의 요청과 응답에 관한 행동 테스트를 작성하는 법만 배웠습니다. 하지만 여러분은 서비스 내부에서 일어나는 일이나 환경을 가장^{mock}할 필요 없이 실행 인스턴스 안에서 어떤 서비스 조각들의 동작을 검증하고 싶을 것입니다. 이것은 일반적으로 비즈니스 객체가 의도한 대로 동작하는지 검증할 때 필요한 기능으로 쿼커스가 제공하는 빈 검증, CDI 등의 기능들과 함께 사용해 검증할 수 있습니다.

함께 보기 AssertJ에 대해 자세히 알고자 하면 다음의 웹페이지를 방문하세요.

- AssertJ: 풍부한 단언을 제공하는 자바 라이브러리 (*https://oreil.ly/d5tI2*)

5.16 목 객체 생성하기

문제 처리시간이 길거나 외부 시스템과 통신하는 클래스 테스트하기

해결 쿼커스의 목 지원으로 기본 객체을 대체해 실제 객체의 행동을 흉내 내는 CDI 객체를 제공합니다.

목 객체^{mock objects}는 메서드 호출에 대해 기록된^{canned} 응답을 제공해 실제 객체의 행동을 시뮬레이션합니다.

5.15절에서 생성한 Greeting Service에 대한 목 객체를 만들어봅니다.

src/test/java 디렉터리에 org.acme.quickstart.MockedGreetingService.java 클래스
를 생성합니다.

파일: ch_05/testing/src/test/java/org/acme/quickstart/MockedGreetingService.java

```java
package org.acme.quickstart;

import io.quarkus.test.Mock;

@Mock    ❶
public class MockedGreetingService
    extends GreetingService {    ❷

        @Override
        public String greetingMessage(int age) {
            return "Hello World";    ❸
        }

}
```

❶ CDI에서 POJO 클래스를 목 클래스(대안 클래스)로 지정

❷ 클래스 이름은 기반 클래스를 확장하거나 구현해야 함

❸ 기록된canned 응답

논의 목을 생성하는 것은 외부 서비스와 오랫동안 동작하는 프로세스를 건너뛰는bypass 훌륭한
방법이며, 특정 시나리오를 테스트하는 단순한 방법입니다. 앞선 해결에서 두 가지를 테스트할
수 있습니다. 하나는 목을 사용하는 것이고 다른 하나는 실제 객체를 사용하는 것입니다. 하나
는 서비스로 인한 기대되는 동작을 보여주고 나머지는 의도된 실패를 보여줍니다. 이런 기법은
외부 서비스 실패를 테스트할 때 특히 유용합니다.[7]

----

7 옮긴이_ GreeingServiceTest는 실제 객체를 사용하여 성공 사례를 확인하고, MockedGreetingSerivce라는 목 객체를 사용하면 의
   도된 실패 사례를 확인할 수 있습니다.

5.17 모키토를 활용해 목 객체 생성하기

문제 모키토Mockito를 이용하여 처리시간이 길거나 외부 시스템과 통신하는 클래스 테스트하기

해결 모키토 라이브러리로 기본 객체를 대체해 실제 객체의 행동을 흉내 내는 CDI 객체를 제공합니다.

모키토를 사용하여 5.15절에서 생성한 `Greeting Service`에 대한 목 객체를 만듭니다.

먼저 퀘커스 모키토 확장을 추가합니다.

파일: ch_05/mockito/pom.xml

```
<dependency>
  <groupId>io.quarkus</groupId>
  <artifactId>quarkus-junit5-mockito</artifactId>
  <scope>test</scope>
</dependency>
```

`src/test/java` 디렉터리에 `org.acme.GreetingResourceTest.java` 클래스를 생성합니다.

파일: ch_05/mockito/src/test/java/org/acme/GreetingResourceTest.java

```java
import io.quarkus.test.junit.mockito.InjectMock;
import org.junit.jupiter.api.BeforeEach;
import static org.mockito.Mockito.when;

@QuarkusTest
public class GreetingResourceTest {

    @InjectMock  ❶
    GreetingService greetingService;

    @BeforeEach  ❷
    public void prepareMocks() {
        when(greetingService.message())
                .thenReturn("Aloha from Mockito");
    }
```

```
    @Test
    public void testHelloEndpoint() {
        given()
          .when().get("/greeting")
          .then()
            .statusCode(200)
            .body(is("Aloha from Mockito"));  ❸
    }

}
```

❶ InjectMock 애너테이션은 이 필드를 모키토 목으로 만듭니다

❷ 각 테스트가 실행되기 전에 목 기대값들이 기록됩니다

❸ 목 객체가 반환하는 메시지

5.18 메타 애너테이션으로 다수의 애너테이션을 그룹화하기

문제 응용프로그램에 넘쳐나는 애너테이션 줄이기

해결 메타 애너테이션으로 여러 애너테이션을 묶습니다.

테스트 혹은 다른 부분에서 필요로 하는 모든 애너테이션을 포함한 메타 애너테이션을 여러분의 응용프로그램에서 만들 수 있습니다. 예를 들어 @QuarkusTest와 @Transactional 애너테이션을 포함하는 TransactionalQuarkusTest 애너테이션으로 쿼커스 테스트가 트랜잭션을 사용하도록 만들 수 있습니다.

src/test/java 디렉터리에 org.acme.quickstart.TransactionalQuarkusTest.java 클래스를 생성합니다.

```
package org.acme.quickstart;

import java.lang.annotation.ElementType;
import java.lang.annotation.Retention;
import java.lang.annotation.RetentionPolicy;
```

```
import java.lang.annotation.Target;

import javax.enterprise.inject.Stereotype;
import javax.transaction.Transactional;

import io.quarkus.test.junit.QuarkusTest;

@QuarkusTest  ❶
@Transactional
@Stereotype  ❷
@Retention(RetentionPolicy.RUNTIME)
@Target(ElementType.TYPE)
public @interface TransactionalQuarkusTest {
}
```

❶ 메타 애너테이션이 상속할 애너테이션을 추가

❷ 애너테이션을 스테레오 타입으로 지정(메타 애너테이션)

그다음 목적 클래스에 이 애너테이션을 지정하면 예상했듯이 @QuarkusTest와 @Transactional 애너테이션이 적용됩니다.

```
@TransactionalQuarkusTest
public class DeveloperDAO {
}
```

이제 테스트의 가독성이 높아지고 애너테이션의 재활용성이 향상되었음을 주목하세요.

논의 퀴커스 테스트는 CDI 빈이므로 CDI 인터셉터를 적용할 수 있습니다. 예를 들어 트랜잭션 인터셉터transactional interceptor를 사용해 여러분의 테스트에 트랜잭션을 적용할 수 있습니다. 이 인터셉터는 테스트 클래스에 @javax.transaction.Transactional 애너테이션을 붙이면 활성화됩니다. 따라서 트랜잭션 테스트는 다음과 같을 것입니다.

```
@QuarkusTest
@Transactional
public class DeveloperDAO {
}
```

물론 이것은 완벽하게 유효하지만 어떤 클래스에 다수의 애너테이션이 있으면 테스트의 가독성에 영향을 줄 수 있는 두 가지 경우도 있습니다.

1. 테스트가 더 많은 애너테이션(예를 들어 테스트의 순서를 정의하는 @TestMethodOrder 같은 Junit 5 애너테이션)을 필요로 하거나 테스트를 위해 다른 인터셉터를 활성화합니다. 이 경우 코드보다 애너테이션이 더 많아지게 됩니다.
2. 동일한 애너테이션을 필요로 하는 다수의 테스트가 있습니다. 따라서 같은 애너테이션을 필요로 하는 모든 테스트에 반복적으로 애너테이션을 붙이는 작업을 해야 합니다.

5.19 테스트의 전/후에 코드 실행하기

문제 테스트 스위트[8]를 실행하기 전/후에 테스트를 위한 자원을 시작/중단/설정하는 어떤 로직을 실행하기

해결 쿼커스 테스트 자원Quarkus Test Resource 확장을 사용해 테스트하는 데 필요한 자원을 정의합니다.

쿼커스는 테스트 스위트를 시작하기 전이나 종료한 후에 자바 코드를 실행할 수 있는 확장 메커니즘을 제공합니다. 게다가 설정 속성을 프로그램으로 생성/오버라이드할 수 있어 application.properties 파일을 수정하지 않고도 테스트 자원 클래스에 있는 자원에 필요한 인자를 설정할 수 있습니다.

단지 어떤 메시지를 출력하는 단순한 쿼커스 테스트 자원을 작성합니다.

src/test/java 디렉터리에 io.quarkus.test.common.QuarkusTestResourceLifecycleManager 인터페이스를 구현하는 org.acme.quickstart.HelloWorldQuarkusTestResourceLifecycleManager 클래스를 생성합니다.

---

8 옮긴이_같은 목적을 갖는 다수의 테스트 케이스의 묶음을 의미합니다.

파일: ch_05/test-lifecycle/src/test/java/org/acme/quickstart/HelloWorldQuarkusTestResourceLifecycleManager.java

```java
package org.acme.quickstart;

import java.util.Collections;
import java.util.Map;

import io.quarkus.test.common.QuarkusTestResourceLifecycleManager;

public class HelloWorldQuarkusTestResourceLifecycleManager
    implements QuarkusTestResourceLifecycleManager {  ❶

    @Override
    public Map<String, String> start() {  ❷
        System.out.println("Start Test Suite execution");
        return Collections.emptyMap();  ❸
    }

    @Override
    public void stop() {  ❹
        System.out.println("Stop Test Suite execution");
    }

    @Override
    public void inject(Object testInstance) {  ❺
        System.out.println("Executing " + testInstance.getClass().getName());
    }

    @Override
    public int order() {  ❻
        return 0;
    }

}
```

❶ QuarkusTestResourceLifecycleManager 인터페이스를 구현해야 함

❷ 테스트 스위트에 앞서 실행되는 메서드

❸ 사용되는 시스템 속성을 담고 있는 Map 객체

❹ 테스트 스위트 이후에 실행되는 메서드

❺ 각 테스트 클래스 실행 때 이 메서드가 호출되며, 테스트 인스턴스를 받아 여러분이 테스트 클래스의 특정

필드를 주입할 수 있음[9]

❻ 다수의 자원이 정의되어 있을 때 실행 순서를 결정

마지막으로, 테스트 스위트를 실행하는 동안 확장이 실행될 수 있도록 등록을 해야 합니다. 이를 위해 src/test/java 디렉터리에 있는 어떤 클래스에 QuarkusTestResource 애너테이션으로 테스트 자원을 시작하도록 해야 합니다. 비록 자원을 등록하는 것은 어떤 클래스도 가능하지만, 추천하는 것은 테스트 자원을 등록하는 특정 빈 클래스를 생성하는 것입니다.

src/test/java 디렉터리에 다음과 같이 org.acme.quickstart.HelloWorldTestResource 클래스를 생성합니다.

파일: ch_05/test-lifecycle/src/test/java/org/acme/quickstart/HelloWorldTestResource.java

```
package org.acme.quickstart;

import io.quarkus.test.common.QuarkusTestResource;

@QuarkusTestResource(HelloWorldQuarkusTestResourceLifecycleManager.class)   ❶
public class HelloWorldTestResource {
}
```

❶ 테스트 자원을 등록

그다음 터미널 창에서 테스트를 실행하고, 터미널 창에서 다음과 유사한 출력 내용을 확인합니다(경로: ch_05/test-lifecycle).

```
./mvnw clean compile test

INFO] --------------------------------------------------------
[INFO]  T E S T S
[INFO] --------------------------------------------------------
[INFO] Running org.acme.quickstart.GreetingResourceTest
Start Test Suite execution  ❶
 INFO  [io.qua.dep.QuarkusAugmentor] (main) Beginning quarkus augmentation
```

---

9 옮긴이_ https://github.com/quarkusio/quarkus/blob/main/test-framework/common/src/main/java/io/quarkus/test/common/QuarkusTestResourceLifecycleManager.java

```
INFO  [io.qua.dep.QuarkusAugmentor] (main) Quarkus augmentation completed
                              in 756ms
INFO  [io.quarkus] (main) Quarkus 1.11.3.Final started in 0.381s.
                  Listening on: http://0.0.0.0:8081
INFO  [io.quarkus] (main) Profile test activated.
INFO  [io.quarkus] (main) Installed features: [cdi, resteasy]
Executing org.acme.quickstart.GreetingResourceTest  ❷
[INFO] Tests run: 1, Failures: 0, Errors: 0, Skipped: 0, Time elapsed: 3.058 s
      - in org.acme.quickstart.GreetingResourceTest
Stop Test Suite execution  ❸
2019-11-08 16:57:01,020 INFO  [io.quarkus] (main) Quarkus stopped in 0.027s
```

❶ 쿼커스가 시작되기 전에 start 메서드가 호출됨

❷ GreetingResourceTest가 실행되기 전에 inject 메서드가 호출됨

❸ 모든 테스트 실행이 종료되면 stop 메서드가 호출됨

이 예제는 매우 유용하지는 않지만 테스트 생명주기를 단순하게 이해할 수 있습니다.

논의 좀 더 앞으로 가다 보면 테스트의 복잡도(통합 테스트, 종단 테스트 등)와 테스트를 실행하는 데 필요한 의존성이 증가합니다. 예를 들어 테스트를 위해 데이터베이스 인스턴스, 카프카Kafka 브로커, JMS 큐, 키클록Keycloak과 같은 것이 필요할 수 있습니다.

이러한 배경에서 도커Docker를 사용해 MariaDB 도커 컨테이너를 부팅하는 좀 더 흥미로운 테스트 자원을 만들어 봅시다.

예를 들어 테스트 컨테이너(*https://oreil.ly/aEeAV*) 테스트 프레임워크를 사용할 것입니다. 현재 최신 버전은 1.15.2 입니다.

> ### 테스트 컨테이너
>
> 테스트 컨테이너는 JUnit 테스트를 지원하는 자바 라이브러리로, 경량이며 도커 컨테네이터의 쓰고 버리는throwaway 인스턴스를 제공합니다. 테스트 컨테이너는 각 컨테이너의 생명주기를 관리하며 프로그램으로 컨테이너를 시작하고 중단할 수 있도록 해줍니다.
>
> 다음과 같은 환경에서 테스트 시 도커 컨테이너를 사용할 것입니다.
>
> - 데이터베이스 서버들(예, PostgreSQL, MySQL, 오라클)을 컨테이너화한 데이터 접근 계층 통합 테스트
> - 웹서버와 같은 외부 의존성 혹은 카프카 같은 메시징 시스템을 필요로 하는 응용프로그램 통합 테스트
> - 웹브라우저를 컨테이너화해 매번 테스트할 때 새로운 브라우저를 생성하는 UI/인수 테스트

테스트를 시작하기 전에 머신에 도커를 설치해야 하며 따라서 테스트 컨테이너가 로컬에서 MariaDB 컨테이너를 부팅할 수 있습니다.

테스트 컨테이너 퀴커스 테스트 자원을 개발하는 첫 번째 단계는 여러분의 테스트에 MariaDB 도커 컨테이너를 사용할 수 있도록 빌드 도구에 테스트 컨테이너 의존성을 추가하는 것입니다.

파일: ch_05/test-lifecycle/pom.xml

```xml
<dependency>
  <groupId>org.testcontainers</groupId>
  <artifactId>mariadb</artifactId>
  <version>${testcontainers.version}</version>
  <scope>test</scope>
</dependency>
<dependency>
  <groupId>io.quarkus</groupId>
  <artifactId>quarkus-jdbc-mariadb</artifactId>
</dependency>
```

다음과 같이 QuarkusTestResourceLifecycleManager 클래스를 구현합니다.

```
package org.acme.quickstart;

import java.util.HashMap;
import java.util.Map;

import org.acme.quickstart.MariaDbTestResource.Initializer;
import org.testcontainers.containers.MariaDBContainer;

import io.quarkus.test.common.QuarkusTestResource;
import io.quarkus.test.common.QuarkusTestResourceLifecycleManager;

@QuarkusTestResource(Initializer.class)   ❶
public class MariaDbTestResource {

  public static class Initializer
      implements QuarkusTestResourceLifecycleManager {   ❷

    private MariaDBContainer mariaDBContainer;   ❸

    @Override
    public Map<String, String> start() {   ❸

      this.mariaDBContainer = new MariaDBContainer<>("mariadb:10.4.4");   ❹
      this.mariaDBContainer.start();   ❺

      return getConfigurationParameters();
    }

    private Map<String, String> getConfigurationParameters() {   ❻
      final Map<String, String> conf = new HashMap<>();

      conf.put("quarkus.datasource.url", this.mariaDBContainer.getJdbcUrl());
      conf.put("quarkus.datsource.username", this.mariaDBContainer
                                          .getUsername());
      conf.put("quarkus.datasource.password", this.mariaDBContainer
                                          .getPassword());
      conf.put("quarkus.datasource.driver", this.mariaDBContainer
                                          .getDriverClassName());

      return conf;
    }
```

```
    @Override
    public void stop() {
      if (this.mariaDBContainer != null) {
        this.mariaDBContainer.close();  ❼
      }
    }
  }
}
```

❶ 테스트 자원을 등록

❷ 테스트 자원 인터페이스를 정의

❸ MariaDB 컨테이너 객체를 설정

❹ 필요한 도커 이미지로 MariaDB를 인스턴스화

❺ 컨테이너를 시작하고 컨테이너가 연결을 수락할 때까지 대기

❻ 쿼커스 설정을 오버라이드해 컨테이너에 데이터베이스 연결을 지정

❼ 컨테이너를 종료

마지막으로 터미널 창에서 테스트를 실행합니다. 터미널 출력에서 다음과 유사한 내용을 볼 수 있습니다.

```
./mvnw clean test

[INFO] ----------------------------------------------------------
[INFO] T E S T S
[INFO] ----------------------------------------------------------
[INFO] Running org.acme.quickstart.GreetingResourceTest
        i Checking the system...
        √ Docker version should be at least 1.6.0
        √ Docker environment should have more than 2GB free disk space
Start Test Suite execution
 INFO  [org.tes.doc.DockerClientProviderStrategy] (main)
        Loaded org.testcontainers.dockerclient
                    .UnixSocketClientProviderStrategy
        from ~/.testcontainers.properties, will try it first
...
 INFO  [[doc.4.4]] (main) Creating container for image: mariadb:10.4.4  ❶
 INFO  [[doc.4.4]] (main) Starting container with ID:
        0d07d45111b1103fd7e64ac2050320ee329ca14eb46a72d525f61bc5e433dc69
 INFO  [[doc.4.4]] (main) Container mariadb:10.4.4 is starting:
```

```
          0d07d45111b1103fd7e64ac2050320ee329ca14eb46a72d525f61bc5e433dc69
  INFO  [[doc.4.4]] (main) Waiting for database connection to become available at
           jdbc:mariadb://localhost:32773/test using query 'SELECT 1'
  INFO  [[doc.4.4]] (main) Container is started
           (JDBC URL: jdbc:mariadb://localhost:32773/test)
  INFO  [[doc.4.4]] (main) Container mariadb:10.4.4 started  ❷
  INFO  [io.qua.dep.QuarkusAugmentor] (main) Beginning quarkus augmentation
  INFO  [io.qua.dep.QuarkusAugmentor] (main) Quarkus augmentation completed
                                             in 1461ms
  INFO  [io.quarkus] (main) Quarkus 1.11.3.Final started in 0.909s.
                       Listening on: http://0.0.0.0:8081
  INFO  [io.quarkus] (main) Profile test activated.
  INFO  [io.quarkus] (main) Installed features: [cdi, jdbc-mariadb, resteasy]
Executing org.acme.quickstart.GreetingResourceTest
[INFO] Tests run: 1, Failures: 0, Errors: 0, Skipped: 0, Time elapsed: 32.666 s
       - in org.acme.quickstart.GreetingResourceTest
Stop Test Suite execution
2019-11-12 11:57:27,758 INFO  [io.quarkus] (main) Quarkus stopped in 0.043s
```

❶ MariaDB 도커 컨테이너가 생성됨

❷ 컨테이너가 올라와 실행되고 요청을 받을 준비가 되어 있음

> **TIP_** 여러분은 쿼커스 테스트 자원을 별도의 프로젝트로 개발해 개별 JAR 라이브러리로 배포할 수 있습니다. 그다음 이것을 필요로 하는 프로젝트에 재사용할 수 있습니다.

쿼커스는 기본적으로 다음의 쿼커스 테스트 자원 구현을 제공합니다.

H2DatabaseTestResource

H2 데이터베이스를 서버 모드로 시작/중단하는 기능

DerbyDatabaseTestResource

더비Derby 데이터베이스를 서버 모드로 시작/중단하는 기능

InfinispanEmbeddedTestResource

인피니스팬Infinispan을 임베디드 모드로 시작/중단하는 기능

InfinispanServerTestResource

인피니스팬을 서버 모드로 시작/중단하는 기능

KeycloakTestResource

키클록 아이덴티티 제공자^{Keycloak identity provider}를 시작/중단하는 기능

ArtemisTestResource

임베디드 ActiveMQ를 시작/중단하는 기능

KafkaTestResource

데베지움^{Debezium} 클래스를 사용하는 카프카 클러스터를 시작/중단하는 기능

KubernetesMockServerTestResource

쿠버네티스 목 서버를 시작/중단하는 기능

> **함께 보기** 로컬 머신에 도커를 설치하고 테스트 컨테이너 테스트 프레임워크에 관한 더 많은
> 예제를 찾는다면 다음 웹페이지를 참고하세요.
>
> - 도커: 도커 설치(*https://oreil.ly/WrfY8*)
> - 테스트 컨테이너(*https://oreil.ly/aEeAV*)

5.20 네이티브 실행으로 테스트하기

> **문제** 네이티브 실행의 동작이 올바른지 검사하기

해결 NativeImageTest 애너테이션으로 JVM을 사용하는 대신 네이티브 파일로부터 응용프로그램을 시작합니다.

만약 응용프로그램의 네이티브 실행을 만들고자 한다면, 네이티브 실행에서 동작하는 응용프로그램에 대해 어떤 행동 테스트를 작성하는 것이 좋습니다.

퀴커스는 JVM 대신에 네이티브 파일로부터 응용프로그램을 시작할 수 있도록 `NativeImage` `Test` 애너테이션을 제공합니다. 테스트를 실행하기 전에 네이티브 실행을 생성해야 하거나 혹은 테스트를 실행하기 전에 `quarkus.package.type` 시스템 속성을 사용해 네이티브 실행을 생성해야 한다는 것을 아는 것이 중요합니다. 6.4절에서는 네이티브 실행을 생성하는 방법을 배웁니다.

만약 프로젝트가 앞서 설명한 방법으로 뼈대를 잡았다면 네이티브 실행 테스트는 이미 제공되어 있는 상태입니다.

> **WARNING**_ JVM과 네이티브 이미지 테스트를 같은 테스트 스위트에서 혼용할 수 없습니다. JVM 테스트는 네이티브 테스트와는 다른 주기로 실행되어야 합니다(예, 메이븐을 기준으로 JVM 테스트는 **surefire**를 사용하고 네이티브 테스트는 **failsafe**를 사용합니다).

이미 설명한 방법으로 프로젝트 뼈대를 잡은 경우 다음과 같은 기본 설정이 제공됩니다.

파일: ch_05/test-lifecycle/pom.xml

```xml
<profile>
  <id>native</id>
  <activation>
    <property>
      <name>native</name>
    </property>
  </activation>
  <build>
    <plugins>
      <plugin>
        <artifactId>maven-failsafe-plugin</artifactId>
        <version>${surefire-plugin.version}</version>
        <executions>
          <execution>
            <goals>
              <goal>integration-test</goal>
              <goal>verify</goal>  ❶
            </goals>
            <configuration>
              <systemPropertyVariables>
                <native.image.path>${project.build.directory}/${project.build.finalName}-runner</native.image.path>  ❷
```

```
                    <java.util.logging.manager>org.jboss.logmanager.LogManager</java.util.
                    logging.manager>
                    <maven.home>${maven.home}</maven.home>
                  </systemPropertyVariables>
                </configuration>
              </execution>
            </executions>
          </plugin>
        </plugins>
      </build>
      <properties>
        <quarkus.package.type>native</quarkus.package.type>  ❸
      </properties>
    </profile>
```

❶ 네이티브 테스트는 verify 목표로 실행됨(./mvnw verify)

❷ 생성된 네이티브 실행의 경로(pom에서 한 줄로 표시되어야 함)

❸ 테스트를 실행하기 전에 네이티브 실행을 생성함

src/test/java 디렉터리에 있는 org.acme.quickstart.NativeGreetingResourceIT.java 클래스를 엽니다.

파일: ch_05/test-lifecycle/src/test/java/org/acme/quickstart/NativeGreetingResourceIT.java

```
package org.acme.quickstart;

import io.quarkus.test.junit.NativeImageTest;

@NativeImageTest  ❶
public class NativeGreetingResourceIT
    extends GreetingResourceTest {  ❷

    // Execute the same tests but in native mode.
}
```

❶ native.image.path에 위치한 네이티브 실행을 시작함

❷ JVM 테스트를 확장해 네이티브 실행으로 동작하게 하지만 필수사항은 아닙니다. 여러분의 테스트를 작성할 수 있으나 @QuarkusTest 애너테이션을 반드시 붙여야 합니다. 동일한 테스트가 동작하지만 네이티브 실행에 대해 동작하는 것입니다

논의 네이티브 테스트를 작성할 때 고려해야 하는 사항은 다음과 같습니다.

1. 쿼커스는 자동으로 네이티브 테스트를 실패하기까지 네이티브 이미지가 시작하는 데 최대 60초까지 대기합
   니다. 이 시간은 quarkus.test.native-image-wait-time 속성으로 변경할 수 있습니다. (예, ./mvnw
   verify -Pnative -Dquarkus.test.native-image-wait-time=200).

2. 네이티브 테스트는 prod 프로파일에서 동작합니다. 이것을 변경하기 원한다면 quarkus.test.native-
   image-profile 속성에 대체 프로파일을 설정합니다.

3. io.quarkus.test.junit.DisabledOnNativeImage 애너테이션은 네이티브 테스트 시에 비활성화시
   킬 테스트 메서드(혹은 클래스)를 지정할 수 있습니다. (예, @DisabledOnNativeImage @Test public
   void nonNativeTest(){})

CHAPTER 6

쿼커스 응용프로그램의 패키징

이 장에서는 쿼커스 서비스를 JVM 혹은 네이티브 형식으로 패키징해 배포하는 것을 배웁니다. 오늘날 컨테이너가 응용프로그램을 배포하는 표준방식이 되었기 때문에 여러분은 컨테이너화 하는 방법도 배워야 합니다.

다음과 같은 내용을 다룹니다.

- 쿼커스 응용프로그램을 JVM에서 동작하도록 패키징하기
- 쿼커스 응용프로그램을 네이티브 실행으로 패키징하기
- 쿼커스 응용프로그램을 컨테이너화하기

6.1 명령 모드에서 실행하기

문제 CLI[1] 응용프로그램 만들기

해결 쿼커스로 실행되고 선택적으로 종료되는 응용프로그램을 만들 수 있습니다.

쿼커스로 명령 모드를 활성화하려면 `io.quarkus.runtime.QuarkusApplication` 인터페이

---

1 옮긴이_명령 줄 인터페이스Command Line Interface.

스를 구현한 클래스를 생성해야 합니다.

파일: ch_06/cli/src/main/java/org/acme/quickstart/GreetingMain.java

```java
package org.acme.quickstart;

import io.quarkus.runtime.Quarkus;
import io.quarkus.runtime.QuarkusApplication;

public class GreetingMain implements QuarkusApplication {  ❶

    @Override
    public int run(String... args) throws Exception {  ❷
        System.out.println("Hello World");
        Quarkus.waitForExit();  ❸
        return 0;
    }

}
```

❶ 쿼커스를 명령 모드로 설정하는 인터페이스

❷ main 메서드가 호출되면 호출됨

❸ 쿼커스 프로세스가 종료될 때까지 대기

그다음 잘 알려진 자바의 main 메서드를 구현합니다. 요구사항 중 하나는 main 메서드를 가진 클래스는 @io.quarkus.runtime.annotations.QuarkusMain 애너테이션을 포함해야 합니다.

파일: ch_06/cli/src/main/java/org/acme/quickstart/JavaMain.java

```java
package org.acme.quickstart;

import io.quarkus.runtime.Quarkus;
import io.quarkus.runtime.annotations.QuarkusMain;

@QuarkusMain  ❶
public class JavaMain {

    public static void main(String... args) {
```

```
        Quarkus.run(GreetingMain.class, args);  ❷
    }

}
```

❶ main 메서드를 가진 클래스로 지정

❷ 프로세스를 시작

명령 인수에 접근하려면 `@io.quarkus.runtime.annotations.CommandLineArguments` 애 너테이션으로 명령 인수들을 주입하면 됩니다.

파일: ch_06/cli/src/main/java/org/acme/quickstart/GreetingResource.java

```
package org.acme.quickstart;

import javax.ws.rs.GET;
import javax.ws.rs.Path;
import javax.ws.rs.Produces;
import javax.ws.rs.core.MediaType;

import io.quarkus.runtime.annotations.CommandLineArguments;

@Path("/hello")
public class GreetingResource {

    @CommandLineArguments  ❶
    String[] args;

    @GET
    @Produces(MediaType.TEXT_PLAIN)
    public String hello() {
        return args[0];
    }
}
```

❶ 명령 줄 인수를 주입

마지막으로 프로젝트를 빌드하고 실행합니다(경로: ch_06/cli).

```
./mvnw clean package -DskipTests

java -jar target/greeting-started-cli-1.0-SNAPSHOT-runner.jar Aloha

curl localhost:8080/hello
Aloha
```

논의 종료 가능한 응용프로그램을 구현할 때는 두 가지 다른 방법이 있습니다. 첫 번째 방법은 이전 절에서 설명했고 두 번째 방법은 `io.quarkus.runtime.QuarkusApplication` 인터페이스를 구현한 클래스에 `@io.quarkus.runtime.annotations.QuarkusMain` 애너테이션을 붙이는 것입니다.

두 번째 방법의 단점은 IDE에서 실행할 수 없습니다. 이러한 이유로 첫 번째 접근법을 권하게 되었습니다.

예제에서 볼 수 있듯이 시작할 때 어떤 로직을 실행하고 일반 응용프로그램처럼 동작하려면 (예, 종료되지 않음) 메인 스레드에서 `Quarkus.waitForExit` 메서드를 호출해야 합니다. 만약 이 메서드를 호출하지 않으면 쿼커스 응용프로그램이 시작되고 즉시 종료됩니다. 즉, 다른 CLI 프로그램의 동작 방식 그대로입니다.

6.2 실행형 JAR 파일 생성하기

문제 JVM이 설치된 머신으로 배포/컨테이너화할 실행형 JAR 파일을 생성하기

해결 실행형 JAR을 생성하려면 쿼커스 메이븐 플러그인을 사용합니다.

쿼커스 메이븐 플러그인은 앞의 절에서 언급한 방식으로 프로젝트의 뼈대를 잡았다면 기본적으로 설치됩니다.

파일: ch_06/cli/pom.xml

```xml
<plugin>
  <groupId>io.quarkus</groupId>
  <artifactId>quarkus-maven-plugin</artifactId>
  <version>${quarkus.version}</version>
  <executions>
    <execution>
      <goals>
        <goal>build</goal>
      </goals>
    </execution>
  </executions>
</plugin>
```

그다음 package 목적을 실행시켜 JAR 파일을 빌드합니다.

```
./mvnw clean package
```

target 디렉터리에는 다음과 같은 내용이 포함됩니다.

경로: ch_06/cli

```
target
├─ classes
├─ generated-sources
├─ generated-test-sources
├─ getting-started-1.0-SNAPSHOT-runner.jar  ❶
├─ getting-started-1.0-SNAPSHOT.jar  ❷
├─ lib  ❸
├─ maven-archiver
├─ maven-status
├─ test-classes
├─ transformed-classes
└─ wiring-classes
```

❶ 실행형 JAR(우버 JAR 아님)

❷ 의존성들의 위치

❸ 응용프로그램의 의존성들의 Lib 폴더

응용프로그램을 배포하려면 실행형 JAR과 lib 디렉터리를 함께 복사하는 것이 중요합니다. 다음과 같은 명령으로 응용프로그램을 실행할 수 있습니다(경로: ch_06/cli).

```
java -jar target/getting-started-1.0-SNAPSHOT-runner.jar
```

이러한 방식으로 쿼커스를 실행하는 것은 JVM 모드에서 쿼커스를 실행하는 법으로 알려져 있습니다. 이것은 네이티브 컴파일을 하지 않으며 응용프로그램을 JVM 안에서 실행하는 것을 의미합니다.

> **TIP_** 쿼커스 응용프로그램을 JVM 모드로 컨테이너에 패키징하기 원한다면 이 방식을 추천합니다. 이유는 컨테이너 빌드 단계에서 생성된 계층들은 이후 재사용을 위해 캐싱되기 때문입니다. 라이브러리는 일반적으로 잘 바뀌지 않고 따라서 이러한 의존성 계층은 미래 실행에 여러 번 재활용되어 컨테이너의 빌드시간을 단축시킬 것입니다.

논의 그레이들로 실행형 JAR 파일을 생성하려면 quarkusBuild 태스크를 실행하세요.

```
./gradlew quarkusBuild
```

함께 보기 우버 JAR을 생성해 쿼커스 응용프로그램을 컨테이너화하려면 6.3절을 참고하세요.

6.3 우버 JAR 패키징하기

문제 쿼커스 응용프로그램의 우버 JAR^{über-JAR}을 생성하기

해결 쿼커스 메이븐 플러그인은 pom.xml 파일에 uberJar 설정 옵션을 지정해 우버 JAR 파일을 만들 수 있게 해줍니다.

실행형 코드와 모든 필요 의존성을 포함한 우버 JAR 파일을 생성하려면 application.properties 파일에 quarkus.package.uber-jar 속성을 true로 설정합니다.

```
quarkus.package.uber-jar=true
```

6.4 네이티브 실행 빌드하기

문제 쿼커스 응용프로그램을 네이티브 실행 파일로 빌드하기

해결 쿼커스와 그랄VM을 사용해 컨테이너와 서버리스 로드에 이상적인 네이티브 실행 파일을 만듭니다.

네이티브 실행은 쿼커스 응용프로그램을 컨테이너와 서버리스 워크로드serverless workloads를 이상적으로 만듭니다. 쿼커스는 네이티브 실행을 빌드할 때 그랄VM에 의존합니다.

네이티브 실행을 만들기 전에 **GRAALVM_HOME** 환경 변수가 그랄VM 19.3.1 혹은 20.0.0[2] 설치 디렉터리를 가리키고 있는지 확인하세요.

> **IMPORTANT_** 맥OS를 사용한다면 환경 변수는 Home 하위 디렉터리를 지정해야 합니다.
> export GRAALVM_HOME=<installation_dir>/Development/graalvm/Contents/Home/

쿼커스 프로젝트가 앞서 설명된 방식으로 생성되었다면 쿼커스 네이티브 실행 응용프로그램을 빌드하려면 **native**라는 기본 메이븐 프로파일을 등록해야 합니다.

파일: ch_06/cli/pom.xml

```xml
<profile>
  <id>native</id>
  <activation>
    <property>
      <name>native</name>
    </property>
```

---

2 옮긴이_이 책에서는 최신 버전인 21.0.0.2 (자바 11 기반) 버전을 기준으로 합니다.

```xml
    </activation>
    <build>
      <plugins>
        <plugin>
          <artifactId>maven-failsafe-plugin</artifactId>
          <version>${surefire-plugin.version}</version>
          <executions>
            <execution>
              <goals>
                <goal>integration-test</goal>
                <goal>verify</goal>
              </goals>
              <configuration>
                <systemPropertyVariables>
                  <native.image.path>${project.build.directory}/${project.build.finalName}-
                  runner</native.image.path>
                  <java.util.logging.manager>org.jboss.logmanager.LogManager</java.util.
                  logging.manager>
                  <maven.home>${maven.home}</maven.home>
                </systemPropertyVariables>
              </configuration>
            </execution>
          </executions>
        </plugin>
      </plugins>
    </build>
    <properties>
      <quarkus.package.type>native</quarkus.package.type>
    </properties>
  </profile>
```

그다음 native 프로파일로 프로젝트를 빌드합니다.

```
./mvnw package -Pnative
```

target 디렉터리에 실행 파일이 만들어집니다.

```
[INFO] --- quarkus-maven-plugin:1.11.3.Final:native-image (default) @
        getting-started ---
[INFO] [io.quarkus.creator.phase.nativeimage.NativeImagePhase] Running Quarkus
        native-image plugin on Java HotSpot(TM) 64-Bit Server VM
```

```
...
[getting-started-1.0-SNAPSHOT-runner:19]    classlist:  13,614.07 ms
[getting-started-1.0-SNAPSHOT-runner:19]       (cap):   2,306.78 ms
[getting-started-1.0-SNAPSHOT-runner:19]       setup:   4,793.43 ms
...
Printing list of used packages to
 /project/reports/used_packages_getting-started-1.0-SNAPSHOT-
                             runner_20190927_134032.txt
[getting-started-1.0-SNAPSHOT-runner:19]    (compile):  42,452.12 ms
[getting-started-1.0-SNAPSHOT-runner:19]     compile:  62,356.07 ms
[getting-started-1.0-SNAPSHOT-runner:19]       image:   2,939.16 ms
[getting-started-1.0-SNAPSHOT-runner:19]       write:     696.65 ms
[getting-started-1.0-SNAPSHOT-runner:19]     [total]: 151,743.29 ms

target/getting-started-1.0-SNAPSHOT-runner
```

논의 그레이들에서 네이티브 빌드를 하려면 buildNative 태스크를 실행합니다.

```
./gradlew buildNative
```

6.5 JAR 파일을 위한 도커 컨테이너 빌드하기

문제 6.2절에서 만든 JAR 파일을 위한 컨테이너 빌드하기

해결 컨테이너를 만들기 위해 제공되는 Dockerfile.jvm 파일을 사용합니다.

앞서 설명한 방법 중 하나로 쿼커스 프로젝트가 생성되었다면 두 개의 도커 파일이 src/main/docker 디렉터리에 생성됩니다. 하나는 JVM 모드에서 쿼커스를 사용하는 도커 컨테이너 생성을 위한 것이고 나머지는 네이티브 실행을 위한 것입니다.

JVM 안에서 쿼커스를 실행하기 위한 컨테이너를 생성(네이티브가 아님)하려면 Dockerfile.jvm 파일을 사용해 컨테이너를 만듭니다. 이 도커 파일은 lib 디렉터리와 실행형 JAR 파일과 JMX를 노출합니다.

도커 이미지를 빌드하려면 6.2처럼 프로젝트를 패키징하고 컨테이너를 만듭니다(경로: ch_06/cli).

```
./mvnw clean package

docker build -f src/main/docker/Dockerfile.jvm -t example/greetings-app .
```

다음 명령을 실행해 컨테이너를 시작합니다.

```
docker run -it --rm -p 8080:8080 example/greetings-app
```

6.6 네이티브 파일을 위한 도커 컨테이너 빌드하기

문제 네이티브 실행을 위한 컨테이너 이미지 빌드하기

해결 쿼커스 네이티브 실행을 위한 컨테이너를 생성하려면 Dockerfile.native 파일을 사용해 컨테이너를 빌드합니다.

도커 이미지를 빌드하려면 도커 컨테이너에서 실행할 수 있는 네이티브 파일을 생성해야 합니다. 이러한 이유로 로컬에 있는 그랄VM을 사용해 네이티브 실행을 빌드하면 안 됩니다. 그렇게 되면 여러분의 머신의 운영체제에 종속되고 컨테이너 안에서 실행할 수 없습니다.

컨테이너에서 실행할 수 있는 실행을 생성하려면 터미널 창에서 다음 명령을 입력합니다.

```
./mvnw clean package -Pnative -Dquarkus.native.container-build=true
```

이 명령은 여러분의 그랄VM을 활용해 코드에서 64비트 리눅스 실행 파일을 생성하는 도커 이미지를 생성합니다.

마지막 단계는 앞서 생성한 네이티브 실행을 포함하는 도커 이미지를 생성하는 것입니다.

```
docker build -f src/main/docker/Dockerfile.native -t example/greetings-app .
```

그다음 아래의 명령으로 컨테이너가 시작됩니다.

```
docker run -it --rm -p 8080:8080 example/greetings-app
```

논의 기본적으로 퀴커스는 docker를 사용해 컨테이너를 빌드합니다. 컨테이너 런타임은 quarkus.native.container-runtime 속성으로 변경할 수 있습니다. 이 책을 쓰는 시점에서는 도커와 포드맨^{podman}이 제공됩니다.[3]

```
./mvnw package -Pnative -Dquarkus.native.container-build=true \
                -Dquarkus.native.container-runtime=podman
```

6.7 네이티브 SSL 응용프로그램을 빌드하고 도커화하기

문제 네이티브 실행을 빌드할 때 민감한 정보를 공격자로부터 보호하기 위해 안전한 연결을 맺기

해결 퀴커스는 SSL을 사용해 네이티브 실행에서 안전한 연결을 만듭니다.

JVM 모드에서 퀴커스 응용프로그램을 실행하면 SSL은 다른 JVM 응용프로그램처럼 아무 문제 없이 지원됩니다. 하지만 SSL은 네이티브 실행이 단번에$^{out of the box}$ 지원되지 않으며 SSL 지원을 활성화하려면 추가적인 단계(특히 응용프로그램을 도커화^{dockerizing}할 때는)가 필요합니다.

---

3 옮긴이_현재도 같습니다.

application.properties 파일의 quarkus.ssl.native 설정 속성을 추가해 퀴커스에서 네이티브 실행을 위한 SSL 지원을 활성화합니다.

파일: ch_06/ssl/src/main/resources/application.properties

```
quarkus.ssl.native=true
```

이 속성을 활성화하면 그랄VM의 **native-image** 프로세스가 SSL을 활성화합니다. 다음 명령으로 네이티브 실행을 생성합니다.

```
./mvnw clean package -Pnative -DskipTests -Dquarkus.native.container-build=true

...

docker run -v \
 gretting-started/target/gretting-started-1.0-SNAPSHOT-native-image-source-jar: \
 /project:z
```

다음은 SSL을 활성화할 때 프로세스가 자동으로 추가하는 중요한 플래그입니다.

```
-H:EnableURLProtocols=http,https --enable-all-security-services -H:+JNI
```

이 네이티브 실행을 도커화하려면 SSL을 지원하기 위해 도커와 관련된 스크립트가 약간 수정되어야 합니다.

.dockerignore 파일을 열고 keystore.jks 파일을 제외하지 않는 파일로 등록해 결과를 컨테이너에 추가하도록 합니다. 이것이 필요한 이유는 키 저장소[key store] 파일이 실행 파일과 함께 복사되어야 하기 때문입니다.

파일: ch_06/ssl/.dockerignore

```
*
!target/classes/keystore.jks
!target/*-runner
!target/*-runner.jar
!target/lib/*
```

src/main/docker/Dockerfile.native 파일은 반드시 다음 요소를 포함해야 합니다.

- SunEC 라이브러리
- 응용프로그램에서 사용되는 인증서를 검증하기 위해 필요한 신뢰할 수 있는 인증 기관의 집합

파일: ch_06/ssl/src/main/docker/Dockerfile.native

```
FROM quay.io/quarkus/ubi-quarkus-native-image:19.2.1 as nativebuilder   ❶
FROM quay.io/quarkus/ubi-quarkus-native-image:19.3.1-java11 as nativebuilder
RUN mkdir -p /tmp/ssl \
  && cp /opt/graalvm/lib/security/cacerts /tmp/ssl/

FROM registry.access.redhat.com/ubi8/ubi-minimal
WORKDIR /work/
COPY --from=nativebuilder /tmp/ssl/ /work/   ❷
COPY target/*-runner /work/application
RUN chmod 775 /work /work/application \   ❸
  && chown -R 1001 /work \
  && chmod -R "g+rwX" /work \
  && chown -R 1001:root /work
EXPOSE 8080 8443   ❹
USER 1001
CMD ["./application",
"-Dquarkus.http.host=0.0.0.0",
"-Djavax.net.ssl.trustStore=/work/cacerts"]   ❺
```

❶ SunEC 라이브러리와 그랄VM 도커 이미지로부터 cacerts를 얻음

❷ 루트 작업 디렉터리[4]에 있는 사용자 정의 keystore.jks 파일을 복사

❸ 권한 설정

❹ HTTPS 포트를 노출

❺ 응용프로그램을 실행할 때 SunEC와 cacerts를 로딩

컨테이너 이미지는 다음 명령으로 빌드합니다.

```
docker build -f src/main/docker/Dockerfile.native -t greeting-ssl .
```

---

4 옮긴이_ch_06/ssl/src/main/resources 디렉터리

논의 보안과 SSL은 이제 기본이며 SSL을 사용해 항상 서비스 통신을 보호하는 것이 중요합니다. 이러한 이유로 쿼커스는 다음 확장이 등록되면 자동으로 SSL을 활성화합니다.

- Agroal connection pooling
- Amazon DynamoDB
- Hibernate Search Elasticsearch
- Infinispan Client
- Jaeger
- JGit
- Keycloak
- Kubernetes client
- Mailer
- MongoDB
- Neo4j
- OAuth2
- REST client

여러분의 프로젝트에 위의 확장 중 하나가 포함되면 quarkus.native.ssl 속성은 기본적으로 true가 됩니다.

CHAPTER 7

영속성

퀴커스에서 사용되는 하부의 영속성 전략은 우리에게 친숙합니다. 트랜잭션, 데이터소스 datasources, 자바 영속성 API Java Persistence API (JPA) 등은 모두 수년간 지속되어 온 표준입니다. 퀴 커스는 이 표준을 사용하며 어떤 경우에는 그들을 기반으로 영속성 저장소를 더 쉽게 동작하도 록 만듭니다. 이 장에서는 퀴커스에서 영속성 저장소와 작업하는 방법을 배웁니다. 전통적인 관계형 데이터베이스 관리 시스템(RDBMS)과 NoSQL 데이터베이스도 다룹니다.

만약 여러분이 전통적인 RDBMS 혹은 몽고DB를 쓰고 있다면 파나쉬 Panache 라는 완고한 엔티 티 혹은 활성 레코드 형태의 API로 도움을 받을 수 있습니다. 파나쉬는 표준 JPA 문법을 훨씬 간결하게 만들어 주며 여러분의 응용프로그램을 더 쉽게 읽고 유지 보수할 수 있게 해줍니다. 무엇보다도 생산성을 향상시켜줍니다!

이 장에서 여러분은 다음의 목표를 달성하게 될 것입니다.

- 데이터소스 설정하기
- 트랜잭션 다루기
- 데이터베이스 스키마를 마이그레이션하기
- 파나쉬 API 사용하기
- NoSQL 데이터 저장소와 협업하기

7.1 데이터소스 정의하기

문제 데이터소스를 정의하고 사용하기

해결 아그롤^{Agroal} 확장과 application.properties를 사용합니다.

논의 아그롤은 쿼커스에서 선호하는 데이터소스와 연결 풀링 구현입니다. 아그롤 확장은 보안, 트랜잭션 관리와 헬스 메트릭이 통합되어 있습니다. 각각의 확장이 자체적으로 존재하지만 만약 여러분이 하이버네이트 ORM 혹은 파나쉐를 사용하고 있다면 아그롤 확장까지 전이적으로 받아집니다. 또한 데이터베이스 드라이브 확장도 필요합니다. 현재 H2, PostgreSQL, MariaDB, MySQL, 마이크로소프트 SQL 서버와 더비^{Derby} 확장을 모두 지원합니다. 메이븐의 add-extension 명령으로 원하는 데이터베이스 드라이버를 추가합니다.

```
./mvnw quarkus:add-extension -Dextensions="jdbc-mariadb"
```

쿼커스에서 데이터소스를 설정하는 것은 다른 모든 설정과 같이 src/main/resources/application.properties 파일에서 이뤄집니다.

```
quarkus.datasource.jdbc.url=jdbc::mariadb://localhost:3306/test
quarkus.datasource.db-kind=mariadb
quarkus.datasource.username=username-default
quarkus.datasource.min-size=3
quarkus.datasource.max-size=13
```

> **TIP_** 민감한 정보는 이후에 다루는 시스템 속성, 환경 변수, 쿠버네티스 시크릿^{Kubernetes Secrets} 혹은 볼트^{Valut} 등으로 전달할 수 있습니다.

데이터소스에 접근이 필요하다면 다음과 같이 주입할 수 있습니다.

```
@Inject
DataSource defaultDataSource;
```

7.2 다수의 데이터소스 사용하기

문제 한 개 이상의 데이터소스가 필요한 경우 다수의 데이터소스를 설정하기

해결 이름 있는 데이터소스를 사용합니다.

아그롤은 다수의 데이터소스를 허용합니다. 주목할 만큼 예외인 이름만 제외하면 나머지는 기본의 것처럼 설정할 수 있습니다.

```
quarkus.datasource.db-kind=h2
quarkus.datasource.jdbc.url=jdbc:h2:tcp://localhost/mem:default
quarkus.datasource.username=username-default
quarkus.datasource.min-size=3
quarkus.datasource.max-size=13

quarkus.datasource.users.db-kind=h2
quarkus.datasource.users.jdbc.url=jdbc:h2:tcp://localhost/mem:users
quarkus.datasource.users.username=username1
quarkus.datasource.users.min-size=1
quarkus.datasource.users.max-size=11

quarkus.datasource.inventory.db-kind=h2
quarkus.datasource.inventory.jdbc.url=jdbc:h2:tcp://localhost/mem:inventory
quarkus.datasource.inventory.username=username2
quarkus.datasource.inventory.min-size=2
quarkus.datasource.inventory.max-size=12
```

형식은 다음과 같습니다.

```
quarkus.datasource.[선택적으로 이름].[데이터소스 속성]
```

주입은 동등하게 동작하지만 한정자도 사용할 수 있습니다(한정자는 5.10절을 참고하세요).

```
@Inject
AgroalDataSource defaultDataSource;

@Inject
@DataSource("users")
AgroalDataSource dataSource1;

@Inject
@DataSource("inventory")
AgroalDataSource dataSource2;
```

7.3 데이터소스 헬스 체크 추가하기

문제 데이터소스에 헬스 체크health check 기능 넣기

해결 quarkus-agroal과 quarkus-smallrye-health 확장을 모두 사용합니다.

논의 데이터소스를 위한 헬스 체크는 quarkus-smallrye-health 확장을 사용해 자동으로 추가됩니다. 원한다면 application.properties 파일에서 quarkus.datasource.health.enabled 속성으로 활성화 여부를 변경할 수 있습니다(기본값은 true). 상태를 보려면 응용프로그램의 /q/health/ready 종단점에 접속합니다. 종단점은 quarkus-smallrye-health 확장에서 자동으로 생성됩니다.

함께 보기 자세한 내용은 깃허브의 웹사이트에 방문하세요.

- 마이크로프로파일 헬스MicroProfile Health(*https://oreil.ly/CDLOd*)

7.4 트랜잭션의 경계를 선언적으로 정의하기

문제 애너테이션으로 트랜잭션의 경계 정의하기

해결 quarkus-narayana-jta 확장에 있는 @javax.transaction.Transactional 애너테이션을 사용합니다.

논의 quarkus-narayana-jta 확장은 @javax.transaction.Transactional 애너테이션뿐만 아니라 TransactionManager와 UserTransaction 클래스를 포함합니다. 이 확장은 어떤 영속성 확장에 의해 자동으로 추가되며 필요한 경우 수동으로 추가할 수 있습니다.

@Transactional 애너테이션은 메서드 혹은 클래스 수준에서 어떤 CDI 빈에도 추가할 수 있으며 이것으로 해당 메서드에 트랜잭션을 적용합니다. REST 종단점에도 적용할 수 있습니다.

파일: ch_07/transaction/src/main/java/org/acme/transaction/Transact.java

```java
package org.acme.transaction;

import javax.inject.Inject;
import javax.transaction.Transactional;
import javax.ws.rs.GET;
import javax.ws.rs.Path;
import javax.ws.rs.Produces;
import javax.ws.rs.core.MediaType;

@Path("/tx")
@Transactional
public class Transact {
}
```

7.5 트랜잭션 문맥 설정하기

문제 애너테이션으로 트랜잭션 경계 정의하기

해결 @Transactional 애너테이션에 있는 value 속성에 트랜잭션의 범위를 지정합니다.

논의 지정된 트랜잭션 문맥은 애너테이션이 붙은 메서드의 모든 내포된 호출로 전파됩니다. 런타임 예외가 스택에 발생하지 않았다면 메서드 호출이 끝남과 동시에 트랜잭션이 완료^{commit} 됩니다.

파일: ch_07/transaction/src/main/java/org/acme/transaction/Transact.java

```
package org.acme.transaction;

import javax.inject.Inject;
import javax.transaction.Transactional;
import javax.ws.rs.GET;
import javax.ws.rs.Path;
import javax.ws.rs.Produces;
import javax.ws.rs.core.MediaType;

@Path("/tx")
@Transactional
public class Transact {
    @Inject
    NoTransact noTx;

    @GET
    @Path("/no")
    @Produces(MediaType.TEXT_PLAIN)
    public String hi() {
        return noTx.word();
    }
}
```

```java
package org.acme.transaction;

import javax.enterprise.context.ApplicationScoped;
import javax.transaction.Transactional;

import static javax.transaction.Transactional.TxType.NEVER;

@ApplicationScoped
public class NoTransact {
    @Transactional(NEVER)
    public String word() {
        return "Hi";
    }
}
```

이것은 @Transactional의 dontRollbackOn 혹은 rollbackOn 속성을 오버라이드한 것입니다. 또한 트랜잭션을 수동으로 롤백해야 한다면 TransactionManager를 주입할 수 있습니다.

사용 가능한 트랜잭션 문맥은 다음과 같습니다.

@Transactional(REQUIRED) (default)

아무것도 시작된 것이 없다면 트랜잭션을 시작합니다. 그렇지 않은 경우 현재의 트랜잭션으로 진행합니다.

@Transactional(REQUIRES_NEW)

아무것도 시작된 것이 없다면 트랜잭션을 시작합니다. 만약 시작된 트랜잭션이 있다면 그것을 멈추고 그 메서드의 경계에 맞는 새로운 트랜잭션을 시작합니다.

@Transactional(MANDATORY)

아무것도 시작된 것이 없다면 실패합니다. 그렇지 않은 경우 현재의 트랜잭션 안에서 작업합니다.

```
@Transactional(SUPPORTS)
```

시작된 트랜잭션이 있다면 조인[join]합니다. 그렇지 않은 경우 트랜잭션 없이 작업합니다.

```
@Transactional(NOT_SUPPORTED)
```

트랜잭션이 시작되었다면 그것을 멈추고 그 메서드의 경계에 맞는 트랜잭션이 없는 상태로 작업합니다. 그 외의 경우 트랜잭션 없이 작업합니다.

```
@Transactional(NEVER)
```

트랜잭션이 시작되었다면 오류가 발생합니다. 그 외의 경우 트랜잭션 없이 작업합니다.

7.6 프로그램으로 트랜잭션 제어

문제 좀 더 세밀하게 트랜잭션 제어하기

해결 UserTransaction을 주입하고 그 클래스의 메서드를 호출합니다.

UserTransaction 클래스는 매우 단순한 API를 제공합니다.

- begin()
- commit()
- rollback()
- setRollbackOnly()
- getStatus()
- setTransactionTimeout(int)

첫 세 메서드가 주로 사용되는 메서드입니다. getStatus()는 트랜잭션이 어떤 생명주기에 있는지 확인할 때 유용합니다. 마지막으로 트랜잭션에 제한시간[timeout]을 걸 수 있습니다.

함께 보기 자세한 내용은 다음 웹페이지를 방문하세요.

- 자카르타 EE 8 명세 API: UserTransaction 인터페이스(*https://oreil.ly/lmjR_*)

7.7 트랜잭션 제한시간을 설정하거나 변경하기

문제 트랜잭션에 제한시간을 걸어 특정시간 후에는 자동으로 롤백하기

해결 선언적인 방식으로 트랜잭션을 사용하려면 @io.quarkus.narayana.jta.runtime. TransactionConfiguration을 사용하고, 그렇지 않다면 트랜잭션 API로 프로그램의 트랜잭션을 제어합니다. quarkus.transaction-manager.default-transaction-timeout 속성으로는 전역 제한시간을 변경할 수 있습니다. 속성값은 java.time.Duration 타입입니다.

트랜잭션의 제한시간을 일회성으로 변경할 때는 @TransactionConfiguration 애너테이션을 사용하면 매우 쉽습니다. timeout 속성은 사용 해제시간을 초 단위로 지정할 수 있습니다.

논의 응용프로그램의 모든 트랜잭션이 길어지거나 짧아져야 한다면 application.properties 파일에 있는 quarkus.transaction-manager.default-transaction-timeout 속성을 사용합니다. 이 속성은 java.time.Duration 타입의 값을 받으며 Duration#parse( )로 파싱되는 문자열값입니다. 또한 정수형으로 제한시간을 시작할 수도 있습니다. 쿼커스는 자동으로 PT 접두어를 붙여 올바른 형식의 값을 만들 것입니다.[1]

함께 보기 자세한 내용은 다음 웹페이지를 방문하세요.

- 오라클: 자바 SE 8 API 명세: Duration#parse(*https://oreil.ly/8gvMZ*)

---

1 옮긴이_예를 들어 "PT20.345S"는 "20.345초"로 파싱됩니다.

7.8 persistence.xml 설정하기

문제 persistence.xml 파일을 설정해 JPA 사용하기

해결 일반적인 방식으로 JPA를 사용합니다. 즉, `persistence.xml` 파일에 데이터소스를 설정합니다.

논의 JPA는 쿼커스에 있는 다른 설정과 동일해 별다른 변경은 필요하지 않습니다.

> **NOTE_** persistence.xml을 사용한다면 quarkus.hibernate-orm.* 속성은 사용할 수 없습니다. 따라서 persistence.xml에 정의된 영속성 단위만 사용할 수 있습니다.

7.9 persistence.xml 없이 설정하기

문제 persistence.xml 파일 없이 JPA를 사용하기

해결 `quarkus-hibernate-orm` 확장을 추가하고 `application.properties` 파일에 여러분의 RDBMS에 맞는 JDBC 드라이버와 설정을 추가합니다. 마지막으로 여러분의 엔티티[entity]에 `@Entity` 애너테이션을 붙입니다.

논의 쿼커스와 JPA를 사용해 데이터베이스 연결성을 설정하는 것에는 특별한 것이 없습니다. 쿼커스는 완고한 선택을 제공하지만 걱정하지 않아도 됩니다. 여러분의 엔티티를 그대로 사용할 수 있습니다. 또한 원래 하던 대로 `EntityManager`를 주입하고 사용할 수 있습니다.

간단히 말하면 표준 JPA를 계속 사용할 수 있으며 `persistence.xml` 파일에는 더 이상 설정할 것이 없습니다. 이것이 쿼커스에서 JPA를 사용할 때 선호하는 방식입니다.

7.10 다른 JAR에 있는 엔티티 사용하기

문제 다른 JAR에 있는 엔티티 포함하기

해결 엔티티를 포함하고 있는 JAR에 빈 `META-INF/beans.xml` 파일을 넣습니다.

논의 쿼커스는 엔티티에 대한 컴파일 타입 바이트 코드 향상compile-type bytecode enhancements에 의존합니다. 이 엔티티가 같은 응용프로그램의 일부처럼 같은 프로젝트JAR에 포함되어 있다면 모든 것은 잘 동작합니다.

하지만 엔티티 같은 클래스 혹은 다른 CDI 빈들이 외부 라이브러리에 정의되어 있다면 그 라이브러리는 올바르게 인덱싱하고 향상enhanced되기 위해 빈 `META-INF/beans.xml` 파일을 포함해야 합니다.

7.11 파나쉬로 데이터 영속성 다루기

문제 하이버네이트와 파나쉬Panache를 사용해 데이터를 영속화하기

해결 `PanacheEntity` 객체에 `persist` 메서드를 호출합니다.

quarkus-hibernate-orm-panache 확장과 데이터소스에 맞는 JDBC 확장을 추가합니다. 그다음 엔티티를 정의합니다. 즉, 클래스를 생성하고 그 클래스에 `@javax.persistence.Entity` 애너테이션을 붙이고 `PanacheEntity` 클래스를 상속합니다.

논의 파나쉬는 전통적인 JPA의 기반 위에 만들어진 완고한 API로 데이터 엔티티에 대해 활성 레코드 접근법을 따릅니다. 하지만 내부적으로는 전통적인 JPA를 사용하고 있습니다.

파나쉬를 사용해보면 대부분의 기능이 `PanacheEntity` 혹은 `PanacheEntityBase` 부모 클래스를 통해 엔티티로 전달됨을 알 수 있습니다. `persist` 메서드도 예외가 아닙니다. `PanacheEntityBase`

클래스는 persist()와 persistAndFlush() 메서드를 모두 포함합니다. 비우기^{flush} 기능은 데이터를 데이터베이스로 즉시 보내지만 데이터 영속성 측면에서 보면 권장하는 방법은 아닙니다.

영속화하는 것은 다음과 같이 매우 단순합니다.

파일: ch_07/panache-hibernate/src/main/java/org/acme/panache/LibraryService.java

```java
@POST
public Response newLibrary(Library library) {
    library.persist();
    return Response.created(URI.create("/library/" + library.encodedName()))
            .entity(library).build();
}
```

완전성을 위해 Library 엔티티도 공개합니다.

파일: ch_07/panache-hibernate/src/main/java/org/acme/panache/Library.java

```java
package org.acme.panache;

import java.io.UnsupportedEncodingException;
import java.net.URLEncoder;
import java.util.List;

import javax.persistence.CascadeType;
import javax.persistence.Entity;
import javax.persistence.OneToMany;

import io.quarkus.hibernate.orm.panache.PanacheEntity;
import io.quarkus.panache.common.Parameters;

@Entity
public class Library extends PanacheEntity {
    public String name;

    @OneToMany(cascade = CascadeType.ALL, orphanRemoval = true,
            mappedBy = "library")
    public List<Inventory> inventory;
    public String encodedName() {
        String result;
```

```
        try {
            result = URLEncoder.encode(name, "UTF-8")
                    .replaceAll("\\+", "%20")
                    .replaceAll("\\%21", "!")
                    .replaceAll("\\%27", "'")
                    .replaceAll("\\%28", "(")
                    .replaceAll("\\%29", ")")
                    .replaceAll("\\%7E", "~");
        } catch (UnsupportedEncodingException e) {
            result = name;
        }

        return result;
    }
}
```

7.12 파나쉬의 listAll 메서드로 모든 엔티티의 인스턴스 찾기

문제 엔티티에 있는 모든 항목을 검색하기

해결 PanacheEntityBase 클래스에 있는 listAll() 메서드를 사용합니다.

앞의 절에서 다루었던 persist() 메서드와 같이 listAll() 메서드도 PanacheEntityBase 클래스에 있습니다. 이 메서드는 특별한 것이 아닙니다. 주어진 엔티티의 모든 항목을 데이터베이스에서 질의^{query}합니다. 반환형은 List입니다.

파일: ch_07/panache-hibernate/src/main/java/org/acme/panache/BookService.java

```
@GET
public List<Book> getAllBooks() {
    return Book.listAll();
}
```

7.13 파나쉬의 findById 메서드로 개별 엔티티 찾기

문제 데이터베이스에서 ID를 기반으로 엔티티를 찾아 로딩하기

해결 PanacheEntityBase.findById(Object) 메서드를 호출합니다.

파나쉬는 findById(Object) 메서드로 엔티티 검색을 단순화했습니다. 여러분이 힐 일은 객체의 ID를 넘기는 것이며 데이터베이스로부터 올바른 인스턴스가 반환될 것입니다.

파일: ch_07/panache-hibernate/src/main/java/org/acme/panache/BookService.java

```java
@GET
@Path("/byId/{id}")
public Book getBookById(@PathParam(value = "id") Long id) {
    Book b = Book.findById(id);
    return b;
}
```

7.14 파나쉬의 find와 list 메서드로 엔티티 찾기

문제 엔티티의 속성을 기반으로 특정 엔티티를 데이터베이스에서 검색하기

----

2 옮긴이_ https://github.com/quarkusio/quarkus/blob/main/extensions/panache/hibernate-orm-panache/runtime/src/main/java/io/quarkus/hibernate/orm/panache/PanacheEntityBase.java

해결 PanacheEntityBase 클래스에서 제공하는 다양한 find()와 list() 연관 메서드들을 사용합니다.

반환받으려는 결과에 따라서 PanacheEntityBase 클래스에 있는 list 혹은 find 메서드를 사용할 것입니다. 내부적으로 list 메서드는 find 메서드를 사용하기 때문에 본질적으로 같습니다.

파일: ch_07/panache-hibernate/src/main/java/org/acme/panache/Book.java

```java
public static Book findByTitle(String title) {
    return find("title", title).firstResult();
}

public static List<Book> findByAuthor(String author) {
    return list("author", author);
}

public static List<Book> findByIsbn(String isbn) {
    return list("isbn", isbn);
}
```

두 메서드는 다수의 오버로딩을 제공하며 정렬과 필요한 인자에 따라 구분됩니다. 다음의 코드는 하이버네이트 쿼리 언어^{Hibernate Query Language (HQL)} (혹은 자바 영속성 쿼리 언어^{JPQL})의 예로 Parameters 클래스를 사용합니다.

파일: ch_07/panache-hibernate/src/main/java/org/acme/panache/Library.java

```java
public static Library findByName(String name) {
    return Library
            .find("SELECT l FROM Library l " +
                "LEFT JOIN fetch l.inventory " +
                "WHERE l.name = :name ",
                Parameters.with("name", name)).firstResult();
}
```

Parameters 클래스는 find와 list 메서드에서도 모두 사용할 수 있습니다. 자세한 내용은 API 문서를 참고하세요.

7.15 파나쉬의 count 메서드를 사용해 엔티티의 개수 얻기

문제 자원의 항목 개수 얻기

해결 PanacheEntityBase 클래스에 있는 다양한 count 메서드를 호출합니다.

파나쉬는 앞서 논의한 find 메서드와 같이 다양한 count 메서드 오버로딩을 제공해 데이터베이스에서 주어진 타입의 엔티티 개수를 얻어올 수 있습니다.

```
Book.count()
Book.count("WHERE title = ?", )
```

7.16 파나쉬의 page 메서드를 사용해 엔티티 목록을 페이지로 표시하기

문제 페이지로 표시pagenation 기능 사용하기

해결 쿼커스(특히 파나쉬)는 페이지로 표시하는 기능을 내장하고 있습니다. 페이지 표시 기능을 제공하는 PanacheQuery 객체는 다수의 메서드를 제공합니다.

논의 페이지 표시를 적용하는 것은 매우 쉽습니다. 첫 단계는 PanacheQuery 클래스의 인스

턴스를 얻고 find 메서드를 호출합니다.

파일: ch_07/panache-hibernate/src/main/java/org/acme/panache/BookService.java

```
PanacheQuery<Book> authors = Book.find("author", author);
authors.page(Page.of(3, 25)).list();                                    ❶

authors.page(Page.sizeOf(10)).list();
```

❶ 25개 항목을 한 페이지로 하며 3페이지에서 시작합니다

이 메서드 외에도 firstPage(), lastPage(), nextPage()와 previousPage() 같은 메서드도 제공됩니다. 추가적으로 boolean값을 반환하는 hasNextPage(), hasPreviousPage()와 pageCount() 메서드도 제공됩니다.

함께 보기 자세한 내용은 깃허브의 다음 페이지를 방문하세요.

- Page 객체(*https://oreil.ly/KYlsJ*)
- PanacheQuery 인터페이스(*https://oreil.ly/BtgHK*)

7.17 파나쉬의 stream 메서드로 결과를 스트림으로 사용하기

문제 데이터를 스트림으로 사용하기

해결 파나쉬에서는 모든 list 메서드와 대응하는 stream 메서드를 함께 제공합니다. 사용법은 아래와 같으며 list 메서드의 사용법과 다를 것이 없습니다.

```
Book.streamAll();
...
Book.stream("author", "Alex Soto");
```

각 steam과 streamAll 메서드는 모두 java.util.Stream 인스턴스를 반환합니다.

함께 보기 자세한 내용은 다음 웹페이지에서 확인하세요.

- io.quarkus: PanacheEntityBase 클래스(*https://oreil.ly/OW2fV*)

7.18 파나쉬 엔티티 테스트하기

문제 내장 데이터베이스로 테스트하기

해결 쿼커스는 H2와 더비^{Derby}라는 메모리 기반$^{in-memory}$ 데이터베이스를 위한 도우미를 제공하며 별도의 프로세스로 데이터베이스를 적절하게 부팅할 수 있습니다.

먼저 io.quarkus:quarkus-test-h2:1.4.1.Final 혹은 the io.quarkus:quarkus-test-derby:1.4.1.Final 바이너리를 빌드에 포함시킵니다.

다음은 @QuarkusTestResource(H2DatabaseTestResource.class) 혹은 @QuarkusTestResource(DerbyDatabaseTestResource.class) 애너테이션을 테스트 코드에 붙입니다. 마지막으로 src/test/resources/META-INF/application.properties에서 선택한 데이터베이스에 맞는 데이터베이스 URL과 드라이버 정보를 넣습니다.

다음은 H2의 예입니다.

```
package my.app.integrationtests.db;

import io.quarkus.test.common.QuarkusTestResource;
import io.quarkus.test.h2.H2DatabaseTestResource;

@QuarkusTestResource(H2DatabaseTestResource.class)
public class TestResources {
}
```

```
quarkus.datasource.jdbc.url=jdbc:h2:tcp://localhost/mem:test
quarkus.datasource.db-kind=h2
```

> **NOTE_** 도우미는 데이터베이스를 네이티브 이미지에는 추가하지 않으며 오직 클라이언트 코드에만 붙입
> 니다. 하지만 여러분의 응용프로그램에 대해서는 JVM 모드이건 네이티브 이미지 모드이건 자유롭게 사용해
> 도 좋습니다.

함께 보기 자세한 내용은 다음 웹페이지를 참고하세요.

- H2 데이터베이스 엔진(*https://oreil.ly/_MMus*)
- 아파치 더비(*https://oreil.ly/FUFeH*)

7.19 데이터 접근 객체 혹은 저장소 패턴 사용하기

문제 데이터 접근 객체(DAO) 혹은 저장소 패턴^{repository pattern} 사용하기

해결 쿼커스는 파나쉬로 제한하지는 않습니다. 여러분은 앞서 설명한 DAO 혹은 저장소 패턴 같은 엔티티 패턴을 사용할 수 있습니다.

저장소를 사용할 때 이해해야 하는 두 개의 인터페이스는 PanacheRepository와 Panache RepositoryBase입니다. Long이 아닌 기본 키^{primary key}만 가지고 있다면 추가로 기반 인터페이스가 필요합니다. PanacheEntity에 있는 모든 동일한 동작은 PanacheRepository에서도 제공합니다. 저장소는 CDI 빈으로 사용할 때는 반드시 주입해야 합니다. 기본 예제는 다음과 같습니다.

파일: ch_07/panache-hibernate/src/main/java/org/acme/panache/LibraryRepository.java

```
package org.acme.panache;

import java.util.Collections;
```

```java
import javax.enterprise.context.ApplicationScoped;

import io.quarkus.hibernate.orm.panache.PanacheQuery;
import io.quarkus.hibernate.orm.panache.PanacheRepository;
import io.quarkus.panache.common.Parameters;
import io.quarkus.panache.common.Sort;

@ApplicationScoped
public class LibraryRepository implements PanacheRepository<Library> {
    public Library findByName(String name) {
        return find("SELECT l FROM Library l " +
                    "left join fetch l.inventory where l.name = :name ",
                Parameters.with("name", name)).firstResult();
    }

    @Override
    public PanacheQuery<Library> findAll() {
        return find("from Library l left join fetch l.inventory");
    }

    @Override
    public PanacheQuery<Library> findAll(Sort sort) {
        return find("from Library l left join fetch l.inventory",
                sort, Collections.emptyMap());
    }
}
```

DAO는 여러분이 예상한 대로 동작할 것입니다. **EntityManager**를 주입하고 일반적인 방식으로 쿼리합니다. 온라인과 수많은 다른 책에서 자바 언어로 **DAO**를 사용한 예제는 무수히 많습니다. 그 예제들 모두 쿼커스에서 동일하게 동작합니다.

함께 보기 자세한 내용은 다음 웹페이지를 참고하세요.

- io.quarkus : PanacheRepositoryBase(*https://oreil.ly/H6kTU*)

7.20 아마존 다이나모DB 사용하기

문제 쿼커스 응용프로그램에서 다이나모DB^{DynamoDB} 사용하기

해결 다이나모DB 확장을 사용하고 설정합니다. 다이나모DB 확장은 아파치 아마존 웹서비스 소프트웨어 개발 키트_{Apache Amazon Web Service Software Development Kit}(AWS SDK) 클라이언트를 동기 방식과 비동기 방식 모두 사용할 수 있습니다.

여러분의 프로젝트에서 실행하려면 몇 가지 설정할 것이 있습니다. 먼저 의존성을 추가합니다.

파일: ch_07/dynamodb/pom.xml

```
<dependency>
    <groupId>software.amazon.awssdk</groupId>
    <artifactId>url-connection-client</artifactId>
</dependency>
```

NOTE_ AWS 연결 클라이언트를 위한 쿼커스 확장은 없습니다.

확장은 기본적인 HTTP 클라이언트로 `java.net.URLConnection`를 사용합니다.[3] 여기에 다른 클라이언트(아파치와 네티 NIO^{Netty NIO})로 변경할 수 있습니다.

```
<dependency>
    <groupId>software.amazon.awssdk</groupId>
    <artifactId>apache-client</artifactId>
    <exclusions>        ❶
        <exclusion>
            <groupId>commons-logging</groupId>
            <artifactId>commons-logging</artifactId>
        </exclusion>
    </exclusions>
</dependency>
```

---

3 옮긴이_ *https://quarkus.io/guides/amazon-dynamodb*

❶ 클라이언트에서 쿼커스 로거를 강제로 사용하려면 commons-logging을 제외해야 합니다

만약 아파치 클라이언트로 변경하려면 기본값이 url이기 때문에 application.properties 파일을 수정해야 합니다.

```
quarkus.dynamodb.sync-client.type=apache
```

또한 application.properties 파일에 클라이언트 설정을 해줘야 합니다(자세한 내용은 속성 레퍼런스를 참고하세요).

파일: ch_07/dynamodb/src/main/resources/application.properties

```
quarkus.dynamodb.endpoint-override=http://localhost:8000                    ❶
quarkus.dynamodb.aws.region=eu-central 1                                    ❷
quarkus.dynamodb.aws.credentials.type=static                               ❸
quarkus.dynamodb.aws.credentials.static-provider.access-key-id=test-key
quarkus.dynamodb.aws.credentials.static-provider.secret-access-key=test-secret
```

❶ 로컬 다이나모DB 인스턴스와 같은 비표준 종단점을 사용하는 경우 유용함

❷ 옳고 유효한 리전

❸ static 혹은 default

default 크리덴셜credential 타입은 다음의 크리덴셜을 순차적으로 검색합니다.

- 시스템 속성인 aws.accessKeyId와 aws.secretKey

- 환경 변수인 AWS_ACCESS_KEY_ID와 AWS_SECRET_ACCESS_KEY

- 기본 위치에 있는 크리덴셜 프로파일 ($HOME/aws/credentials)

- 아마존 EC2 컨테이너 서비스를 통해 전달된 크리덴셜

- 아마존 EC2 메타데이터 서비스를 통해 전달된 인스턴스 프로파일 크리덴셜

논의 다음 예는 7.11절에서 가져왔지만 영속성 저장소를 다이나모DB로 변경했습니다.

다음의 두 클래스는 다이나모DB와 통신하고 주입 가능한 서비스를 생성해 REST 종단점으로 사용합니다.

파일: ch_07/dynamodb/src/main/java/org/acme/dynamodb/BookSyncService.java

```java
package org.acme.dynamodb;

import java.util.List;
import java.util.stream.Collectors;

import javax.enterprise.context.ApplicationScoped;
import javax.inject.Inject;

import software.amazon.awssdk.services.dynamodb.DynamoDbClient;

@ApplicationScoped
public class BookSyncService extends AbstractBookService {
    @Inject
    DynamoDbClient dynamoDbClient;

    public List<Book> findAll() {
        return dynamoDbClient.scanPaginator(scanRequest()).items().stream()
                .map(Book::from)
                .collect(Collectors.toList());
    }

    public List<Book> add(Book b) {
        dynamoDbClient.putItem(putRequest(b));
        return findAll();
    }

    public Book get(String isbn) {
        return Book.from(dynamoDbClient.getItem(getRequest(isbn)).item());
    }
}
```

다음의 추상 클래스는 다이나모DB와 대화하고 Book 인스턴스를 영속화하고 쿼리하는 데 필요한 상용구boilerplate 코드를 포함합니다.

파일: ch_07/dynamodb/src/main/java/org/acme/dynamodb/AbstractBookService.java

```java
package org.acme.dynamodb;

import java.util.HashMap;
import java.util.Map;
```

```java
import software.amazon.awssdk.services.dynamodb.model.AttributeValue;
import software.amazon.awssdk.services.dynamodb.model.GetItemRequest;
import software.amazon.awssdk.services.dynamodb.model.PutItemRequest;
import software.amazon.awssdk.services.dynamodb.model.ScanRequest;

public abstract class AbstractBookService {

    public final static String BOOK_TITLE = "title";
    public final static String BOOK_ISBN = "isbn";
    public final static String BOOK_AUTHOR = "author";

    public String getTableName() {
        return "QuarkusBook";
    }

    protected ScanRequest scanRequest() {
        return ScanRequest.builder().tableName(getTableName()).build();
    }

    protected PutItemRequest putRequest(Book book) {
        Map<String, AttributeValue> item = new HashMap<>();
        item.put(BOOK_ISBN, AttributeValue.builder()
                            .s(book.getIsbn()).build());
        item.put(BOOK_AUTHOR, AttributeValue.builder()
                                .s(book.getAuthor()).build());
        item.put(BOOK_TITLE, AttributeValue.builder()
                            .s(book.getTitle()).build());

        return PutItemRequest.builder()
                .tableName(getTableName())
                .item(item)
                .build();
    }

    protected GetItemRequest getRequest(String isbn) {
        Map<String, AttributeValue> key = new HashMap<>();
        key.put(BOOK_ISBN, AttributeValue.builder().s(isbn).build());

        return GetItemRequest.builder()
                .tableName(getTableName())
                .key(key)
                .build();
    }
}
```

마지막 클래스는 Book 엔티티를 대표합니다.

파일: ch_07/dynamodb/src/main/java/org/acme/dynamodb/Book.java

```java
package org.acme.dynamodb;

import java.util.Map;
import java.util.Objects;

import io.quarkus.runtime.annotations.RegisterForReflection;
import software.amazon.awssdk.services.dynamodb.model.AttributeValue;

@RegisterForReflection          ❶
public class Book {
    private String isbn;
    private String author;
    private String title;

    public Book() {             ❷
    }

    public static Book from(Map<String, AttributeValue> item) {
        Book b = new Book();
        if (item != null && !item.isEmpty()) {
            b.setAuthor(item.get(AbstractBookService.BOOK_AUTHOR).s());
            b.setIsbn(item.get(AbstractBookService.BOOK_ISBN).s());
            b.setTitle(item.get(AbstractBookService.BOOK_TITLE).s());
        }
        return b;
    }

    public String getIsbn() {
        return isbn;
    }

    public void setIsbn(String isbn) {
        this.isbn = isbn;
    }

    public String getAuthor() {
        return author;
    }
```

```java
    public void setAuthor(String author) {
        this.author = author;
    }

    public String getTitle() {
        return title;
    }

    public void setTitle(String title) {
        this.title = title;
    }

    @Override
    public boolean equals(Object o) {
        if (this == o) return true;
        if (o == null || getClass() != o.getClass()) return false;
        Book book = (Book) o;
        return Objects.equals(isbn, book.isbn) &&
                Objects.equals(author, book.author) &&
                Objects.equals(title, book.title);
    }

    @Override
    public int hashCode() {
        return Objects.hash(isbn, author, title);
    }
}
```

❶ 네이티브 응용프로그램에서 리플렉션을 위해 필요함

❷ 다이나모DB 클라이언트가 필요로 함

대부분의 코드는 표준 다이나모DB 코드로 퀴커스 응용프로그램으로서의 예외사항은 Book 클래스를 리플렉션을 위해 등록하는 것입니다. 이것은 네이티브 이미지를 만들 때 필수입니다.

이처럼 다이나모DB와 이전에 작업하던 기술만 있으면 퀴커스와 작업할 때 크게 변경 없이 작업할 수 있습니다. 이로 인해 생산성이 향상됩니다.

7.21 몽고DB로 작업하기

문제 몽고DB를 영속성 저장소로 사용하기

해결 쿼커스 몽고DB 확장으로 몽고DB 드라이브와 클라이언트를 활용합니다.

논의 이제는 기본적인 REST 자원과 쿼커스 설정에 익숙해져야 합니다. 이번에는 로컬 몽고 DB 인스턴스와 대화하는 코드와 관련 설정에 대해 다룹니다.

자연스럽게 여러분의 응용프로그램에 연결 정보를 추가해야 합니다.

파일: ch_07/mongodb/src/main/resources/application.properties

```
quarkus.mongodb.connection-string = mongodb://localhost:27017
```

Book 클래스는 몽고DB에 있는 document를 의미합니다.

파일: ch_07/mongodb/src/main/java/org/acme/mongodb/Book.java

```java
package org.acme.mongodb;

import java.util.HashSet;
import java.util.Objects;
import java.util.Set;

import org.bson.Document;

public class Book {
    public String id;
    public String title;
    public String isbn;
    public Set<String> authors;

    // JSON-B를 위해 필요함
    public Book() {}

    public Book(String title) {
        this.title = title;
```

```java
    }

    public Book(String title, String isbn) {
        this.title = title;
        this.isbn = isbn;
    }

    public Book(String title, String isbn, Set<String> authors) {
        this.title = title;
        this.isbn = isbn;
        this.authors = authors;
    }

    public Book(String id, String title, String isbn, Set<String> authors) {
        this.id = id;
        this.title = title;
        this.isbn = isbn;
        this.authors = authors;
    }

    public static Book from(Document doc) {
        return new Book(doc.getString("id"),
                        doc.getString("title"),
                        doc.getString("isbn"),
                        new HashSet<>(doc.getList("authors", String.class)));
    }

    @Override
    public boolean equals(Object o) {
        if (this == o) return true;
        if (o == null || getClass() != o.getClass()) return false;
        Book book = (Book) o;
        return Objects.equals(id, book.id) &&
                Objects.equals(title, book.title) &&
                Objects.equals(isbn, book.isbn) &&
                Objects.equals(authors, book.authors);
    }

    @Override
    public int hashCode() {
        return Objects.hash(id, title, isbn, authors);
    }
}
```

이 서비스는 DAO로서 몽고DB 인스턴스와의 통로 역할을 합니다.

파일: ch_07/mongodb/src/main/java/org/acme/mongodb/BookService.java

```java
package org.acme.mongodb;

import java.util.ArrayList;
import java.util.List;
import java.util.Objects;

import javax.enterprise.context.ApplicationScoped;
import javax.inject.Inject;

import com.mongodb.client.MongoClient;
import com.mongodb.client.MongoCollection;
import com.mongodb.client.MongoCursor;
import com.mongodb.client.model.Filters;
import org.bson.Document;

@ApplicationScoped
public class BookService {

    @Inject
    MongoClient mongoClient;

    public List<Book> list() {
        List<Book> list = new ArrayList<>();

        try (MongoCursor<Document> cursor = getCollection()
                                    .find()
                                    .iterator()) {
            cursor.forEachRemaining(doc -> list.add(Book.from(doc)));
        }

        return list;
    }

    public Book findSingle(String isbn) {
        Document document = Objects.requireNonNull(getCollection()
                .find(Filters.eq("isbn", isbn))
                .limit(1).first());
        return Book.from(document);
    }
```

```java
    public void add(Book b) {
        Document doc = new Document()
                .append("isbn", b.isbn)
                .append("title", b.title)
                .append("authors", b.authors);
        getCollection().insertOne(doc);
    }

    private MongoCollection<Document> getCollection() {
        return mongoClient.getDatabase("book").getCollection("book");
    }
}
```

마지막으로 앞선 두 클래스를 사용한 REST 종단점 자원입니다.

파일: ch_07/mongodb/src/main/java/org/acme/mongodb/BookResource.java

```java
package org.acme.mongodb;

import java.util.List;

import javax.inject.Inject;
import javax.ws.rs.Consumes;
import javax.ws.rs.GET;
import javax.ws.rs.POST;
import javax.ws.rs.Path;
import javax.ws.rs.PathParam;
import javax.ws.rs.Produces;
import javax.ws.rs.core.MediaType;
import javax.ws.rs.core.Response;

@Path("/book")
@Produces(MediaType.APPLICATION_JSON)
@Consumes(MediaType.APPLICATION_JSON)
public class BookResource {
    @Inject
    BookService service;

    @GET
    public List<Book> getAll() {
        return service.list();
    }
```

```
    @GET
    @Path("{isbn}")
    public Book getSingle(@PathParam("isbn") String isbn) {
        return service.findSingle(isbn);
    }

    @POST
    public Response add(Book b) {
        service.add(b);
        return Response.status(Response.Status.CREATED)
                .entity(service.list()).build();
    }
}
```

BSON 코덱을 생성하고 사용하는 것은 독자들에게 연습문제로 남겨둡니다. 몽고DB 확장의 다른 유용한 기능 중 하나는 quarkus-smallrye-health 확장을 사용했을 때 자동으로 헬스 체크 기능이 동작하는 것입니다. quarkus-smallrye-health 확장은 몽고DB 연결을 위한 준비 여부^{readiness} 헬스 체크를 자동으로 생성할 것입니다. 준비 여부 체크는 물론 활성화 여부를 설정할 수도 있습니다.

쿼커스 몽고DB 확장은 또한 리액티브 클라이언트도 포함합니다. 여기에 대해서는 15.12절에서 다룰 것입니다.

7.22 몽고DB로 파나쉬 사용하기

문제 몽고DB로 파나쉬 사용하기

해결 mongodb-panache 확장을 추가하고 PanacheMongoEntity 클래스에 있는 모든 파나쉬 기능을 사용합니다.

몽고DB를 위한 파나쉬는 하이버네이트의 그것과 같으며 7.7~7.17절에서 배웠던 내용입니다. 여러분의 엔티티 코드를 획기적으로 단순화시켜줍니다.

```java
package org.acme.mongodb.panache;

import java.time.LocalDate;
import java.util.List;

import io.quarkus.mongodb.panache.MongoEntity;
import io.quarkus.mongodb.panache.PanacheMongoEntity;
import org.bson.codecs.pojo.annotations.BsonProperty;

@MongoEntity(collection = "book", database = "book")  ❶
public class Book extends PanacheMongoEntity {  ❷
    public String title;
    public String isbn;
    public List<String> authors;

    @BsonProperty("pubDate")  ❸
    public LocalDate publishDate;

    public static Book findByIsbn(String isbn) {
        return find("isbn", isbn).firstResult();  ❹
    }

    public static List<Book> findPublishedOn(LocalDate date) {
        return list("pubDate", date);
    }

}
```

❶ 선택적인 @MongoEntity 애너테이션은 사용되는 데이터베이스 혹은 컬렉션을 커스터마이징할 수 있도록 해줌

❷ 필수적인 부분 – 여러분의 필드는 public으로 만들어야 함

❸ @BsonProperty 애너테이션으로 직렬화할 필드의 이름을 변경함

❹ JPA같이 파나쉬QL(JPQL의 부분 집합)을 사용해 쿼리

논의 파나쉬 몽고DB 확장은 PojoCodecProvider 클래스를 사용해 엔티티를 몽고DB의 Document에 매핑합니다. @BsonProperty 외에 @BsonIgnore 애너테이션으로 해당 필드를 무시할 수 있습니다. @BsonId 애너테이션으로 사용자 정의 ID를 설정하고 Panache

`MongoEntityBase` 클래스를 확장할 수 있습니다.

물론 접근자^accessor 메서드를 작성해야 한다면 파나쉬는 그것을 막지 않습니다. 사실 빌드 때 모든 필드 호출은 그에 대응하는 접근자/변형자^mutator 호출로 대체됩니다. 하이버네이트를 위한 파나쉬처럼 몽고DB 버전도 페이지 표시, 정렬, 스트림과 나머지 파나쉬 API를 제공합니다.

앞의 예제에 있는 파나쉬QL 쿼리는 쉽게 사용하고 이해할 수 있습니다. 하지만 정규 몽고DB 쿼리를 선호한다면 쿼리를 중괄호(`{`)로 시작합니다.

하이버네이트와 몽고DB의 파나쉬의 약간 다른 점은 몽고DB는 `find()` 메서드의 반환값에 쿼리 프로젝션^Query Projection을 할 수 있다는 점입니다. 이를 통해 데이터베이스에서 변환되는 필드를 제한할 수 있습니다. 다음은 **Book** 엔티티의 매우 기본적인 예제입니다.

```
import io.quarkus.mongodb.panache.ProjectionFor;

@ProjectionFor(Book.class)
public class BookTitle {
    public String title;
}

PanacheQuery<BookTitle> query = Book.find("isbn", "978-1-492-06265-3")
                                    .project(BookTitle.class);
```

만약 프로젝션 클래스에 상속에 의한 계층이 있다면 부모 클래스(들)도 `@ProjectionFor` 애너테이션이 붙어 있어야 합니다.

7.23 쿼커스와 Neo4j 사용하기

문제 Neo4j에 연결하기

해결 Neo4j 자바 드라이버에 기반한 쿼커스 **Neo4j** 확장을 사용합니다.

다음 예는 비동기 프로그래밍 모델(JDK의 `Completable Future` 클래스 기반)을 활용합니다.

또한 드라이버는 JDBC와 유사한 블로킹 모델과 리액티브 모델도 지원합니다. 리액티브 모델은 Neo4j 4 버전 이상에서민 사용할 수 있습니다.

지금까지 프로젝트에 확장을 추가하는 방법을 여러 번 다루었으므로 여기에서는 넘어갑니다. 다음 예제는 이전에 했던 것과 마찬가지로 책(Book)을 관리합니다.

파일: ch_07/neo4j/src/main/java/org/acme/neo4j/Book.java

```java
package org.acme.neo4j;

import java.util.HashSet;
import java.util.Set;
import java.util.StringJoiner;

import org.neo4j.driver.Values;
import org.neo4j.driver.Types.Node;

public class Book {
  public Long id;
  public String title;
  public String isbn;
  public Set<String> authors;

  // JSON-B를 위해 필요함
  public Book() {}

  public Book(String title) {
    this.title = title;
  }

  public Book(String title, String isbn) {
    this.title = title;
    this.isbn = isbn;
  }

  public Book(String title, String isbn, Set<String> authors) {
    this.title = title;
    this.isbn = isbn;
    this.authors = authors;
  }

  public Book(Long id, String title, String isbn, Set<String> authors) {
```

```java
      this.id = id;
      this.title = title;
      this.isbn = isbn;
      this.authors = authors;
  }

  public static Book from(Node node) {
    return new Book(node.id(),
        node.get("title").asString(),
        node.get("isbn").asString(),
        new HashSet<>(
          node.get("authors")
          .asList(Values.ofString())
          )
        );
  }

  public String toJson() {
    final StringJoiner authorString =
      new StringJoiner("\",\"", "[\"", "\"]");

    authors.forEach(authorString::add);

    return "{" +
      "\"title\":\"" + this.title + "\"," +
      "\"isbn\":\"" + this.isbn + "\"," +
      "\"authors\":" + authorString.toString() +
      "}";
  }
}
```

자연스럽게 클라이언트를 설정해야 합니다. 이것은 `quarkus.neo4j.uri`, `quarkus.neo4j.authentication.username`과 `quarkus.neo4j.authentication.password` 속성을 설정합니다. 더 많은 속성은 확장의 문서를 참고하세요.

클라이언트를 설정하는 첫 번째는 **Neo4j** 드라이버입니다. 확장은 주입 가능한 인스턴스를 제공합니다.

파일: ch_07/neo4j/src/main/java/org/acme/neo4j/BookResource.java

```java
  @Inject
  Driver driver;
```

다음은 새로운 REST 자원을 생성하고 드라이버 주입점을 더하고 기본적인 CRUD 동작을 추가합니다.

파일: ch_07/neo4j/src/main/java/org/acme/neo4j/BookResource.java

```java
@GET
public CompletionStage<Response> getAll() {
    AsyncSession session = driver.asyncSession();  ❶

    return session
            .runAsync("MATCH (b:Book) RETURN b ORDER BY b.title")  ❷
            .thenCompose(cursor -> cursor.listAsync(record ->
                    Book.from(record.get("b").asNode())))  ❸
            .thenCompose(books -> session.
                    closeAsync().thenApply(signal -> books))  ❹
            .thenApply(Response::ok)  ❺
            .thenApply(Response.ResponseBuilder::build);
}
```

❶ 드라이버로부터 AsyncSession을 얻음

❷ 사이퍼Cypher(Neo4j의 쿼리 언어)를 실행해 데이터를 가져옴

❸ 커서를 조회해 노드로부터 Book 인스턴스를 생성

❹ 작업이 완료되면 세션을 닫음

❺ JAX-RS 응답을 생성

나머지 클래스/코드는 동일한 패턴을 따릅니다.

파일: ch_07/neo4j/src/main/java/org/acme/neo4j/BookResource.java

```java
@POST
public CompletionStage<Response> create(Book b) {
    AsyncSession session = driver.asyncSession();
    return session
            .writeTransactionAsync(tx ->
                {
                    String query = "CREATE (b:Book " +
                    "{title: $title, isbn: $isbn, authors: $authors})" +
                    "RETURN b";
                    return tx.runAsync(query,
```

```
                                Values.parameters("title", b.title,
                                        "isbn", b.isbn,
                                        "authors", b.authors))
                                .thenCompose(ResultCursor::singleAsync);
                }
        )
        .thenApply(record -> Book.from(record.get("b").asNode()))
        .thenCompose(persistedBook -> session.closeAsync()
                .thenApply(signal -> persistedBook))
        .thenApply(persistedBook -> Response.created(
                URI.create("/book/" + persistedBook.id)).build());
}
```

파일: ch_07/neo4j/src/main/java/org/acme/neo4j/BookResource.java

```
@DELETE
@Path("{id}")
public CompletionStage<Response> delete(@PathParam("id") Long id) {
    AsyncSession session = driver.asyncSession();
    return session
            .writeTransactionAsync(tx -> tx
                    .runAsync("MATCH (b:Book) WHERE id(b) = $id DELETE b",
                            Values.parameters("id", id))
                    .thenCompose(ResultCursor::consumeAsync))
            .thenCompose(resp -> session.closeAsync())
            .thenApply(signal -> Response.noContent().build());
}
```

마지막은 오류를 처리하는 면에서 조금 다릅니다.

파일: ch_07/neo4j/src/main/java/org/acme/neo4j/BookResource.java

```
@GET
@Path("{id}")
public CompletionStage<Response> getById(@PathParam("id") Long id) {
    AsyncSession session = driver.asyncSession();
    return session.readTransactionAsync(tx ->
            tx.runAsync("MATCH (b:Book) WHERE id(b) = $id RETURN b",
                            Values.parameters("id", id))
                    .thenCompose(ResultCursor::singleAsync))
            .handle(((record, err) -> {
```

```
                 if (err != null) {
                     Throwable source = err;
                     if (err instanceof CompletionException)
                         source = ((CompletionException) err).getCause();
                     Response.Status status = Response.Status.
                                            INTERNAL_SERVER_ERROR;
                     if (source instanceof NoSuchRecordException)
                         status = Response.Status.NOT_FOUND;

                     return Response.status(status).build();
                 } else {
                     return Response.ok(Book.from(record.get("b")
                                    .asNode())).build();
                 }
             }))
             .thenCompose(response -> session.closeAsync()
                                     .thenApply(signal -> response));
    }
```

함께 보기 Neo4j 사이퍼 매뉴얼(*https://oreil.ly/ITHPx*)은 사이퍼로 학습하거나 새로운 것을 시도할 때 유용합니다.

7.24 Flyway로 시작하기

문제 데이터베이스 스키마를 Flyway로 마이그레이션하기

해결 quarkus-flyway 통합 확장을 사용합니다.

논의 쿼커스는 Flyway를 사용해 스키마 마이그레이션을 위한 1급 지원을 제공합니다. 쿼커스로 응용프로그램이 시작할 때 Flyway를 사용하기 위해서 할 일은 다섯 가지입니다.

1. Flyway 확장 추가하기
2. 여러분의 데이터베이스를 위한 JDBC 드라이버 추가하기
3. 데이터소스를 설정하기

4. src/main/resources/db/migration에 마이그레이션을 추가하기

5. quarkus.flyway.migrate-at-start 속성을 true로 설정하기

Flyway 마이그레이션을 위한 기본 이름 스키마는 V.<version>__<description>.sql입니다. 그 외 모든 것은 자동으로 됩니다.

또한 다수의 데이터소스에 대해 Flyway를 사용할 수 있습니다. 각 데이터소스에 대한 설정은 데이터소스 이름과 같은 스키마로 이름을 붙입니다. 즉, quarkus.flyway.datasource name.setting 형식입니다. 예를 들어 quarkus.flyway.users.migrate-at-start가 될 것입니다.

7.25 Flyway를 프로그램으로 사용하기

문제 Flyway를 프로그램으로 사용하기 그것을 응용프로그램을 시작할 때 사용하는 것이 아니라 스키마가 언제 마그레이션되는지 직접 통제하기

해결 quarkus-flyway 확장으로 Flyway 인스턴스를 주입합니다.

```
@Inject
Flyway flyway
```

논의 기본 데이터소스에는 기본 org.flywaydb.core.Flyway 인스턴스를 주입할 것입니다. 만약 다수의 데이터소스와 Flyway 인스턴스를 가지고 있다면 @FlywayDataSource 혹은 @Named 애너테이션으로 특정 인스턴스를 주입할 수 있습니다. @FlywayDataSource 애너테이션을 사용할 때는 값으로 데이터소스의 이름을 넣고 @Named 애너테이션을 사용하면 데이터소스의 이름에 flyway_ 접두사를 붙입니다.

```
@Inject
@FlywayDataSource("books")
Flyway flywayBooks;
```

```
@Inject
@Named("flyway_users")
Flyway flywayUsers;
```

여러분은 clean, migrate, validate, info, baseline과 repair 같은 모든 Flyway 표준 연산을 사용할 수 있습니다.

CHAPTER 8

장애 허용

이 장에서는 마이크로서비스 아키텍처에서 장애를 왜 수용해야 하는지를 배웁니다. 왜냐하면 장애가 자주 발생할 수 있기 때문입니다. 장애가 발생하는 이유 중 하나는 마이크로서비스 아키텍처는 네트워크에 상당히 의존해서 기능하고 네트워크는 항상 사용 가능하지 않을 수도 있다는 것이 핵심 속성입니다.(네트워크 다운, 회선의 포화, 토폴로지^{topology}의 변경, 다운스트림 서비스의 갱신 등).

이러한 이유로 서비스는 어떤 종류의 문제에 대해서도 장애 허용을 갖춰야 하며 단지 오류를 전파하기보다는 우아한 해법을 제공해야 합니다.

이 장에서는 다음과 같은 내용을 배웁니다.

- 서로 다른 회복 전략들
- 오류 발생 시 대비 로직
- 장애 허용 인자를 올바르게 설정하기

8.1 자동 재시도 구현하기

문제 오류 발생 시 실패를 복구하기 위해 자동으로 재시도하기

해결 마이크로프로파일 장애 허용MicroProfile Fault Tolerance 명세는 어떤 CDI 요소(CDI 빈과 마이크로프로파일 REST 클라이언트를 포함)에 대한 자동 재시도를 구현하는 방법을 제공합니다.

누군가는 실패로부터 보호하는 여러 전략을 구현할 수 있고 최악의 경우에는 실패 대신에 기본 로직을 제공할 수도 있습니다. 만약 여러분이 독자 기호에 맞는 책을 제안하는 서비스를 제공한다고 가정해봅시다. 이 서비스가 다운되면 실패하는 대신 여러분은 베스트셀러 도서의 목록을 캐시해 실패하지 않고 그 목록을 제공할 수 있습니다. 장애 허용 전략으로 정의되는 중요한 부분들 중 하나는 가능한 복구 방법이 없을 때 폴백fallback 로직을 제공하는 것입니다.

마이크로프로파일 장애 허용은 여러분의 코드가 장애를 허용할 수 있도록 몇 개의 전략들에 집중합니다. 첫 번째 전략은 자동으로 반복하는 단순한 것입니다.

먼저 마이크로프로파일 장애 허용 명세를 사용하는 확장을 추가합니다.

```
./mvnw quarkus:add-extension -Dextensions="quarkus-smallrye-fault-tolerance"
```

네트워크 실패에서 회복하는 가장 쉽고 때로는 가장 효과적인 방법들 중 하나는 같은 동작을 재시도하는 것입니다. 만약 간헐적인 오류가 있다면 몇 번 재시도하는 오류가 수정되기도 합니다.

@org.eclipse.microprofile.faulttolerance.Retry 애너테이션이 붙은 클래스 혹은 메서드는 자동으로 예외가 발생하면 재시도합니다. 최대 재시도 횟수, 최대 대기시간 혹은 지터jitter와 같은 다른 parameter를 설정할 수 있으며 재시도가 실행되어야 하는 예외의 종류를 특정할 수 있습니다.

게다가 @org.eclipse.microprofile.faulttolerance.Fallback 애너테이션이 붙은 메서드에는 폴백fallback 로직도 구현할 수 있습니다. 폴백으로 실행할 로직은 org.eclipse.microprofile.faulttolerance.FallbackHandler 인터페이스를 구현한 클래스에 구현합니다.

파일: ch_08/fault/src/main/java/org/acme/quickstart/ServiceInvoker.java

```java
@Retry(maxRetries = 3,  ❶
            delay = 1000)  ❷
@Fallback(RecoverHelloMessageFallback.class)  ❸
```

```
public String getHelloWithFallback() {
    failureSimulator.failAlways();
    return "hello";
}

public static class RecoverHelloMessageFallback
    implements FallbackHandler<String> {  ❹

    @Override
    public String handle(ExecutionContext executionContext) {
        return "good bye";
    }

}
```

❶ 재시도할 수 있는 횟수는 최대 3회

❷ 재시도 사이에는 1초 대기

❸ 재시도 후(3회)에도 여전히 문제가 있으면 폴백 로직 추가

❹ FallbackHandler 템플릿은 복구하는 원래 메서드와 동일한 반환형을 가져야 함

논의 설정 파일에서 이 속성을 오버라이드할 수 있습니다. 설정 키는 다음과 같은 형식을 따릅니다.

• 전체 클래스 이름/메서드 이름/결함 허용 애너테이션/인자

예를 들어 메서드와 클래스 혹은 전역으로 인자를 설정하는 방법입니다.

```
org.acme.quickstart.ServiceInvoker/getHelloWithFallback/Retry/maxDuration=30  ❶
org.acme.quickstart.ServiceInvoker/Retry/maxDuration=3000  ❷
Retry/maxDuration=3000  ❸
```

❶ 메서드 수준에서 오버라이드

❷ 클래스 수준에서 오버라이드

❸ 전역 오버라이드

함께 보기 자세한 내용은 이클립스 마이크로프로파일 웹페이지에 있는 페이지를 참고하세요.

• 결함 허용(https://oreil.ly/WzhhA)

• 결함 허용: 재시도 정책(*https://oreil.ly/Kjhzj*)

8.2 제한시간 구현하기

문제 영원히 대기하는 문제 예방하기

해결 마이크로프로파일 결함 허용 명세는 어떤 동작에 대한 제한시간을 구현하고 영원히 대기하는 문제를 예방하는 방법을 제공합니다.

외부 서비스에 대한 호출이 있을 때 이 동작이 연관되는 제한시간을 보장하는 것은 좋은 전략입니다. 이러한 방식으로 네트워크 지연 혹은 실패가 있을 때 프로세스는 오랫동안 기다리지 않고 실패로 끝나며 빠르게 실패하기 때문에 그 문제에 적절하게 대응할 수 있습니다.

`@org.eclipse.microprofile.faulttolerance.Timeout` 애너테이션이 붙은 클래스 혹은 메서드는 제한시간을 정의합니다. 제한시간을 초과하면 `org.eclipse.microprofile.faulttolerance.exceptions.TimeoutException` 예외를 던집니다.

파일: ch_08/fault/src/main/java/org/acme/quickstart/ServiceInvoker.java

```
@Timeout(value = 2000)  ❶
public String getHelloWithTimeout() {
    failureSimulator.longMethod();
    return "hello";
}
```

❶ 제한시간을 2초로 설정

다음과 같이 설정 파일에 이 속성 중 어떤 것이라도 오버라이드할 수 있습니다.

```
org.acme.quickstart.ServiceInvoker/getHelloWithTimeout/Timeout/value=3000  ❶
org.acme.quickstart.ServiceInvoker/Timeout/value=3000  ❷
Timeout/value=3000  ❸
```

❶ 메서드 수준에서 오버라이드

❷ 클래스 수준에서 오버라이드

❸ 전역 오버라이드

제한시간이 초과한 경우에 복구 로직에서 @Fallback과 @Timeout 애너테이션을 함께 사용할 수 있으며 제한시간 초과 예외가 발생했을 때 @Retry 애너테이션을 사용해 자동으로 재시도할 수 있습니다(@Retry(retryOn=TimeoutException.class)).

함께 보기 마이크로프로파일 결함 허용 명세에 있는 제한시간 패턴에 대해 배우려면 깃허브에 있는 다음 페이지를 참고하세요.

- 제한시간(*https://oreil.ly/af9DD*)

8.3 격벽 패턴으로 과부하 피하기

문제 서비스로 유입되는 요청의 수를 제한하기

해결 마이크로프로파일 결함 허용 명세는 격벽^{bulkhead} 패턴 구현을 제공합니다.

격벽 패턴은 동시에 실행되는 동작의 수를 제한하고 현재 처리 중인 요청을 완료할 때까지 새로운 요청을 대기시킵니다. 일정시간 이후에는 실행될 수 없는 대기 요청에 대해서는 폐기하고 예외를 던집니다.

@org.eclipse.microprofile.faulttolerance.Bulkhead 애너테이션이 붙은 클래스 혹은 메서드는 격벽 제한을 적용합니다. 만약 동기 호출(15장에서는 비동기 호출에 대한 격벽 제한을 다룹니다)의 경우 동시에 실행 중인 동작이 한계에 차면 요청을 큐에 넣어두지 않고 org.eclipse.microprofile.faulttolerance.exceptions.BulkheadException을 던집니다.

파일: ch_08/fault/src/main/java/org/acme/quickstart/ServiceInvoker.java

```
@Bulkhead(2)  ❶
```

```
public String getHelloBulkhead() {
    failureSimulator.shortMethod();
    return "hello";
}
```

❶ 동시 실행은 2개로 제한함

만약 siege 도구로 동시에 4개 요청을 시뮬레이션한다면 출력은 다음과 같을 것입니다.

```
siege -r 1 -c 4 -v http://localhost:8080/hello/bulkhead

** SIEGE 4.0.4
** Preparing 4 concurrent users for battle.
The server is now under siege...
HTTP/1.1 500     0.47 secs:    2954 bytes ==> GET  /hello/bulkhead
HTTP/1.1 500     0.47 secs:    2954 bytes ==> GET  /hello/bulkhead
HTTP/1.1 200     2.46 secs:       5 bytes ==> GET  /hello/bulkhead
HTTP/1.1 200     2.46 secs:       5 bytes ==> GET  /hello/bulkhead


Transactions:            2 hits
Availability:            50.00 %  ❶
```

❶ 오직 2개의 요청만 처리됨

설정 파일에서 이 속성값을 오버라이드할 수 있습니다.

```
org.acme.quickstart.ServiceInvoker/getHelloBulkhead/Bulkhead/value=10  ❶
org.acme.quickstart.ServiceInvoker/Bulkhead/value=10  ❷
Bulkhead/value=10  ❸
```

❶ 메서드 수준에서 오버라이드
❷ 클래스 수준에서 오버라이드
❸ 전역 오버라이드

논의 여러분이 (마이크로)서비스 아키텍처를 다룬다면 다른 서비스가 동시에 많은 호출로 과부하가 걸리는 문제가 발생할 수 있습니다. 과부하가 계속된다면 이 서비스는 잠식당하고 적절한 시간에 요청을 처리하지 못할 수도 있습니다.

@Bulkhead 애너테이션과 앞에서 배운 다른 결함 허용 애너테이션을 혼합하면 좀 더 회복력 있는 전략을 구현할 수 있습니다. 예를 들어 격벽 전략과 대기시간이 있는 재시도를 함께 사용합니다.

함께 보기 마이크로프로파일 결함 허용 명세에 있는 격벽 패턴에 대해 더 자세히 배우려면 깃허브의 다음 페이지를 참고하세요.

- 격벽(*https://oreil.ly/anYN5*)

8.4 회로 차단기 패턴으로 불필요한 호출 회피하기

문제 서비스 실패가 다른 서비스로 전파되어 여러 자원이 소모되는 것을 예방하기

해결 마이크로프로파일 결함 허용 명세는 오류가 발생했을 때 불필요한 호출을 회피하는 회로 차단기circuit breaker 패턴을 제공합니다.

4개 요청 중 3개를 오류로 잡는 회로 차단기를 정의합니다.

파일: ch_08/fault/src/main/java/org/acme/quickstart/ServiceInvoker.java

```
@CircuitBreaker(requestVolumeThreshold = 4,  ❶
                failureRatio = 0.75,  ❷
                delay = 2000)  ❸
public String getHelloCircuitBreaker() {
    failureSimulator.fail4Consecutive();
    return "hello";
}
```

❶ 롤링 윈도우rolling window를 정의합니다.
❷ 회의의 임계치(4 * 0.75 = 3)
❸ 회로가 차단되는 시간

설정 파일에서 속성값을 오버라이드할 수 있습니다.

```
org.acme.quickstart.ServiceInvoker/getHelloCircuitBreaker \
    /CircuitBreaker/failureRatio=0.75  ❶
org.acme.quickstart.ServiceInvoker/CircuitBreaker/failureRatio=3000  ❷
Timeout/value=3000  ❸
```

❶ 메서드 수준에서 오버라이드. 같은 줄에 있어야 함

❷ 클래스 수준에서 오버라이드

❸ 전역 오버라이드

논의 여러분이 (마이크로)서비스 아키텍처를 다룰 때 서비스가 다운되거나 높은 지연시간high latency으로 다른 서비스와의 통신 불능 상태가 발생할 수 있습니다. 문제가 발생하면 스레드 혹은 파일 디스크립터file descriptors와 같은 다른 호출에 쓰일 수 있는 값비싼 자원이 다른 서비스의 응답을 기다리느라 낭비됩니다. 이 경우 자원 고갈로 이어져 더 이상 서비스 요청을 받을 수 없고 응용프로그램 전체로 억수같은 오류a cascade of errors가 전파될 수도 있습니다.

[그림 8-1]은 서비스에서 발생한 실패가 메시mesh의 가운데서 어떻게 모든 호출자로 전파되는지 보여줍니다. 다음은 캐스케이드 실패cascading failure의 예입니다.

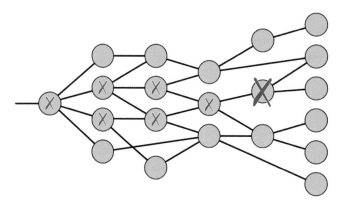

그림 8-1 캐스케이드 실패

회로 차단기 패턴은 탐지창의 연속적인 실패를 탐지해 캐스케이드 실패를 해결합니다. 만약 정해진 오류 임계점을 넘으면 회로가 차단되고 일정시간 동안 이 메서드를 호출하는 모든 시도는 실행되지 않고 즉시 실패합니다. [그림 8-2]는 회로 차단기 호출의 개요를 보여줍니다.

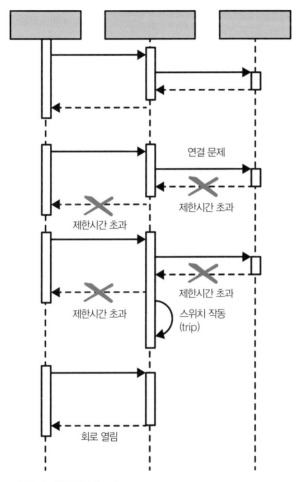

그림 8-2 회로 차단기 호출

일정시간 후 회로는 반 열림 상태가 되고 다음 호출은 즉시 실패하지는 않지만 실제 시스템으로 다시 시도할 것입니다. 그 호출이 성공하면 회로는 닫힙니다. 만약 그렇지 않으면 열린 상태로 유지합니다. [그림 8-3]은 모든 가능한 회로 차단기 패턴의 상태를 보여줍니다.

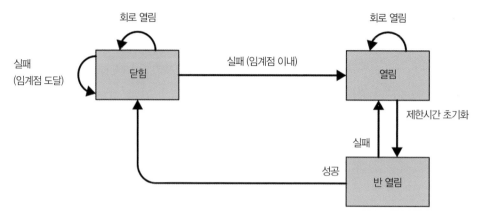

그림 8-3 차단기 패턴의 상태 생명주기

@org.eclipse.microprofile.faulttolerance.CircuitBreaker 애너테이션이 붙은 클래스 혹은 메시드는 특정 동작에 대해 회로 차단기를 정의합니다. 회로가 열리면 org.eclipse.microprofile.faulttolerance.exceptions.CircuitBreakerOpenException 예외를 던집니다.

@CircuitBreaker 애너테이션은 앞서 배운 @Timeout, @Fallback, @Bulkhead, @Retry와 섞어서 사용할 수 있지만 다음 사항을 고려해야 합니다.

- @Fallback을 사용하면 폴백 로직은 CircuitBreakerOpenException이 발생할 때 실행됩니다
- @Retry를 사용하면 각 재시도는 회로 차단기가 처리해 성공 혹은 실패로 기록합니다
- @Bulkhead를 사용하면 회로 차단기는 격벽에 들어가려는 시도를 하기 전에 검사합니다

함께 보기 마이크로프로파일 결함 허용 명세에 있는 회로 차단기 패턴에 대해 자세히 알고 싶다면 깃허브의 다음 페이지를 참고하세요.

- 회로 차단기(*https://oreil.ly/iOWuR*)

8.5 결함 허용 비활성화하기

문제 어떤 환경에서는 결함 허용을 비활성화하기

해결 마이크로프로파일 결함 허용 명세는 전역 혹은 개별적으로 결함 허용 로직을 활성화/비활성화할 수 있습니다.

어떤 경우에는 결함 허용 로직을 비활성화하고 싶을 수 있습니다. 마이크로프로파일 결함 허용 명세는 enabled라는 특별 인자를 정의해 설정 파일에서 전역 혹은 개별적으로 활성화/비활성화할 수 있습니다.

```
org.acme.quickstart.ServiceInvoker/getHelloCircuitBreaker/\
    CircuitBreaker/enabled=false   ❶
org.acme.quickstart.ServiceInvoker/CircuitBreaker/enabled=false   ❷
CircuitBreaker/enabled=false   ❸
MP_Fault_Tolerance_NonFallback_Enabled=false   ❹
```

❶ 메서드 수준에서 비활성화, 반드시 같은 줄에 있어야 함

❷ 클래스 수준에서 비활성화

❸ 특정 형태에 대해 전역으로 비활성화(회로 차단기 비활성화)

❹ 모든 결함 허용 비활성화

CHAPTER 9

관찰력

이 장에서는 관찰력Observability과 그것이 왜 마이크로서비스 아키텍처에서 중요한지 배웁니다. 관찰력은 시스템에서 오류 코드, 성능 혹은 다른 사업 지표business metric를 관찰해 어떻게 행동하는지에 대한 질문의 답을 줍니다. 쿼커스는 기본적으로natively 관찰력에 사용되는 여러 기술과 통합되어 있습니다.

이 장에서는 다음 과업을 달성하기 위한 방법를 제공합니다.

- 헬스 체크health checks 정의하기
- 모니터링 시스템에 대한 지표 제공하기
- 메시 안에서 요청의 개요에 대한 분산 추적 설정하기

9.1 자동 헬스 체크 사용하기

문제 서비스가 동작up 상태인지와 요청을 올바르게 처리할 수 있는지 여부를 알기

해결 마이크로프로파일 헬스 명세는 다른 머신(예, 쿠버네티스 컨트롤러Kubernetes Controller)에서 서비스의 상태를 조사하는 API를 제공합니다.

쿼커스 응용프로그램에서 마이크로프로파일 헬스를 활성화하기 위해서는 quarkus-smallrye-health 확장을 등록합니다.

```
./mvnw quarkus:add-extension -Dextensions="quarkus-smallrye-health"
```

클래스패스에 있는 확장으로 퀴커스는 자동으로 생존 여부liveness와 준비 여부readiness를 조사하고 서비스가 살아 있는 경우 UP을 반환합니다.

```
./mvnw compile quarkus:dev

curl localhost:8080/q/health/live  ❶

{
    "status": "UP",  ❷
    "checks": [  ❸
    ]
}


curl localhost:8080/q/health/ready  ❹

{
    "status": "UP",
    "checks": [
    ]
}
```

❶ 생존 여부 URL

❷ 상태는 UP

❸ 체크 없음(기본값)

❹ 준비 여부 URL

논의 마이크로프로파일 헬스 명세는 두 종류의 헬스 체크를 제공합니다.

생존 여부 Liveness

서비스가 시작되었다면 200 OK 응답에 UP을 반환합니다. 서비스가 살아 있지 않은 상태면 503 응답에 DOWN을 반환하고 헬스 체크를 계산할 수 없다면 500 서버 오류를 반환합니다.

생존 여부 조사 종단점은 기본적으로 /q/health/live 종단점으로 등록됩니다.

준비 여부^{Readiness}

서비스가 요청을 처리할 준비가 되어 있다면 200 OK 응답에 UP을 반환합니다. 생존 여부는 준비 여부와 달리 단지 서비스가 실행 상태이고 아마도 요청을 처리할 수 없는 상태일지도 모릅니다(예, 데이터베이스 마이그레이션이 진행 중일 때). 만약 서비스가 어떠한 요청도 처리할 수 없다면 503 서버 불능에 대한 결과는 DOWN을 반환합니다. 만약 헬스 체크를 계산할 수 없다면 500 서버 오류를 반환합니다. 준비 여부 조사 종단점은 기본적으로 /q/health/ready 종단점으로 등록됩니다.

만약 여러분이 퀴커스로 SQL 서버(JDBC)를 사용하도록 설정하면 자동으로 데이터베이스 연결의 유효성을 검증하는 준비 여부 헬스 체크(checks 결과란에)를 등록합니다.

다음의 확장은 자동 생존 여부, 준비 여부 조사 기능을 제공합니다.

데이터소스

데이터베이스 연결 상태를 검사하는 생존 여부 진단

카프카

카프카 연결 상태를 검사하는 생존 여부 진단. 기본값은 비활성화 상태이며 quarkus.kafka.health.enabled 값을 true로 설정해줘야 합니다

몽고DB

몽고DB 연결 상태를 검사하는 생존 여부 진단

네오4j

네오4j 연결 상태를 검사하는 생존 여부 진단

아르테미스

아르테미스 JMS 연결 상태를 검사하는 생존 여부 진단

카프카 스트림

생존 여부(스트림 상태)와 준비 여부(토픽 생성) 진단

볼트

볼트 상태를 검사하는 생존 여부 진단

자동 진단을 비활성화하려면 `quarkus.component.health.enabled` 속성을 `false`로 설정합니다.

```
quarkus.kafka-streams.health.enabled=false
quarkus.mongodb.health.enabled=false
quarkus.neo4j.health.enabled=false
```

함께 보기 마이크로프로파일 헬스 명세에 대한 자세한 내용은 깃허브의 다음 페이지를 참고하세요.

- 마이크로프로파일: 헬스(*https://oreil.ly/wZjHC*)

9.2 사용자 정의 헬스 체크 생성하기

문제 서비스가 실행 중이고 요청을 올바르게 처리할 수 있는지 검사하는 것을 커스터마이즈하기

해결 마이크로프로파일 헬스 명세는 사용자 정의 생존 여부와 준비 여부 헬스 체크를 생성할 수 있도록 해줍니다. 어떤 환경에서는 사용자 정의 헬스 체크 로직이 생존 여부나 준비 여부 진단에 필요하기 때문입니다.

마이크로프로파일 헬스 명세에는 `@org.eclipse.microprofile.health.Liveness`와 `@org.eclipse.microprofile.health.Readiness` 애너테이션을 추가하고 `org.eclipse.microprofile.health.HealthCheck` 인터페이스의 구현을 반환하는 메서드로 사용자 정의 헬스 체크를 구현할 수 있습니다.

사용자 정의 생존 여부 진단을 구현하는 org.acme.quickstart.LivenessCheck.java 클래스를 생성합니다.

파일: ch_09/observability-getting-started/src/main/java/org/acme/quickstart/LivenessCheck.java

```
@ApplicationScoped  ❶
@Liveness  ❷
public class LivenessCheck implements HealthCheck {  ❸

    @Override
    public HealthCheckResponse call() {
        HealthCheckResponseBuilder checkResponseBuilder = HealthCheckResponse
        .named("custom liveness");  ❹

        if(isUpAndRunning()) {
            return checkResponseBuilder.up().build();  ❺
        } else {
            return checkResponseBuilder.down()
                .withData("reason", "Failed connection")
                .build();  ❻
        }

    }
}
```

❶ CDI 클래스 생성

❷ 생존 여부 헬스 체크 설정

❸ 요구사항에 따라 HealthCheck 인터페이스 구현

❹ 헬스 체크 이름 설정

❺ UP의 결과 지정

❻ DOWN의 결과 지정

생존 여부 진단이 정상 동작하는지 확인합니다.

```
./mvnw compile quarkus:dev

curl localhost:8080/q/health/live
```

```
{
    "status": "UP",
    "checks": [
        {
            "name": "custom liveness",
            "status": "UP"
        }
    ]
}
```

논의 헬스 체크들은 CDI 빈으로 등록되기 때문에 5.7절에서 설명한 바와 같이 팩토리 객체에서 헬스 체크를 제작할 수도 있습니다.

새로운 헬스 체크를 포함하는 팩토리 클래스를 생성합니다. 이 경우 준비 여부 검사입니다.

파일: ch_09/observability-getting-started/src/main/java/org/acme/quickstart/CustomHealthCheck.java

```
@ApplicationScoped  ❶
public class CustomHealthCheck {

    @Produces  ❷
    @Readiness  ❸
    public HealthCheck ready() {
        if (isReady()) {
            return io.smallrye.health.HealthStatus.up("Custom readiness");  ❹
        } else {
            return io.smallrye.health.HealthStatus.down("Custom readiness");
        }
    }
}
```

❶ CDI 클래스로 설정

❷ 헬스 체크를 생성하는 메서드

❸ 준비 여부 진단

❹ HealthStatus 클래스는 HealthCheck 인터페이스를 구현하는 유틸리티 클래스

준비 여부 진단이 정상 동작하는지 확인합니다.

```
./mvnw compile quarkus:dev

curl localhost:8080/q/health/ready

{
    "status": "UP"
    "checks": [
        {
            "name": "Custom readiness",
            "status": "UP"
        }
    ],
}
```

함께 보기 마이크로프로파일 헬스 명세는 쿠버네티스 생존 여부와 준비 여부 진단을 정의하는 데 최적입니다. 다음 웹페이지에서 자세한 내용을 확인하세요.

- 쿠버네티스: 생존 여부, 준비 여부와 시작 진단하기(*https://oreil.ly/nTaaa*)

9.3 메트릭 노출하기

문제 잘못된 동작을 가능한 한 빨리 발견하기 위한 서비스 메트릭을 노출해 운영 중인 서비스의 현재 상태를 선제적으로 파악하기

해결 마이크로프로파일 메트릭 명세MicroProfile Metrics specifications는 응용프로그램을 모니터링 도구(예, 프로메테우스Prometheus)에 메트릭을 만들고 노출하는 방법을 제공합니다.

퀴커스 응용프로그램에서 마이크로프로파일 메트릭을 활성화하려면 quarkus-smallrye-metrics 확장을 등록합니다.

```
./mvnw quarkus:add-extension -Dextensions="quarkus-smallrye-metrics"
```

이 확장이 클래스패스에 있으면 퀴커스는 기본적으로 모니터링 인자를 등록하고 /q/metrics

종단점에 프로메테우스 형식으로 이를 노출합니다.

```
./mvnw compile quarkus:dev

curl localhost:8080/q/metrics

base_cpu_processCpuLoad_percent 0.0
base_memory_maxHeap_bytes 4.294967296E9
base_cpu_systemLoadAverage 2.580078125
base_thread_daemon_count 6.0
...
vendor_memoryPool_usage_max_bytes{name="Compressed Class Space"} 3336768.0
vendor_memory_usedNonHeap_bytes 3.9182104E7
```

만약 HTTP Accept 헤더에 application/json 타입을 추가하면 출력 형식이 JSON으로 변경됩니다.

```
curl --header "Accept:application/json" localhost:8080/q/metrics

{
    "base": {
        "cpu.systemLoadAverage": 4.06201171875,
        "thread.count": 20,
        "classloader.loadedClasses.count": 4914,
        ...
    },
    "vendor": {
        "memoryPool.usage.max;name=G1 Survivor Space": 7340032,
        "memory.freePhysicalSize": 814391296,
        "memoryPool.usage.max;name=CodeHeap 'non-profiled nmethods'": 5773056,
        ...
    }
}
```

논의 마이크로서비스 아키텍처에서 서비스가 어떻게 동작하는지 아는 것은 응용프로그램에 미칠 문제를 예측할 수 있다는 점에서 매우 중요합니다.

단일 응용프로그램에서 모니터링 서비스 동작은 꽤 쉽습니다. 왜냐하면 모니터링 대상이 3~4개 정도이기 때문이죠. 하지만 (마이크로)서비스 아키텍처에서는 모니터링 요소가 수백 개가

될 수도 있습니다.

모니터링이 가능한 많은 값은 다음과 같습니다.

- 메모리
- 디스크 공간
- 네트워크
- JVM 자원
- 성능에 중대한 메서드
- 비즈니스 메트릭(예, 초당 결제 건수)
- 여러분의 클러스터의 전반적인 건강[1]

여러분이 출력을 유심히 본다면 인자가 base 혹은 vendor의 접두사를 가지고 있는 것을 알 수 있습니다. 마이크로프로파일 메트릭들은 다음의 세 범주를 따릅니다.

base

서버의 핵심 정보. 이 메트릭은 항상 명세에 필수 사항입니다. /q/metrics/base 경로로 접근합니다.

vendor

벤더의 특정 정보. 각 구현은 벤더에 따라 달라질 수 있습니다. /q/metrics/vendor 경로로 접근합니다.

application

마이크로프로파일 메트릭 확장 메커니즘을 사용하는 서비스를 위해 임시로 개발된 사용자 정의 정보. /q/metrics/application 경로로 접근합니다.

노출된 경로를 변경하려면 quarkus.smallrye-metrics.path 속성을 설정합니다. 기본값은 /q/metrics입니다.

---

1 옮긴이_ 헬스 체크와는 다르게 전반적인 '건강'으로 번역했습니다.

함께 보기 마이크로프로파일 메트릭에 대한 자세한 내용은 깃허브의 다음 페이지를 방문하세요.

- 이클립스 마이크로프로파일 메트릭($https://oreil.ly/Q875g$)

9.4 메트릭 생성하기

문제 성능 메트릭 혹은 비즈니스 메트릭과 같은 사용자 정의 메트릭을 모니터링하기

해결 마이크로프로파일 메트릭 명세는 카운터[counters], 지속시간[durations], 게이지[gauges]와 같은 서로 다른 종류의 모니터링 인자를 등록할 수 있는 애너테이션을 제공합니다. 이 애너테이션은 메모리와 CPU 같은 물리적인 값 대신에 비즈니스 혹은 성능 인자와 연관된 사용자 정의 메트릭을 생성할 수 있습니다.

마이크로프로파일 메트릭 애너테이션은 다음과 같습니다.

애너테이션	내용
org.eclipse.microprofile.metrics. annotation.Counted	호출 횟수
org.eclipse.microprofile.metrics. annotation.Timed	호출 지속시간을 추적
org.eclipse.microprofile.metrics. annotation.SimplyTimed	단순화된 Timed. 평균 분포 계산 없이 호출의 지속시간만 추적
org.eclipse.microprofile.metrics. annotation.Metered	호출 빈도를 추적
org.eclipse.microprofile.metrics. annotation.Gauge	대상 필드 혹은 메서드의 이산값의 표본 추출
org.eclipse.microprofile.metrics. annotation.ConcurrentGauge	병렬 호출에 대한 카운트 게이지
org.eclipse.microprofile.metrics. annotation.Metric	메트릭을 주입하는 데 사용됨. 유효한 타입들은 Meter, Timer, Counter와 Histogram. Metric이 붙은 Gauge는 CDI producer에서만 사용할 수 있음

메트릭 애너테이션의 사용법과 히스토그램 메트릭을 생성하는 방법을 알아봅니다.

카운터 @Counted 애너테이션이 붙은 메서드가 호출되면 카운터가 증가하고, 메서드 혹은 클래스 수준으로 사용할 수 있습니다.

다음은 어떤 메서드의 호출 횟수를 세는 예입니다.

파일: ch_09/observability-transaction/src/main/java/org/acme/quickstart/TransactionResource.java

```
@Counted(  ❶
        name = "number-of-transactions",  ❷
        displayName = "Transactions",  ❸
        description = "How many transactions have been processed"  ❹
)
@POST
@Consumes(MediaType.APPLICATION_JSON)
public Response doTransaction(Transaction transaction) {
    return Response.ok().build();
}
```

❶ 카운터 등록

❷ 카운터 이름

❸ 표시 이름

❹ 카운터 설명

카운터 모니터링을 검사합니다.

경로: ch_09/observability-transaction

```
./mvnw compile quarkus:dev

curl -d '{"from":"A", "to":"B", "amount":2000}' \
     -H "Content-Type: application/json" \
     -X POST http://localhost:8080/tx

curl localhost:8080/q/metrics/application
```

```
application_org_acme_TransactionResource_number_of_transactions_total 1.0²
```

게이지 게이지는 차량에 있는 가스 게이지와 유사하게 측정을 노출하는 단순값입니다. 등록을 위해서는 @Gauge 애너테이션을 필드 혹은 메서드에 붙이면 되며 값/반환값이 자동으로 노출됩니다.

파일: ch_09/observability-transaction/src/main/java/org/acme/quickstart/TransactionResource.java

```java
private long highestTransaction = 0;  ❶

@POST
@Consumes(MediaType.APPLICATION_JSON)
public Response doTransaction(Transaction transaction) {
    if (transaction.amount > highestTransaction) {  ❷
        highestTransaction = transaction.amount;
    }
    return Response.ok().build();
}
@Gauge(  ❸
        name = "highest-gross-transaction",  ❹
        description = "Highest transaction so far.",
        unit= MetricUnits.NONE  ❺
)
public long highestTransaction() {
    return highestTransaction;
}
```

❶ 최대 트랜잭션을 저장하는 필드

❷ 현재 트랜잭션보다 높으면 필드를 업데이트

❸ 반환값을 게이지로 설정

❹ 게이지의 이름

❺ 게이지의 메트릭(예, 초, 퍼센트, 초마다, 바이트 등)

다음 명령으로 응용프로그램을 실행하고 메트릭 데이터를 심고 출력을 확인합니다.

....

2 옮긴이_ 책 예제를 그대로 실행하면 다수의 메트릭이 한 번에 나오며 본 메트릭도 확인할 수 있습니다.

```
./mvnw compile quarkus:dev

curl -d '{"from":"A", "to":"B", "amount":2000}' \
    -H "Content-Type: application/json" \
    -X POST http://localhost:8080/tx

curl localhost:8080/q/metrics/application

application_org_acme_TransactionResource_highest_gross_transaction 2000.0
```

미터드 미터드Metered 매트릭은 어떤 메서드가 호출되는 비율을 측정합니다. @Metered 애너테이션은 메서드 혹은 클래스 수준에서 사용할 수 있습니다.

파일: ch_09/observability-transaction/src/main/java/org/acme/quickstart/TransactionResource.java

```
@Metered(  ❶
        name = "transactions",
        unit = MetricUnits.SECONDS,  ❷
        description = "Rate of transactions"
)
```

❶ 미터드 메트릭을 등록

❷ 단위는 초당

다음 명령으로 응용프로그램을 실행하고 메트릭 데이터를 심고 출력을 확인합니다.

```
./mvnw compile quarkus:dev

curl -d '{"from":"A", "to":"B", "amount":2000}' \
    -H "Content-Type: application/json" \
    -X POST http://localhost:8080/tx

curl localhost:8080/q/metrics/application

application_org_acme_TransactionResource_transactions \
  _rate_per_second  0.09766473618811813
application_org_acme_TransactionResource_transactions \
  _one_min_rate_per_second  0.015991117074135343
```

```
application_org_acme_TransactionResource_transactions \
  _five_min_rate_per_second  0.0033057092356765017
application_org_acme_TransactionResource_transactions \
  _fifteen_min_rate_per_second  0.0011080303990206543
```

타임드 타임드^{Timed} 메트릭은 어떤 호출의 지속시간을 측정합니다. @Timed 애너테이션은 메서드 혹은 클래스 수준에서 사용할 수 있습니다.

파일: ch_09/observability-transaction/src/main/java/org/acme/quickstart/TransactionResource.java

```
@Timed(  ❶
    name = "average-transaction",
    unit = MetricUnits.SECONDS,
    description = "Average duration of transaction"
)
```

❶ 타임드 메트릭 등록

다음 명령으로 응용프로그램을 실행하고 어떤 메트릭 데이터를 심고 출력을 확인합니다.

```
./mvnw compile quarkus:dev

curl -d '{"from":"A", "to":"B", "amount":2000}' \
     -H "Content-Type: application/json" \
     -X POST http://localhost:8080/tx

curl localhost:8080/q/metrics/application

application_org_acme_TransactionResource_average_transaction \
  _rate_per_second 0.7080455375154214
application_org_acme_TransactionResource_average_transaction \
  _one_min_rate_per_second 0.0
application_org_acme_TransactionResource_average_transaction \
  _five_min_rate_per_second 0.0
application_org_acme_TransactionResource_average_transaction \
  _fifteen_min_rate_per_second 0.0
application_org_acme_TransactionResource_average_transaction \
  _min_seconds 1.0693E-5
```

```
application_org_acme_TransactionResource_average_transaction \
  _max_seconds 4.9597E-5
application_org_acme_TransactionResource_average_transaction \
  _mean_seconds 3.0145E-5
application_org_acme_TransactionResource_average_transaction \
  _stddev_seconds 1.9452E-5
application_org_acme_TransactionResource_average_transaction \
  _seconds_count 2.0
application_org_acme_TransactionResource_average_transaction \
  _seconds{quantile="0.5"} 4.9597E-5
application_org_acme_TransactionResource_average_transaction \
  _seconds{quantile="0.75"} 4.9597E-5
application_org_acme_TransactionResource_average_transaction \
  _seconds{quantile="0.95"} 4.9597E-5
application_org_acme_TransactionResource_average_transaction \
  _seconds{quantile="0.98"} 4.9597E-5
application_org_acme_TransactionResource_average_transaction \
  _seconds{quantile="0.99"} 4.9597E-5
application_org_acme_TransactionResource_average_transaction \
  _seconds{quantile="0.999"} 4.9597E-5
```

히스토그램 히스토그램histogram 매트릭은 시간에 따른 값의 분포를 측정합니다. 예를 들면 최소, 최대, 표준편차, 중위값, 95번째와 같은 사분위수 등입니다. 히스토그램에는 적절한 애너테이션이 없으나 org.eclipse.microprofile.metrics.Histogram 클래스로 메트릭을 업데이트할 수 있습니다.

파일: ch_09/observability-transaction/src/main/java/org/acme/quickstart/TransactionResource. java

```
@Metric(name = "transaction-evolution")  ❶
Histogram transactionHistogram;

@POST
@Consumes(MediaType.APPLICATION_JSON)
public Response doTransaction(Transaction transaction) {
    transactionHistogram.update(transaction.amount);  ❷
    return Response.ok().build();
}
```

❶ 이름으로 히스토그램 주입

❷ 새로운 값으로 히스토그램 갱신

다음 명령으로 응용프로그램을 실행하고 어떤 메트릭 데이터를 심고 출력을 확인합니다.

```
./mvnw compile quarkus:dev

curl -d '{"from":"A", "to":"B", "amount":2000}' \
    -H "Content-Type: application/json" \
    -X POST http://localhost:8080/tx

curl localhost:8080/q/metrics/application

application_org_acme_TransactionResource_transaction_evolution_min 2000.0
application_org_acme_TransactionResource_transaction_evolution_max 2000.0
application_org_acme_TransactionResource_transaction_evolution_mean 2000.0
application_org_acme_TransactionResource_transaction_evolution_stddev 0.0
application_org_acme_TransactionResource_transaction_evolution_count 2.0
application_org_acme_TransactionResource_transaction_evolution \
  {quantile="0.5"}  2000.0
application_org_acme_TransactionResource_transaction_evolution \
  {quantile="0.75"}  2000.0
application_org_acme_TransactionResource_transaction_evolution \
  {quantile="0.95"}  2000.0
application_org_acme_TransactionResource_transaction_evolution \
  {quantile="0.98"}  2000.0
application_org_acme_TransactionResource_transaction_evolution \
  {quantile="0.99"}  2000.0
application_org_acme_TransactionResource_transaction_evolution \
  {quantile="0.999"}  2000.0
```

논의 OPTION HTTP 메서드를 사용한 특정 종단점에 질의하면 메트릭의 메타 정보를 얻을 수 있습니다. 메타 정보는 /q/metrics/범위/메트릭_이름 경로로 확인하며 여기에서 범위는 base, vendor, application입니다. 메트릭_이름은 메트릭 이름입니다(application 범위 의 메트릭은 name 속성에 있는 값을 넣습니다).

9.5 분산 추적 사용하기

문제 전체 응용프로그램을 프로파일 및 모니터링하기

해결 마이크로프로파일 오픈 트레이싱^{OpenTracing} 명세는 마이크로서비스를 분산 추적하기 위해 오픈 트레이싱 표준 API를 사용합니다. 퀴커스는 분산 추적을 위해 마이크로프로파일 오픈 트레이싱 명세와 통합되어 있습니다.

분산 추적은 분산 시스템을 프로파일하고 모니터링하는 데 사용하는 방법입니다. 서비스 사이의 통신의 실패를 탐지하고, 어느 지점에서 성능 문제가 있는지 결정하고, 네트워크 메시 안에서 발생하는 모든 요청과 응답을 로그로 기록합니다.

분산 추적을 진행하기에 앞서 오픈 트레이싱에는 이해해야 하는 다섯 가지의 중요한 개념이 있습니다.

스팬^{Span}

작업의 단위가 되는 이름 있는 동작(예, 서비스 실행). 스팬은 부모-자식의 형태로 다수의 스팬을 포함할 수 있음

스팬 콘텍스트^{Span context}

서비스에서 서비스로 전파되는 추적 정보(예, 스팬 ID)

배기지 아이템^{Baggage items}

서비스에서 서비스로 전파되는 사용자 정의 키/값 쌍

태그^{Tags}

스팬 안에서 사용자가 정의하는 키/값 쌍으로 질의하거나 필터링할 수 있음(예, `http.status_code`)

로그Logs

스팬과 연계되는 기/값 쌍들로 로그 메시지 혹은 다른 중요한 정보를 포함함. 로그는 스팬 안에서 특정 순간을 식별하는 데 사용. 한편 태그는 시간에 관계없이 전체 스팬에 적용

이 예에서 재거Jaeger 서버는 여러분의 응용프로그램으로부터 모든 기록traces을 수집해 소비하고 질의할 수 있도록 만듭니다. [그림 9-1]은 서비스와 재거의 상호작용을 보여줍니다.

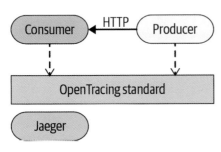

그림 9-1 마이크로서비스와 재거

앞 단락에서 설명한 재거의 개념들은 [그림 9-2]와 같습니다.

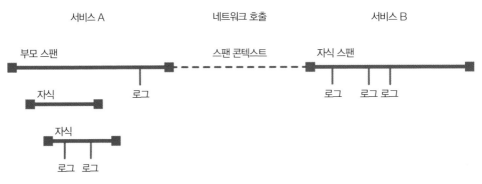

그림 9-2 재거 개념

jaegertracing/all-in-one 컨테이너 이미지가 사용되는 이유는 여기에 모든 재거의 백엔드 컴포넌트와 UI를 단일 이미지로 포함하고 있기 때문입니다. 운영에 쓰일 목적은 아니지만 단순성을 위해 9.5절에서 사용합니다.

```
docker run -e COLLECTOR_ZIPKIN_HTTP_PORT=9411 -p 5775:5775/udp \
   -p 6831:6831/udp -p 6832:6832/udp -p 5778:5778 -p 16686:16686 \
```

```
-p 14268:14268 -p 9411:9411 jaegertracing/all-in-one:1.15.1
```

쿼커스 응용프로그램에서 마이크로프로파일 오픈 트레이싱을 활성화하려면 quarkus-smallrye-opentracing 확장을 등록합니다.

```
./mvnw quarkus:add-extension -Dextensions="quarkus-smallrye-opentracing"
```

클래스 패스에 있는 확장으로 쿼커스/마이크로프로파일 오픈 트레이싱은 기본적인 추적 정보를 재거 서버로 보냅니다. 여러분이 할 일은 모든 추적 정보가 전송될 재거 종단점을 설정하는 것입니다.

기본적으로 수집되는 추적 정보는 다음의 내용을 포함합니다.

- CPU, 메모리, 가용 프로세서들과 같은 하드웨어 메트릭들
- 메모리 힙과 스레드 풀과 같은 JVM 메트릭들

마이크로프로파일 오픈 트레이싱은 모든 들어오는inbound 요청에 대해 새로운 스팬을 생성합니다. 이 새로운 스팬의 이름은 HTTP 메서드: 패키지 이름: 클래스 이름.클래스 이름.메서드 이름입니다.

들어오는 요청이 생성한 스팬은 올바른 값으로 다음의 태그를 포함합니다.

- `Tags.SPAN_KIND = Tags.SPAN_KIND_SERVER`
- Tags.HTTP_METHOD에는 들어오는 요청의 HTTP 메서드
- Tags.HTTP_URL에는 들어오는 종단점의 URL
- Tags.HTTP_STATUS에는 HTTP 상태 결과 코드
- `Tags.COMPONENT = "jaxrs"`
- 만약 서버 오류(5XX 오류 코드)의 경우 Tags.ERROR가 true. 만약 예외에 제공되는 객체가 있다면 두 개의 태그가 추가됨. 하나는 event=error이고 다른 하나는 error.object=〈오류 객체 인스턴스〉

나가는 요청의 경우 새로운 스팬은 현재 활성 스팬(만약 존재한다면)의 자식으로 생성됩니다. 새로운 스팬의 이름은 〈HTTP 메서드〉입니다. 나가는 요청을 위해 생성된 스팬은 올바른 값으로 다음의 태그를 포함합니다.

- Tags.SPAN_KIND = Tags.SPAN_KIND_SCLIENT

- Tags.HTTP_METHOD에는 나가는 요청의 HTTP 메서드

- Tags.HTTP_URL에는 나가는 종단점의 URL

- Tags.HTTP_STATUS에는 HTTP 상태 결과 코드

- Tags.COMPONENT = "jaxrs"

- 만약 클라이언트 오류(4XX 오류 코드)의 경우 Tags.ERROR가 true. 만약 예외에 제공되는 객체가 있다면 두 개의 태그가 추가됨. 하나는 event=error이고 다른 하나는 error.object=⟨오류 객체 인스턴스⟩

마지막 할 일은 재거 인자를 설정하는 것입니다.

파일: ch_09/observability–shopping–cart/src/main/resources/application.properties

```
quarkus.jaeger.service-name=shopping-cart  ❶
quarkus.jaeger.sampler-type=const  ❷
quarkus.jaeger.sampler-param=1  ❸
quarkus.jaeger.endpoint=http://localhost:14268/api/traces  ❹
```

❶ 재거 안에서 식별할 서비스 이름

❷ 샘플러^{sampler}를 설정

❸ 표본을 추출할 요청의 퍼센트(1은 모든 요청을 수집함)

❹ 재거 서버 위치

그다음 응용프로그램을 실행하고 서비스에 정의된 종단점 중 하나로 몇 개의 요청을 보냅니다. 그다음 재거 UI로 접속해 모든 분산 추적을 조사합니다. 브라우저를 열고 *http://localhost:16686*(재거 UI)로 들어가 추적 정보를 확인합니다.

초기 페이지에서 여러 개의 인자를 필터링할 수 있습니다. 하지만 그들 중 하나는 전체 요청을 표시하는 데 사용된 서비스를 선택하는 데 사용합니다.

재거의 홈페이지에 접속하면 [그림 9–3]과 같은 화면을 볼 수 있습니다.

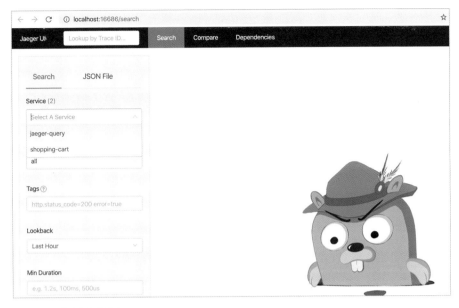

그림 9-3 재거의 홈페이지

서비스를 선택한 후 [그림 9-4]와 같이 [Find Traces] 버튼을 눌러 주어진 조건에 맞는 모든 추적 정보를 선택합니다.

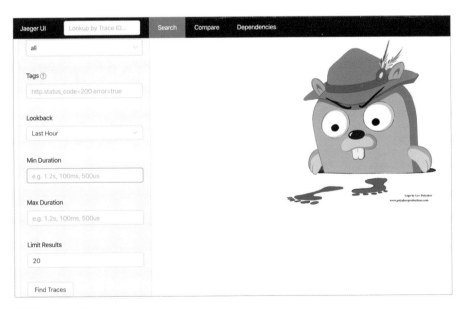

그림 9-4 Find Traces

여러분은 검색 조건에 맞는 모든 요청을 볼 수 있습니다. 이 경우 요청은 [그림 9-5]와 같이 shopping-cart 서비스에 있는 모든 추적 정보가 됩니다.

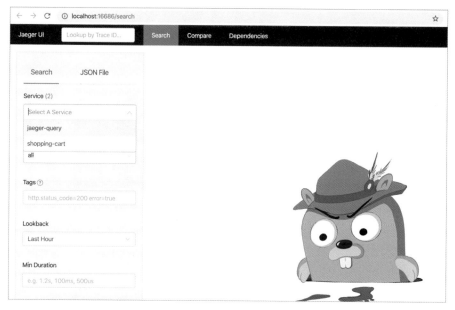

그림 9-5 추적 정보 보기

어떤 요청을 클릭하면 [그림 9-6]과 같이 개별적인 요청의 상세한 정보가 표시됩니다.

그림 9-6 요청의 상세 정보

오류가 발생하면 새로운 로그 항목이 추가되어 [그림 9-7]과 같은 메시지를 확인할 수 있습니다.

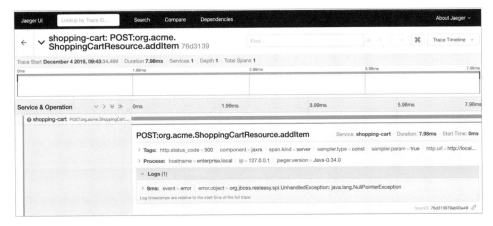

그림 9-7 오류 로그 메시지

TIP_ 추적 비활성화하기

들어오는 혹은 나가는 어떤 요청도 기본적으로는 추적합니다. @org.eclipse.microprofile.opentracing.Traced 애너테이션을 붙이면 특정 클래스 혹은 메서드의 추적을 비활성화할 수 있습니다.

```
@Traced(false)
public class TransactionResource {}
```

논의 src/main/resources/application.properties 파일에 있는 옵션을 설정하거나 9.6 절에서 논의할 다른 방법을 사용해 오픈 트레이싱을 설정합니다. 가장 중요한 설정 속성은 [표 9-1]에 나열했습니다.

표 9-1 오픈 트레이싱 설정 속성

속성	내용
quarkus.jaeger.enabled	재거 확장이 활성화(기본값: true) 여부를 정의. 빌드 속성으로 실행시간에는 변경할 수 없음
quarkus.jaeger.endpoint	추적 서버 종단점
quarkus.jaeger.auth-token	종단점에 대한 인증 토큰
quarkus.jaeger.user	종단점으로 인증의 일부로 보내는 사용자 이름
quarkus.jaeger.password	종단점으로 인증의 일부로 보내는 비밀번호

quarkus.jaeger.sampler-type	샘플러 종류(const, probabilistic, ratelimiting 혹은 remote)
quarkus.jaeger.sampler-param	트래픽 표본 추출의 퍼센트(0.0~1.0)
quarkus.jaeger.service-name	서비스 이름
quarkus.jaeger.tags	모든 스팬에 추가되는 콤마로 구분된 키/값 태그의 목록. ${environmentVar:default} 형식으로 환경 변수도 지원됨
quarkus.jaeger.propagation	트레이싱 콘텍스트를 전파하는 데 사용할 형식(기본은 jaeger). 가능한 값은 jaejer 혹은 b3
quarkus.jaeger.sender-factory	전송자 팩토리 클래스 이름

함께 보기 지원되는 전체 속성은 쿼커스 오픈 트레이싱 가이드(*https://oreil.ly/A2GJu*)를 참고하세요.

마이크로프로파일 오픈 트레이싱 명세에 대한 자세한 내용은 깃허브의 다음 페이지를 참고하세요.

- 마이크로프로파일 오픈 트레이싱(*https://oreil.ly/v7kjr*)

9.6 사용자 정의 분산 추적

문제 현재 추적 스팬에 사용자 정의 정보 추가하기

해결 마이크로프로파일 오픈 트레이싱 명세는 io.opentracing.Tracer 클래스를 사용해 현재 스팬에 새로운 정보를 추가할 수 있습니다.

어떤 경우에 새로운 자식 스팬을 추가하거나 혹은 현재 스팬에 새로운 태그, 로그 메시지, 배기지 아이템과 같은 새로운 정보를 추가해야 합니다. 이러한 정보를 추가하려면 마이크로프로파일 오픈 트레이싱에서는 io.opentracing.Tracer 클래스의 인스턴스를 생성해 현재 스팬을 조작합니다.

만약 중요 고객이 만든 모든 요청을 태그한다고 가정합니다. 이 경우 중요 고객의 ID는 1로 시작합니다.

파일: ch_09/observability-shopping-cart/src/main/java/org/acme/quickstart/ShoppingCart
Resource.java

```java
@Inject ❶
Tracer tracer;
@POST
@Path("/add/{customerId}")
@Transactional
@Consumes(MediaType.APPLICATION_JSON)
public Response addItem(@PathParam("customerId") String customerId, Item item) {

    if (customerId.startsWith("1")) {
        tracer.activeSpan().setTag("important.customer", true); ❷
    }
}
```

❶ Tracer 인스턴스를 주입

❷ 현재 스팬에 새로운 태그를 생성

그러면 중요 고객을 위한 요청이 그에 맞게 태깅됩니다.

사용자 정의 태그는 [그림 9-8]과 같이 표시될 것입니다.

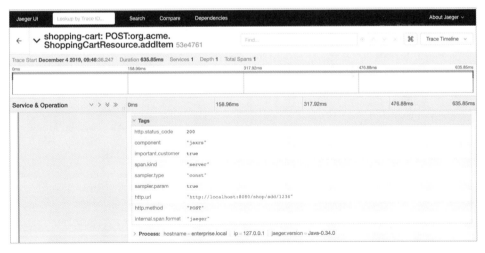

그림 9-8 사용자 정의 태그

논의 쿼커스는 JDBC를 활용하는 오픈 트레이싱 커스터마이징을 지원합니다. 따라서 SQL 쿼리를 모니터링하려면 현재 스팬 자체를 수정할 필요가 없습니다. 의존성의 형식으로 제공되는 통합을 사용할 수 있습니다.

빌드 도구에 opentracing-jdbc 의존성을 등록합니다.

파일: ch_09/observability-shopping-cart/pom.xml

```xml
<dependency>
    <groupId>io.opentracing.contrib</groupId>
    <artifactId>opentracing-jdbc</artifactId>
</dependency>
```

JDBC 연결에 대한 추적을 활성화하려면, JDBC URL에 **tracing** 단어를 추가합니다. 쿼커스는 JPA를 사용하기 때문에 데이터소스와 하이버네이트기 전용 트레이싱 드라이버를 시용하도록 설정해야 합니다.

파일: ch_09/observability-shopping-cart/src/main/resources/application.properties

```properties
quarkus.datasource.jdbc.url=jdbc:tracing:h2:mem:mydb   ❶
quarkus.datasource.jdbc.driver=io.opentracing.contrib.jdbc.TracingDriver   ❷
quarkus.datasource.db-kind=h2
quarkus.datasource.username=sa
quarkus.datasource.password=
quarkus.hibernate-orm.database.generation=update
quarkus.hibernate-orm.log.sql=true
quarkus.hibernate-orm.dialect=org.hibernate.dialect.H2Dialect   ❸
```

❶ tracing이 붙은 JDBC URL로 갱신

❷ 데이터베이스 드라이버 대신에 TracingDriver 설정

❸ 실제 데이터베이스의 방언dialect을 설정

요청에서 수행되는 모든 쿼리는 재거 UI에도 반영됩니다.

JDBC 추적은 [그림 9-9]와 같이 표시됩니다.

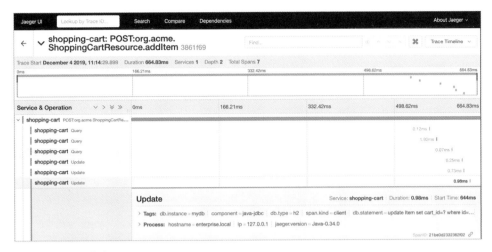

그림 9-9 JDBC 추적

위 그림을 주의 깊게 보았다면 db.statement라는 이름의 새로운 태그가 있음을 알 수 있습니다. 이것은 추적된 쿼리문을 의미합니다. 또한 하나의 shopping-cart 스팬에 동시에 6개의 다른 스팬이 포함되어 있으며 각 스팬은 쿼리문을 포함하고 있음을 주목하세요.

특정 쿼리문을 무시하려면 무시할 쿼리문에 ignoreForTracing 속성을 (여러 번) 붙일 수 있습니다(예, jdbc:tracing:h2:mem:test?ignoreForTracing=SELECT * FROM \"TEST\").

CHAPTER 10

쿠버네티스 통합

지금까지 베어 메탈^{bare-metal}[1]에서 쿼커스 응용프로그램을 개발하고 실행하는 법을 배웠습니다. 쿼커스가 빛나는 분야는 바로 쿠버네티스 클러스터에서 동작할 때입니다.

이 장에서 쿼커스와 쿠버네티스를 통합하는 방법을 배우고, 여러 확장을 사용해 쿠버네티스를 위한 쿼커스 서비스를 개발하고 배포하는 데 도움을 받을 것입니다.

쿠버네티스는 사실상 응용프로그램을 배포하는 표준이 되었습니다. 이러한 이유로 쿠버네티스를 충분히 이해하고 그 위에 여러분의 응용프로그램을 올바르게 개발하고 배포하는 것이 중요합니다.

이 장에서는 다음의 내용을 배웁니다.

- 컨테이너 이미지 빌드하기
- 컨테이너 이미지 푸시하기
- 쿠버네티스 자원 생성하기
- 쿼커스 서비스 배포하기
- 쿠버네티스 오퍼레이터^{operator}를 개발하기
- Knative에 서비스를 배포하기

---

1 옮긴이_베어 메탈이란 말그대로 'bare-벌거벗은, 맨-'이라는 접두사를 붙여 금속 재질이 그대로 드러나는 상태, 운영체제(OS)를 포함하여 어떤 소프트웨어도 설치되어 있지 않은 물리적인 하드웨어를 의미합니다.

10.1 컨테이너 이미지 빌드와 푸시

문제 컨테이너 이미지를 빌드하고 푸시하기

해결 쿠버네티스에서 실행 단위는 포드[pod]입니다. 포드는 같은 호스트 머신에서 동작하며 IP와 포트 같은 자원을 공유하는 컨테이너의 그룹입니다. 쿠버네티스에 서비스를 배포하기 위해서는 먼저 포드를 생성합니다. 포드는 1개 혹은 그 이상의 컨테이너로 조합할 수 있기 때문에 서비스의 컨테이너 이미지를 빌드합니다.

쿼커스는 컨테이너 이미지를 빌드하고 선택적으로 푸시할 수 있는 확장을 제공합니다. 집필하는 시점에는 다음의 컨테이너 빌드 전략을 제공합니다.

Jib

Jib는 자바 응용프로그램을 위한 도커와 OCI 컨테이너 이미지를 도커 데몬 없이도(도커리스) 빌드합니다. 이것은 컨테이너에 있는 프로세스로 도커 이미지를 빌드할 때 유용합니다. 왜냐하면 도커 안에 도커[Docker-in-Docker(DinD)] 프로세스의 번거로움을 피할 수 있기 때문입니다. 게다가 쿼커스와 Jib를 사용하면 모든 의존성이 실제 응용프로그램이 아닌 다른 계층에 캐시되어 재빌드를 작고 빠르게 할 수 있습니다. 이는 또한 빌드와 푸시시간을 향상시켜 줍니다.

Docker

Docker 전략은 docker 바이너리를 사용해 컨테이너 이미지를 빌드하며, 이미지는 로컬에 설치됩니다. 이미지를 빌드할 때는 기본적으로 src/main/docker 폴더에 있는 Dockerfiles 파일을 사용합니다.

S2I

소스-투-이미지[S2I] 전략은 s2i 바이너리를 사용해 오픈시프트 클러스터 안으로 컨테이너를 빌드합니다. S2I는 BuildConfig와 2개의 ImageStream 자원을 필요로 합니다. 자원의 생성에는 쿼커스 쿠버네티스 확장이 사용됩니다.

이 절에서는 Jib를 사용해 컨테이너를 빌드하고 푸시할 것입니다. '논의' 절에서는 Docker와

S2I 전략을 다룹니다.

Jib를 사용해 컨테이너 이미지를 빌드하고 푸시하려면 먼저 Jib 확장을 추가해야 합니다.

```
./mvnw quarkus:add-extensions -Dextensions="quarkus-container-image-jib"
```

그다음 컨테이너 이미지 빌드 절차를 커스터마이징할 수 있습니다. 여러분은 쿼커스에 있는 다른 설정 인자와 마찬가지로 application.properties, 시스템 속성 혹은 환경 변수들의 속성을 지정할 수 있습니다.

```
quarkus.container-image.group=lordofthejars      ❶
quarkus.container-image.registry=quay.io      ❷
quarkus.container-image.username=lordofthejars      ❸
#quarkus.container-image.password=      ❹
```

❶ 이미지의 그룹 부분을 설정. 기본적으로 이것은 ${user.name}임

❷ 이미지를 푸시할 레지스트리. 기본적으로 이미지는 docker.io에 푸시됨

❸ 컨테이너 레지스트리에 로그인할 사용자 이름

❹ 컨테이너 레지스트리에 로그인할 비밀번호

프로젝트를 위한 컨테이너 이미지를 빌드하고 푸시하기 위해서는 quarkus.container-image.push 인자를 true로 설정해야 하고 package 단계 동안 컨테이너가 생성되고 푸시됩니다.[2]

```
./mvnw clean package -Dquarkus.container-image.push=true

...
[INFO] --- maven-jar-plugin:2.4:jar (default-jar) @ greeting-jib ---
[INFO] Building jar: /greeting-jib/target/greeting-jib-1.0-SNAPSHOT.jar
[INFO]
[INFO] --- quarkus-maven-plugin:1.11.3.Final:build (default) @ greeting-jib ---
[INFO] [org.jboss.threads] JBoss Threads version 3.0.1.Final
[INFO] [io.quarkus.deployment.pkg.steps.JarResultBuildStep] Building thin jar:
    greeting-jib/target/greeting-jib-1.0-SNAPSHOT-runner.jar
```

---

2 옮긴이_도커가 사전에 실행되어 있어야 합니다.

```
[INFO] [io.quarkus.container.image.jib.deployment.JibProcessor]
    Starting container image build  ❶
[WARNING] [io.quarkus.container.image.jib.deployment.JibProcessor]
    Base image 'fabric8/java-alpine-openjdk8-jre' does not use a specific image
    digest - build may not be reproducible
[INFO] [io.quarkus.container.image.jib.deployment.JibProcessor] LogEvent
    [level=INFO, message=trying docker-credential-desktop for quay.io]
[INFO] [io.quarkus.container.image.jib.deployment.JibProcessor] LogEvent
    [level=LIFECYCLE, message=Using credentials from Docker config
    ($HOME/.docker/config.json) for
    quay.io/lordofthejars/greeting-jib:1.0-SNAPSHOT]
[INFO] [io.quarkus.container.image.jib.deployment.JibProcessor] The base image
    requires auth. Trying again for fabric8/java-alpine-openjdk8-jre...
[INFO] [io.quarkus.container.image.jib.deployment.JibProcessor] Using base
    image with digest:
    sha256:a5d31f17d618032812ae85d12426b112279f02951fa92a7ff8a9d69a6d3411b1
[INFO] [io.quarkus.container.image.jib.deployment.JibProcessor] Container
    entrypoint set to [java, -Dquarkus.http.host=0.0.0.0,
    -Djava.util.logging.manager=org.jboss.logmanager.LogManager,
    -cp, /app/resources:/app/classes:/app/libs/*,
        io.quarkus.runner.GeneratedMain]
[INFO] [io.quarkus.container.image.jib.deployment.JibProcessor] Pushed
container image quay.io/lordofthejars/greeting-jib:1.0-SNAPSHOT
(sha256:e173e0b49bd5ec1f500016f46f2cde03a055f558f72ca8ee1d6cb034a385a657)  ❷

[INFO] [io.quarkus.deployment.QuarkusAugmentor] Quarkus augmentation completed
    in 12980ms
```

❶ 컨테이너 이미지가 빌드됨

❷ 컨테이너 이미지는 quay.io에 푸시됨

논의 Jib와는 별도로 컨테이너 이미지를 빌드할 수 있는 다른 두 가지 방법이 있습니다. 이를 사용하기 위해서는 필요한 확장을 등록해야 합니다.

Docker

```
quarkus-container-image-docker
```

S2I

```
quarkus-container-image-s2i
```

각각의 확장은 빌드 과정을 변경할 수 있는 특정 설정 인자를 제공합니다. 이 인자는 컨테이너 이미지를 빌드하는 데 사용하는 베이스 이미지를 변경하거나 환경 변수를 설정하고 실행 파일에 넘기는 인수와 도커 파일을 설정할 수 있습니다.

또한 이미지를 빌드만 하고 레지스트리에 푸시하지 않을 수 있습니다. 이 경우에는 `quarkus.container-image.build` 속성을 `true`로 설정하고 `quarkus.container-image.push` 속성은 설정하지 않습니다.

```
./mvnw clean package -Dquarkus.container-image.build=true
```

> **IMPORTANT_** `Jib`를 사용하고 `push` 속성을 `false`로 설정하면 확장은 컨테이너 이미지를 만들고 그 이미지를 도커 데몬Docker daemon에 등록합니다. 이것은 비록 도커가 이미지를 빌드하는 데는 사용하지 않지만 여전히 필요하다는 것을 의미합니다.

컨테이너 이미지 확장은 `build/output` 디렉터리에 있는 빌드 결과물에 따라 JAR 패키지 (JVM 모드로 사용)와 네이티브 실행으로부터 컨테이너를 생성합니다. 리눅스 컨테이너에서 실행할 수 있는 네이티브 실행을 생성해 결과 네이티브 실행이 포함된 컨테이너 이미지를 생성하려면 다음의 명령을 실행합니다.

```
./mvnw clean package -Dquarkus.container-image.push=true -Pnative \
    -Dquarkus.native.container-build=true
```

`quarkus.native.container-build` 속성을 `true`로 설정하면 도커 컨테이너 안에 네이티브 실행을 생성합니다.

함께 보기 더 많은 정보는 깃허브의 다음 페이지를 방문하세요.

- 구글 컨테이너 도구: `Jib`(*https://oreil.ly/6vrh5*)
- 오픈시프트: `Source-To-Image`(*https://oreil.ly/8PEgn*)

10.2 쿠버네티스 자원 생성하기

문제 쿠버네티스 자원을 자동으로 생성하기

해결 쿼커스는 정상적인 기본값과 선택적으로 사용자에게 제공되는 설정이 포함된 쿠버네티스 자원을 자동으로 생성하는 쿠버네티스 확장을 제공합니다. 현재 확장은 쿠버네티스와 오픈시프트를 위한 자원을 생성할 수 있습니다.

쿠버네티스의 자원 생성을 활성화하려면 quarkus-kubernetes 확장을 등록합니다.

```
./mvnw quarkus:add-extension -Dextensions="quarkus-kubernetes"
```

쿠버네티스 자원을 생성하려면 새로운 터미널 창에서 `./mvnw package` 명령을 실행합니다. 그다음 빌드 도구가 생성한 `target` 디렉터리의 보통의 파일 중 두 개의 파일이 `target/kubernetes` 디렉터리에 생성됩니다. 이 새로운 파일의 이름은 `kubernetes.json`과 `kubernetes.yaml` 파일로 둘 다 각각 Deployment와 Service의 정의를 포함합니다.

파일: ch_10/kubernetes-quickstart/target/kubernetes/kubernetes.json

```json
{
  "apiVersion" : "v1",
  "kind" : "Service",
  "metadata" : {
    "annotations" : {
      "app.quarkus.io/vcs-url" : "https://github.com/yudong80/quarkus_cookbook.git",
      "app.quarkus.io/build-timestamp" : "2021-02-27 - 10:44:40 +0000",
      "app.quarkus.io/commit-id" : "41ff018409591c430bde8083a1b6a348e4b48a66"
    },
    "labels" : {
      "app.kubernetes.io/name" : "kubernetes-quickstart",    ❶
      "app.kubernetes.io/version" : "1.0.0-SNAPSHOT"    ❷
    },
    "name" : "kubernetes-quickstart"
  },
  "spec" : {
    "ports" : [ {
```

```
        "name" : "http",
        "port" : 8080,
        "targetPort" : 8080
    } ],
    "selector" : {
      "app.kubernetes.io/name" : "kubernetes-quickstart",
      "app.kubernetes.io/version" : "1.0.0-SNAPSHOT"
    },
    "type" : "ClusterIP"
  }
}{
  "apiVersion" : "apps/v1",
  "kind" : "Deployment",
  "metadata" : {
    "annotations" : {
      "app.quarkus.io/vcs-url" : "https://github.com/yudong80/quarkus_cookbook.git",
      "app.quarkus.io/build-timestamp" : "2021-02-27 - 10:44:40 +0000",
      "app.quarkus.io/commit-id" : "41ff018409591c430bde8083a1b6a348e4b48a66"
    },
    "labels" : {
      "app.kubernetes.io/name" : "kubernetes-quickstart",
      "app.kubernetes.io/version" : "1.0.0-SNAPSHOT"
    },
    "name" : "kubernetes-quickstart"
  },
  "spec" : {
    "replicas" : 1,
    "selector" : {
      "matchLabels" : {
        "app.kubernetes.io/name" : "kubernetes-quickstart",
        "app.kubernetes.io/version" : "1.0.0-SNAPSHOT"
      }
    },
    "template" : {
      "metadata" : {
        "annotations" : {
          "app.quarkus.io/vcs-url" : "https://github.com/yudong80/quarkus_cookbook.git",
          "app.quarkus.io/build-timestamp" : "2021-02-27 - 10:44:40 +0000",
          "app.quarkus.io/commit-id" : "41ff018409591c430bde8083a1b6a348e4b48a66"
        },
        "labels" : {
          "app.kubernetes.io/name" : "kubernetes-quickstart",
          "app.kubernetes.io/version" : "1.0.0-SNAPSHOT"
        }
```

```json
        },
        "spec" : {
          "containers" : [ {
            "env" : [ {
              "name" : "KUBERNETES_NAMESPACE",
              "valueFrom" : {
                "fieldRef" : {
                  "fieldPath" : "metadata.namespace"
                }
              }
            } ],
            "image" : "yudong/kubernetes-quickstart:1.0.0-SNAPSHOT",
            "imagePullPolicy" : "Always",
            "livenessProbe" : {
              "failureThreshold" : 3,
              "httpGet" : {
                "path" : "/q/health/live",
                "port" : 8080,
                "scheme" : "HTTP"
              },
              "initialDelaySeconds" : 0,
              "periodSeconds" : 30,
              "successThreshold" : 1,
              "timeoutSeconds" : 10
            },
            "name" : "kubernetes-quickstart",
            "ports" : [ {
              "containerPort" : 8080,
              "name" : "http",
              "protocol" : "TCP"
            } ],
            "readinessProbe" : {
              "failureThreshold" : 3,
              "httpGet" : {
                "path" : "/q/health/ready",
                "port" : 8080,
                "scheme" : "HTTP"
              },
              "initialDelaySeconds" : 0,
              "periodSeconds" : 30,
              "successThreshold" : 1,
              "timeoutSeconds" : 10
            }
          } ]
```

```
                    }
                }
            }
        }
```

---

❶ 프로젝트 이름의 기본값

❷ 버전 필드의 기본값

논의 application.properties 파일의 다음의 속성을 추가해 생성된 매니페스트^{manifest}에 있는 그룹과 이름을 사용자 정의할 수 있습니다.

```
quarkus.container-image.group=redhat
quarkus.application.name=message-app
```

쿠버네티스 확장은 매니페스트의 다른 부분도 사용자 정의가 가능합니다.

```
quarkus.kubernetes.replicas=3  ❶

quarkus.container-image.registry=http://my.docker-registry.net  ❷
quarkus.kubernetes.labels.environment=prod  ❸

quarkus.kubernetes.readiness-probe.initial-delay-seconds=10  ❹
quarkus.kubernetes.readiness-probe.period-seconds=30
```

---

❶ 레플리카^{replicas}의 개수

❷ 이미지를 푸시할 도커 레지스트리를 추가

❸ 새로운 라벨을 추가

❹ 준비 여부 조사 설정

---

application.properties 파일에 있는 quarkus.kubernetes.deployment-target 속성 혹은 시스템 속성을 설정해 서로 다른 자원을 생성할 수 있습니다.

이 속성의 기본값은 kubernetes지만 kubernetes, openshift, knative[3] 값도 사용할 수 있

---

3 옮긴이_현재도 동일함(2021년 3월 기준).

습니다(집필 시점 기준).

함께 보기 다음의 웹페이지는 생성된 파일을 수정하는 모든 쿠버네티스 설정 옵션의 목록을 제공합니다.

- 쿼커스: 쿠버네티스 확장(*https://oreil.ly/oLxhT*)

10.3 헬스 체크를 포함해 쿠버네티스 자원을 생성하기

문제 생존 여부[liveness]와 준비 여부[readiness] 조사를 포함해 쿠버네티스 자원을 자동으로 생성하기

해결 기본적으로 헬스 체크[health probes]는 출력 파일에 생성되지는 않지만(9.1절 참고), quarkus-smallrye-health 확장이 있다면 생존 여부와 준비 여부 조사 영역이 자동으로 생성됩니다.

파일: ch_10/kubernetes-quickstart/target/kubernetes/kubernetes.json

```
"image" : "yudong/kubernetes-quickstart:1.0.0-SNAPSHOT",
"imagePullPolicy" : "Always",
"livenessProbe" : {  ❶
    "failureThreshold" : 3,
    "httpGet" : {
        "path" : "/q/health/live",  ❷
        "port" : 8080,
        "scheme" : "HTTP"
        },
    "initialDelaySeconds" : 0,
    "periodSeconds" : 30,
    "successThreshold" : 1,
    "timeoutSeconds" : 10
},
"name" : "kubernetes-quickstart",
"ports" : [ {
    "containerPort" : 8080,
    "name" : "http",
    "protocol" : "TCP"
    } ],
"readinessProbe" : {  ❸
```

```
        "failureThreshold" : 3,
        "httpGet" : {
            "path" : "/q/health/ready",    ❹
            "port" : 8080,
            "scheme" : "HTTP"
        },
        "initialDelaySeconds" : 0,
        "periodSeconds" : 30,
        "successThreshold" : 1,
        "timeoutSeconds" : 10
    }
}
```

❶ 생존 여부 조사를 정의

❷ 경로는 마이크로프로파일 헬스 스펙으로 정의함

❸ 준비 여부 조사를 정의

❹ 경로는 마이크로프로파일 헬스 스펙으로 정의함

논의 쿠버네티스는 서비스의 건강 상태를 결정하는 조사를 사용하며 문제점을 해결하기 위해
자동적인 액션actions을 수행합니다.

퀴커스는 자동적으로 2개의 쿠버네티스 조사를 생성합니다.

생존 여부

쿠버네티스는 서비스가 재시작되어야 하는지를 결정하기 위해 생존 여부 조사를 사용합니다.
만약 응용프로그램이 무응답 상태가 되었다면(아마도 데드락 혹은 메모리 문제 등으로) 이 문
제를 해결하기 위해 컨테이너를 재시작하는 것은 좋은 해결책이 됩니다.

준비 여부

쿠버네티스는 서비스가 트래픽을 허용할 수 있는지 여부를 알기 위해 준비 여부를 조사합니다.
때때로 서비스는 요청을 허용하기 전에 어떤 동작을 실행해야 하는 경우가 있습니다. 예를 들
면 로컬 캐싱 시스템, 데이터베이스 스키마 변경하기, 배치 프로세스를 적용하거나 카프카 스
트림즈Kafka Streams와 같은 외부 서비스에 연결하는 등입니다.

함께 보기 더 많은 정보를 위해서는 다음 웹페이지를 참고하세요.

• 쿠버네티스: 생존 여부, 준비 여부, 시작 브로브 구성하기(*https://oreil.ly/PWl_B*)

10.4 쿠버네티스에 서비스 배포하기

문제 쿠버네티스에 서비스 배포하기

해결 kubectl과 쿼커스에 제공하는 모든 기능을 사용해 쿠버네티스에 서비스를 생성하고 배포합니다.

쿼커스는 다음과 같은 작업으로 자바 응용프로그램을 생성해 쿠버네티스로 손쉽게 배포할 수 있습니다

1. 6.6절에 설명한 대로 여러분의 엔터프라이즈 응용프로그램을 위한 컨테이너 네이티브 실행을 생성합니다.

2. Dockerfile.native 파일을 제공해 도커 컨테이너를 제공합니다.

3. 10.2절에서 설명한 대로 quarkus-kubernetes 확장을 사용해 쿠버네티스 자원 파일을 생성합니다.

이 모든 절차를 모두 실행합니다.

컨테이너 안에서 동작할 수 있는 네이티브 실행을 생성합니다.

경로: ch_10/kubernetes-quickstart

```
./mvnw package -DskipTests -Pnative -Dquarkus.native.container-build=true  ❶

docker build -f src/main/docker/Dockerfile.native \
    -t yudong/kubernetes-quickstart:1.0.0-SNAPSHOT .  ❷
docker push docker build -f src/main/docker/Dockerfile.native \
    -t yudong/kubernetes-quickstart:1.0.0-SNAPSHOT .  ❸

kubectl apply -f target/kubernetes/kubernetes.json  ❹

kubectl patch svc kubernetes-quickstart --type='json' \
    -p '[{"op":"replace","path":"/spec/type","value":"NodePort"}]'  ❺

curl $(minikube service kubernetes-quickstart --url)/greeting  ❻
```

❶ 도커 컨테이너 안에 네이티브 실행을 생성

❷ 이전에 생성된 네이티브 실행을 포함한 도커 이미지를 생성

❸ 이미지를 도커 레지스트리(미니큐브 환경에서는 eval $(minikube -p minikube docker-env)을 실행하며 푸시는 불필요합니다)에 푸시함

❹ 쿠버네티스에 응용프로그램을 배포

❺ NodePort에 대한 변경

❻ 서비스에 접속하는 URL을 얻음

5, 6 단계는 서비스가 미니큐브에 배포된 경우에만 필요합니다. 서비스를 배포하는 데 사용한 쿠버네티스 플랫폼에 따라 할 일이 조금 달라질 수 있습니다.

논의 1, 2 단계는 만약 여러분이 멀티 스테이지$^{multi-stage}$ 도커 빌드 기능을 사용한다면 하나로 단순화할 수 있습니다. 첫 번째 단계에서 네이티브 실행이 생성되고, 두 번째 단계에서는 런타임 이미지를 생성합니다.

```
FROM quay.io/quarkus/centos-quarkus-maven:19.2.1 AS build  ❶
COPY src /usr/src/app/src
COPY pom.xml /usr/src/app
USER root
RUN chown -R quarkus /usr/src/app
USER quarkus
RUN mvn -f /usr/src/app/pom.xml -Pnative clean package

FROM registry.access.redhat.com/ubi8/ubi-minimal  ❷
WORKDIR /work/
COPY --from=build /usr/src/app/target/*-runner /work/application
RUN chmod 775 /work
EXPOSE 8080
CMD ["./application", "-Dquarkus.http.host=0.0.0.0"]
```

❶ 네이티브 실행을 생성

❷ 이전 단계의 산출물로부터 런타임 이미지를 생성

프로젝트의 루트 디렉터리에서 .dockerignore 파일을 제거합니다(rm .dockerignore). 이 과정이 필요한 이유는 기본적으로 src 디렉터리는 무시되지만, 네이티브 실행을 빌드하기 위해

서는 src 디렉터리가 꼭 필요하기 때문입니다.

```
docker build -f src/main/docker/Dockerfile.multistage \
  -t yudong/kubernetes-quickstart:1.0.0-SNAPSHOT . ❶
```

❶ 네이티브 실행 빌드를 포함해 런타임 이미지를 생성함

10.5 오픈시프트에 서비스 배포하기

문제 오픈시프트에 서비스 배포하기

해결 오픈시프트는 이전의 절에서 생성된 리소스과 완벽하게 동작합니다. 따라서 오픈시프트를 사용한다면 이전에 생성된 것을 그대로 사용할 수 있습니다. 하지만 오픈시프트에서 제공하는 몇몇 기능을 사용하려면 kubernetes.deployment.target 속성을 openshift로 설정합니다.

생성된 두 파일은 target/kubernetes/openshift.json과 target/kubernetes/openshift.yaml에 위치합니다.

파일: ch_10/kubernetes-quickstart/target/kubernetes/openshift.json

```
{
  "apiVersion" : "v1",
  "kind" : "Service",
  "metadata" : {
    "annotations" : {
      "app.quarkus.io/build-timestamp" : "2021-02-27 - 12:38:40 +0000",
      "app.openshift.io/vcs-url" : "https://github.com/yudong80/quarkus_cookbook.git",
      "app.quarkus.io/commit-id" : "41ff018409591c430bde8083a1b6a348e4b48a66",
      "app.quarkus.io/vcs-url" : "https://github.com/yudong80/quarkus_cookbook.git"
    },
    "labels" : {
      "app.kubernetes.io/name" : "kubernetes-quickstart",
      "app.kubernetes.io/version" : "1.0.0-SNAPSHOT",
```

```json
      "app.openshift.io/runtime" : "quarkus"
    },
    "name" : "kubernetes-quickstart"
  },
  "spec" : {
    "ports" : [ {
      "name" : "http",
      "port" : 8080,
      "targetPort" : 8080
    } ],
    "selector" : {
      "app.kubernetes.io/name" : "kubernetes-quickstart",
      "app.kubernetes.io/version" : "1.0.0-SNAPSHOT"
    },
    "type" : "ClusterIP"
  }
}, {
  "apiVersion" : "apps.openshift.io/v1",
  "kind" : "DeploymentConfig",
  "metadata" : {
    "annotations" : {
      "app.quarkus.io/build-timestamp" : "2021-02-27 - 12:38:40 +0000",
      "app.openshift.io/vcs-url" : "https://github.com/yudong80/quarkus_cookbook.git",
      "app.quarkus.io/commit-id" : "41ff018409591c430bde8083a1b6a348e4b48a66",
      "app.quarkus.io/vcs-url" : "https://github.com/yudong80/quarkus_cookbook.git"
    },
    "labels" : {
      "app.openshift.io/runtime" : "quarkus",
      "app.kubernetes.io/version" : "1.0.0-SNAPSHOT",
      "app.kubernetes.io/name" : "kubernetes-quickstart"
    },
    "name" : "kubernetes-quickstart"
  },
  "spec" : {
    "replicas" : 1,
    "selector" : {
      "app.kubernetes.io/version" : "1.0.0-SNAPSHOT",
      "app.kubernetes.io/name" : "kubernetes-quickstart"
    },
    "template" : {
      "metadata" : {
        "annotations" : {
          "app.quarkus.io/build-timestamp" : "2021-02-27 - 12:38:40 +0000",
          "app.openshift.io/vcs-url" : "https://github.com/yudong80/quarkus_cookbook.git",
```

```json
      "app.quarkus.io/commit-id" : "41ff018409591c430bde8083a1b6a348e4b48a66",
      "app.quarkus.io/vcs-url" : "https://github.com/yudong80/quarkus_cookbook.git"
    },
    "labels" : {
      "app.openshift.io/runtime" : "quarkus",
      "app.kubernetes.io/version" : "1.0.0-SNAPSHOT",
      "app.kubernetes.io/name" : "kubernetes-quickstart"
    }
  },
  "spec" : {
    "containers" : [ {
      "env" : [ {
        "name" : "KUBERNETES_NAMESPACE",
        "valueFrom" : {
          "fieldRef" : {
            "fieldPath" : "metadata.namespace"
          }
        }
      } ],
      "image" : "yudong/kubernetes-quickstart:1.0.0-SNAPSHOT",
      "imagePullPolicy" : "IfNotPresent",
      "livenessProbe" : {
        "failureThreshold" : 3,
        "httpGet" : {
          "path" : "/q/health/live",
          "port" : 8080,
          "scheme" : "HTTP"
        },
        "initialDelaySeconds" : 0,
        "periodSeconds" : 30,
        "successThreshold" : 1,
        "timeoutSeconds" : 10
      },
      "name" : "kubernetes-quickstart",
      "ports" : [ {
        "containerPort" : 8080,
        "name" : "http",
        "protocol" : "TCP"
      } ],
      "readinessProbe" : {
        "failureThreshold" : 3,
        "httpGet" : {
          "path" : "/q/health/ready",
          "port" : 8080,
```

```
                "scheme" : "HTTP"
              },
              "initialDelaySeconds" : 0,
              "periodSeconds" : 30,
              "successThreshold" : 1,
              "timeoutSeconds" : 10
            }
          } ]
        }
      }
    }
  }
```

10.6 컨테이너 이미지를 자동으로 빌드하고 배포하기

문제 컨테이너 이미지를 자동으로 빌드, 푸시, 배포하기

해결 쿼커스는 container-image 확장으로 컨테이너 이미지를 빌드하고 푸시하고 kubernetes 확장으로 쿠버네티스에 배포하는 기능을 제공합니다.

컨테이너 이미지를 빌드하고 푸시하고 배포하려면 먼저 필요한 확장을 추가해야 합니다.

경로: ch_10/containers

```
./mvnw quarkus:add-extensions \
    -Dextensions="quarkus-container-image-jib, quarkus-kubernetes"
```

그다음 컨테이너 이미지 빌드 절차를 커스터마이징합니다. 이 속성은 쿼커스에 있는 다른 설정 인자와 마찬가지로 application.properties, 시스템 속성, 환경 변수를 설정해야 합니다.

파일: ch_10/containers/src/main/resources/application.properties

```
quarkus.container-image.group=koreacio   ❶
```

```
quarkus.container-image.registry=quay.io  ❷
quarkus.container-image.username=koreacio  ❸
#quarkus.container-image.password=  ❹
```

❶ 이미지의 그룹 부분을 설정. 기본적으로 ${user.name}임

❷ 이미지를 푸시할 레지스트리를 설정. 기본적으로 이미지는 docker.io에 푸시됨

❸ 컨테이너 레지스트리에 로그인할 사용자명

❹ 컨테이너 레지스트리에 로그인할 비밀번호

마지막으로 다음 명령을 실행해 쿠버네티스에 배포합니다.

```
./mvnw clean package -Dquarkus.kubernetes.deploy=true
```

논의 quarkus.kubernetes.deploy를 true로 설정하면 암시적으로 quarkus.container-image.push 속성도 true가 되어서 별도로 설정할 필요가 없습니다.

쿠버네티스 확장은 ~/.kube/config 디렉터리에 있는 표준 kubectl 설정 파일을 사용해 응용프로그램을 어디에 배포할지 알아냅니다.

TIP_ -Pnative -Dquarkus.native.container-build=true 플래그를 사용하면 네이티브 컴파일하여 컨테이너 이미지를 생성하고 배포할 수 있습니다.

10.7 쿠버네티스로부터 응용프로그램 설정하기

문제 설정 파일 대신에 쿠버네티스를 통해(혹은 거쳐) 응용프로그램을 설정하기

해결 ConfigMaps을 사용해 포드 안에 있는 응용프로그램을 설정할 수 있습니다.

이 예제에서는 ConfigMap과 쿠버네티스 확장을 사용해 서비스를 설정합니다. 포드 안에 있는 ConfigMap을 포함한 쿠버네티스 자원의 생성을 활성화하려면 quarkus-kubernetes 확장을

등록해야 합니다.

```
./mvnw quarkus:add-extension -Dextensions="quarkus-kubernetes"
```

서비스는 /hello 종단점이 호출되었을 때 greeting.message 설정값을 반환합니다.

파일: ch_10/configmap/src/main/java/org/acme/quickstart/GreetingResource.java

```
@ConfigProperty(name = "greeting.message")
String message;

@GET
@Produces(MediaType.TEXT_PLAIN)
public String hello() {
    return "hello " + message;
}
```

키/값 쌍으로 되어 있는 ConfigMap 자원을 생성합니다.

파일: ch_10/configmap/src/main/kubernetes/config–greeting.yaml

```
apiVersion: v1
kind: ConfigMap   ❶
metadata:
    name: greeting-config
data:
    greeting: "Kubernetes"   ❷
```

❶ ConfigMap 타입을 정의
❷ greeting 키에 Kubernetes 값을 대입

그다음 터미널 창에서 다음 명령을 실행해 자원을 쿠버네티스 클러스터에 적용합니다.

```
kubectl apply -f src/main/kubernetes/config-greeting.yaml
```

마지막으로 application.properties 파일에 있는 쿠버네티스 확장 속성을 설정해 생성된 쿠버네티스 배포 파일은 환경 변수로서 컨피그맵^{config map}을 주입할 세그먼트를 포함합니다.

```
greeting.message=local
quarkus.container-image.group=quarkus    ❶
quarkus.container-image.name=greeting-app
quarkus.container-image.tag=1.0-SNAPSHOT
quarkus.kubernetes.env-vars.greeting-message.value=greeting    ❷
quarkus.kubernetes.env-vars.greeting-message.configmap=greeting-config ❸
quarkus.kubernetes.image-pull-policy=if-not-present
```

❶ 도커 이미지를 설정

❷ greeting.message 속성을 오버라이드하도록 환경 변수를 설정

❸ 로드할 컨피그맵 자원의 이름을 설정

쿠버네티스 파일이 생성되면 contigMapKeyRef라고 부르는 컨테이너 정의에 키/값 쌍을 정의하는 새로운 항목을 포함할 것입니다.

응용프로그램을 배포하려면 새로운 터미널 창을 열고 응용프로그램을 패키징하고 도커 컨테이너를 생성하고 생성된 쿠버네티스 자원을 적용합니다.

```
./mvnw clean package -DskipTests

docker build -f src/main/docker/Dockerfile.jvm \
    -t quarkus/greeting-app:1.0-SNAPSHOT .
kubectl apply -f target/kubernetes/kubernetes.yml

kubectl patch svc greeting-app --type='json' \
    -p '[{"op":"replace","path":"/spec/type","value":"NodePort"}]'
curl $(minikube service greeting-app --url)/hello
```

논의　ConfigMap은 키/값 쌍으로 이루어져 쿠버네티스가 파일 혹은 환경 변수에서 포드의 컨테이너에 주입해 응용프로그램이 읽고 설정할 수 있도록 합니다. ConfigMap은 응용프로그램의 설정과 비즈니스 로직을 분리decouple해 환경에 맞게 이식합니다.

IMPORTANT_　ConfigMap은 민감하지 않은 설정 속성(개인 정보 등)을 저장하고 공유하는 데 쓰입니다.

마이크로프로파일 설정^{Config} 명세는 동등한 환경 변수[대문자와 점(.)은 언더스코어(_)로 변경하여]를 사용해 어떤 설정 속성을 오버라이드할 수 있게 해줍니다. ConfigMap은 설정 속성을 포함합니다. application.properties 파일에서 쿠버네티스 확장은 배포 지시자^{deployment descriptor}를 생성해 환경 변수로서 속성을 설정해 컨테이너가 쿠버네티스 클러스터 안에서 시작되었을 때 이 클러스터에 적용된 특정 설정을 사용할 수 있도록 합니다.

> **함께 보기** 쿠버네티스에서 ConfigMap에 대해 자세히 배우려면 다음 웹페이지를 방문하세요.
>
> • 쿠버네티스: ConfigMap을 사용하도록 포드 구성(*https://oreil.ly/BPmo5*)

10.8 설정 확장으로 쿠버네티스로부터 응용프로그램 설정하기

> **문제** 설정 파일 대신에 마이크로프로파일 설정 명세를 사용해서 쿠버네티스를 통해(혹은 거쳐) 응용프로그램을 설정하기

해결 쿼커스는 쿠버네티스 API 서버로부터 시크릿^{secrets}과 컨피그맵의 요소을 읽어 @Config Property 애너테이션으로 주입할 수 있는 쿠버네티스 설정 확장을 제공합니다.

쿠버네티스 자원의 생성을 활성화하려면 quarkus-kubernetes-config 확장을 등록합니다.

확장은 단일 키/값 쌍 형태 혹은 키는 파일 이름(오직 application.properties 혹은 application.yaml이 지원됨)이고 값은 그 값의 내용으로 하는 형태로 ConfigMap을 주입하는 기능을 제공합니다.

단일 키/값 쌍을 갖는 컨피그맵을 생성합니다.

파일: ch_10/configext/src/main/kubernetes/my-config.yaml

```
apiVersion: v1
kind: ConfigMap
metadata:
    name: my-config  ❶
```

```
data:
    greeting: "Kubernetes"
```

❶ 확장을 위해선 컨피그 이름이 중요합니다

그다음 앞의 `ConfigMap` 자원을 등록합니다.

```
kubectl apply -f src/main/kubernetes/my-config.yaml
```

이 예제에서는 `ConfigMap`으로 `application.properties` 파일도 등록합니다.

설정 파일에 다음의 내용을 등록합니다.

파일: ch_10/configext/src/main/kubernetes/application.properties

```
some.property1=prop1
some.property2=prop2
```

그다음 **my-file-config**라는 이름의 `ConfigMap`을 등록합니다.

```
kubectl create configmap my-file-config \
    --from-file=./src/main/kubernetes/application.properties
```

이 값을 주입하기 전에 마지막 단계는 `ConfigMap`으로부터 값을 읽도록 확장을 설정하는 것입니다.

파일: ch_10/configext/src/main/resources/application.properties

```
quarkus.kubernetes-config.enabled=true  ❶
quarkus.kubernetes-config.config-maps=my-config,my-file-config  ❷
```

❶ 확장을 활성화
❷ ConfigMap 이름을 등록

이 속성값은 다른 설정값처럼 주입됩니다.

파일: ch_10/configext/src/main/java/org/acme/quickstart/GreetingResource.java

```
@ConfigProperty(name = "greeting")  ❶
String greeting;

@ConfigProperty(name = "some.property1")  ❷
String property1;

@ConfigProperty(name = "some.property2")
String property2;
```

❶ 단순 키가 주입됨

❷ `application.properties` 파일에 있는 키도 주입됨

응용프로그램을 배포하려면 새로운 터미널 창을 열고 응용프로그램을 패키징하고 도커 컨테이너를 생성하고 생성된 쿠버네티스 자원을 적용합니다.

```
./mvnw clean package -DskipTests

docker build -f src/main/docker/Dockerfile.jvm \
    -t lordofthejars/greeting-app-config-ext:1.0-SNAPSHOT .
kubectl apply -f target/kubernetes/kubernetes.yml

kubectl patch svc greeting-app-config-ext --type='json' \
    -p '[{"op":"replace","path":"/spec/type","value":"NodePort"}]'

curl $(minikube service greeting-app-config-ext --url)/hello
Kubernetes

curl $(minikube service greeting-app-config-ext --url)/hello/p1
prop1

curl $(minikube service greeting-app-config-ext --url)/hello/p2
prop2
```

10.9 쿠버네티스 클러스터와 프로그램으로 상호작용하기

문제 쿠버네티스 API 서버와 프로그램으로 상호작용하기

해결 kubernetes-client 확장을 사용해 쿠버네티스 자원의 변화를 관찰하고 변화에 대응합니다.

kubernetes-client 확장을 등록하려면 다음 명령을 실행합니다.

```
./mvnw quarkus:add-extension -Dextensions="kubernetes-client"
```

쿠버네티스 클러스터와 연결하는 주 클래스는 io.fabric8.kubernetes.client.KubernctcsClient입니다. 확장은 이 인스턴스를 생성해 코드에서 주입할 수 있도록 해줍니다. 클라이언트는 다양한 속성을 사용해 application.properties 파일에서 설정합니다.

여기서 개발한 예제는 주어진 네임스페이스에 있는 모든 배포된 포드의 이름을 반환합니다.

파일: ch_10/kubernetes–client/src/main/java/org/acme/quickstart/PodResource.java

```java
package org.acme.quickstart;

import java.util.List;
import java.util.stream.Collectors;

import javax.inject.Inject;
import javax.ws.rs.GET;
import javax.ws.rs.Path;
import javax.ws.rs.PathParam;
import javax.ws.rs.Produces;
import javax.ws.rs.core.MediaType;

import io.fabric8.kubernetes.client.KubernetesClient;

@Path("/pod")
public class PodResource {

    @Inject ❶
```

```
KubernetesClient kubernetesClient;                              ❶

@GET
@Produces(MediaType.APPLICATION_JSON)
@Path("/{namespace}")
public List<String> getPods(@PathParam("namespace") String namespace) {
    return kubernetesClient.pods()  ❷
                            .inNamespace(namespace)  ❸
                            .list().getItems()
                            .stream()
                            .map(p -> p.getMetadata().getGenerateName())  ❹
                            .collect(Collectors.toList());
    }
}
```

❶ KubernetesClient는 다른 CDI 빈처럼 주입됨

❷ 모든 포드를 선택

❸ 주어진 네임스페이스에서

❹ 오직 생성된 포드의 이름을 얻음

쿠버네티스의 REST API에 접근할 때 추천하는 방법은 프록시 모드proxy mode에서 kubectl을 사용하는 것입니다. 그 이유는 중간자 공격man-in-the-middle-attack이 가능하지 않기 때문입니다.

다른 방법은 로케이션과 크리덴셜을 직접 제공하는 것이지만 중간자 공격을 피하기 위해 루트 인증서를 임포트합니다.

프록시 모드가 추천되는 방식이므로 예제에서도 이 방식을 사용합니다.

kubectl을 응용프로그램이 연결해야 하는 클러스터로 지정하고 새로운 터미널 창을 열어 다음 명령을 실행합니다.

```
kubectl proxy --port=8090
```

이 명령은 kubectl을 역 프록시로 실행해 원격 쿠버네티스 API 서버를 *http://localhost:8090* 으로 노출합니다.

application.properties 파일에 있는 quarkus.kubernetes-client.master-url 속성을 사용해 KubernetesClient을 *http://localhost:8090*으로 접속하도록 설정합니다.

파일: ch_10/kubernetes-client/src/main/resources/application.properties

```
%dev.quarkus.kubernetes-client.master-url=http://localhost:8090  ❶
```

❶ 쿠버네티스 API 서버의 URL을 설정

마지막으로 서비스를 실행하고 /pod/default 종단점으로 요청을 만들어 기본 네임 스페이스에 있는 모든 배포된 포드를 얻습니다.

```
./mvnw compile quarkus:dev

curl http://localhost:8080/pod/default
["getting-started-5cd97ddd4d-"]
```

논의 어떤 환경에서 프로그램으로 새로운 쿠버네티스 자원을 생성하거나 쿠버네티스 클러스터/자원에 대한 정보(배포된 포드, 설정 인자, 시크릿 등)를 얻습니다. kubernetes-client는 자바로 쿠버네티스 오퍼레이터를 구현할 때 가장 빛이 납니다. 쿼커스가 네이티브 실행을 생성할 수 있는 능력 덕분에 이것은 쿠버네티스 오퍼레이터를 자바로 구현하는 훌륭한 방법입니다.

이 예제에서 서비스는 쿠버네티스 클러스터 외부에 배포했고 쿠버네티스 API 서버를 사용해 서비스에 접속했습니다.

만약 접속이 필요한 쿠버네티스 클러스터에 서비스가 배포되었다면 quarkus.kubernetes-client.master-url 속성은 https://<쿠버네티스 API 서버의 URL>로 설정되어야 합니다.

KubernetesClient의 생성은 설정된 KubernetesClient 인스턴스를 반환하는 CDI 제공자를 위한 팩토리 메서드를 선언해 오버라이드할 수 있습니다.

```
@ApplicationScoped
public class KubernetesClientProducer {

    @Produces
    public KubernetesClient kubernetesClient() {
        Config config = new ConfigBuilder()
                            .withMasterUrl("https://mymaster.com")
                            .build();  ❶
        return new DefaultKubernetesClient(config);  ❷
```

```
    }
}
```

❶ 클라이언트를 설정

❷ KubernetesClient 인스턴스를 생성

대부분의 경우에 쿠버네티스 API 서버에 접속하려면 ServiceAccount, Role과 RoleBinding
이 필요합니다. 다음은 이 절에 제공된 예제와 작업하는 시작점이 될 것입니다.

```
---
apiVersion: v1
kind: ServiceAccount
metadata:
  name: greeting-started
  namespace: default
---
apiVersion: rbac.authorization.k8s.io/v1
kind: Role
metadata:
  name: greeting-started
  namespace: default
rules:
  - apiGroups: [""]
    resources: ["pods"]
    verbs: ["list"]
---
apiVersion: rbac.authorization.k8s.io/v1
kind: RoleBinding
metadata:
  name: greeting-started
  namespace: default
roleRef:
  kind: Role
  name: greeting-started
  apiGroup: rbac.authorization.k8s.io
subjects:
  - kind: ServiceAccount
    name: greeting-started
    namespace: default
```

함께 보기 Fabric8 쿠버네티스 클라이언트에 대해 자세히 알려면 깃허브에 있는 다음의 페이지를 방문하세요.

- 쿠버네티스 및 오픈시프트 자바 클라이언트(*https://oreil.ly/_QNSL*)

10.10 쿠버네티스 클라이언트 상호작용을 테스트하기

문제 쿠버네티스 클라이언트 코드를 테스트하기

해결 쿼커스는 쿠버네티스 API 서버의 목^mock^을 실행해 쿠버네티스 클라이언트가 application. properties 파일에 제공한 값이 아니라 목 서버 인스턴스를 사용할 수 있도록 올바르게 설정하는 쿼커스 테스트 리소스^Quarkus Test Resource^를 구현합니다. 게다가 목 서버를 설정해 어떤 특정 테스트에 필요한 기록된^canned^ 요청에 대해 응답할 수 있습니다.

파일: ch_10/kubernetes-client/src/test/java/org/acme/quickstart/PodResourceTest.java

```
package org.acme.quickstart;

import io.fabric8.kubernetes.api.model.Pod;
import io.fabric8.kubernetes.api.model.PodBuilder;
import io.fabric8.kubernetes.api.model.PodListBuilder;
import io.fabric8.kubernetes.client.server.mock.KubernetesMockServer;
import io.quarkus.test.common.QuarkusTestResource;
import io.quarkus.test.junit.QuarkusTest;
import io.quarkus.test.kubernetes.client.KubernetesMockServerTestResource;
import io.quarkus.test.kubernetes.client.MockServer;

import org.junit.jupiter.api.BeforeEach;
import org.junit.jupiter.api.Test;

import static io.restassured.RestAssured.given;
import static org.hamcrest.CoreMatchers.is;

@QuarkusTest
@QuarkusTestResource(KubernetesMockServerTestResource.class)  ❶
```

```
public class PodResourceTest {

    @MockServer   ❷
    KubernetesMockServer mockServer;

    @BeforeEach   ❸
    public void prepareKubernetesServerAPI() {
        final Pod pod1 = new PodBuilder()
                .withNewMetadata()
                .withName("pod1")
                .withNamespace("test")
                .withGenerateName("pod1-12345")
                .and()
                .build();   ❹

        mockServer
                .expect()
                  .get()
                    .withPath("/api/v1/namespaces/test/pods")
                    .andReturn(200, new PodListBuilder()
                        .withNewMetadata()
                        .withResourceVersion("1")
                        .endMetadata()
                        .withItems(pod1).build())   ❺
                .always();

    }

    @Test
    public void testHelloEndpoint() {
        given()
          .when().get("/pod/test")
          .then()
            .statusCode(200)
            .body(is("[\"pod1-12345\"]"));
    }

}
```

❶ 쿠버네티스 테스트 리소스의 목 서버를 설정

❷ 어떤 상호작용을 기록하기 위해 쿠버네티스 목 서버 인스턴스를 주입

❸ 테스트 고립성isolation을 유지하기 위해 모든 테스트 전에 상호작용이 다시 기록됨

❹ 반환할 포드를 빌드

❺ test 네임스페이스에 있는 모든 포드에 질의한 결과로 포드를 반환

10.11 쿠버네티스 오퍼레이터 구현하기

문제 쿠버네티스 오퍼레이터를 구현해 자바로 된 응용프로그램을 관리하는 사용자 정의 자원을 사용해 쿠버네티스를 확장하기

해결 kubernetes-client 확장과 쿼커스를 사용해 자바로 된 쿠버네티스 오퍼레이터를 구현하고 네이티브 실행으로 컴파일합니다.

오퍼레이터의 사용사례 중 하나는 생성시간에 몇몇 값이 설정되는 템플릿(사용자 정의 자원 custom resource)을 생성하는 것입니다. 파일 템플릿과 오퍼레이터의 가장 큰 차이는 공통 내용(템플릿의 경우)이 정적static인 반면 오퍼레이터에서는 프로그램으로 지정할 수 있다는 것입니다. 이것은 공통 부분을 동적으로 정의할 수 있는 자유를 부여합니다. 이것은 사용자 정의 자원으로 알려져 있으며 잘 알려진 쿠버네티스 자원을 사용하는 대신에 원하는 필드를 가진 사용자 정의 쿠버네티스 자원을 구현할 수 있다는 것을 의미합니다.

다른 사용사례는 클러스터 내에서 어떤 일이 발생했을 때 반응/작용할 수 있다는 것입니다. 클러스터에 배포된 몇 개의 인 메모리in-memory 데이터 그리드를 가지고 있으며 인스턴스 중 하나가 죽었다고 가정해봅시다. 이 경우에는 아마도 여러분이 원하는 것은 데이터 그리드 클러스터에 있는 요소 중 하나가 중단되었다는 것을 다른 살아 있는 모든 인스턴스에 통지하는 것입니다.

여러분이 알 수 있듯이 자원의 생성뿐만 아니라 여러분의 응용프로그램에 특화된 어떤 태스크를 쿠버네티스가 이미 실행하고 있는 태스크들 중 최상위로 적용하는 것까지 가능합니다.

쿠버네티스 오퍼레이터는 쿠버네티스 API를 사용해 커스터마이제이션을 실행할 지 결정할 수 있습니다.

다음의 단순한 예는 그것이 구현하는 로직의 관점에서 많은 시사점을 제공하지는 않지만 쿠버

네티스 오퍼레이터를 작성하는 기본을 이해하는 데 도움을 줄 것입니다. 여러분만의 쿠버네티스 오퍼레이터를 구현하는 시작점으로 사용하세요.

쿠버네티스 오퍼레이터를 작성하려면 다음의 요소가 필요합니다.

1. 사용자 정의 자원을 파싱하는 클래스
2. 사용자 정의 자원을 운영하는 클라이언트를 등록하고 생성하는 팩토리 메서드
3. 사용자 정의 자원이 클러스터에 적용되었을 때 반응하는 감시자watcher. 오퍼레이터 컨트롤러operator controller 혹은 오퍼레이터 구현으로 생각할 수 있음
4. 모든 이전의 코드를 포함한 도커 이미지
5. 사용자 정의 자원을 정의한 YAML/JSON 파일(CustomResourceDefinition)
6. 사용자 정의 오퍼레이터를 배포할 배포 파일

컨테이너에서 동작할 명령을 설정하고, 포드를 인스턴스화하는 단순한 쿠버네티스 오퍼레이터를 구현합니다.

이 예제에 사용할 베이스 이미지는 Whalesay이고, 다음과 같이 컨테이너 콘솔 안에 여러분이 run 명령의 인자로 넘긴 메시지를 출력합니다

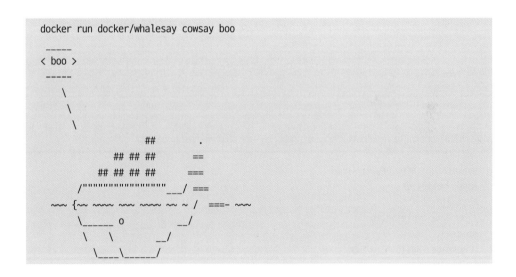

이 이미지를 사용하는 포드 자원의 예는 다음과 같습니다.

```
apiVersion: v1
kind: Pod
metadata:
  name: whalesay
spec:
  containers:
  - name: whalesay
    image: docker/whalesay
    imagePullPolicy: "IfNotPresent"
    command: ["cowsay","Hello Alex"]  ❶
```

❶ 출력 메시지를 설정

이 오퍼레이터의 목적은 출력할 메시지만 제공되어야 합니다. 나머지 내용(예, 도커 이미지, 컨테이너 설정 등)은 쿠버네티스 오퍼레이터가 자동으로 설정합니다.

사용자 정의 오퍼레이터를 생성하려면 쿠버네티스 클라이언트와 Jackson 의존성이 필요합니다.

```
./mvnw quarkus:add-extension \
-Dextensions="io.quarkus:quarkus-kubernetes-client, io.quarkus:quarkus-jackson"
```

첫 번째로 할 일은 사용자 정의 자원이 어떤 것인지 정의하는 것입니다. 이 예에서는 다음과 같습니다.

파일: ch_10/kubernetes-operator/src/main/kubernetes/custom-resource.yaml

```
apiVersion: acme.org/v1alpha1
kind: Hello  ❶
metadata:
  name: example-hello
spec:
  message: Hello Alex  ❷
```

❶ 사용자 정의 kind 스키마를 사용(이 절에서 나중에 정의)

❷ 출력할 메시지를 설정

사용자 정의 자원을 파싱하려면 객체 모델이 필요합니다. 이 경우 Jackson 라이브러리를 사용해 YAML을 자바 객체로 매핑합니다. 3개의 클래스가 필요한데 하나는 전체 자원을 위한 것, 다음은 spec절을 위한 것, 마지막은 status절을 위한 것으로 여기에는 비어 있지만 반드시 필요합니다. 그 이유는 클러스터가 자동으로 채우기 때문입니다.

src/main/java 디렉터리의 org.acme.quickstart.cr 패키지에 모든 것을 생성합니다.

파일: ch_10/kubernetes-operator/src/main/java/org/acme/quickstart/cr/HelloResource.java

```java
package org.acme.quickstart.cr;

import com.fasterxml.jackson.databind.annotation.JsonDeserialize;

import io.fabric8.kubernetes.client.CustomResource;

@JsonDeserialize   ❶
public class HelloResource extends CustomResource {   ❷

    private HelloResourceSpec spec;   ❸
    private HelloResourceStatus status;   ❹

    public HelloResourceStatus getStatus() {
        return status;
    }

    public void setStatus(HelloResourceStatus status) {
        this.status = status;
    }

    public HelloResourceSpec getSpec() {
        return spec;
    }

    public void setSpec(HelloResourceSpec spec) {
        this.spec = spec;
    }

    @Override
    public String toString() {
        return "name=" + getMetadata().getName()
                + ", version=" + getMetadata().getResourceVersion()
                + ", spec=" + spec;
```

```
    }
}
```

❶ POJO를 역직렬화 가능하도록 설정

❷ kind, apiVersion, 혹은 metadata와 같은 공통적인 사용자 정의 자원의 필드를 상속

❸ 사용자 정의 spec절

❹ status절

spec절은 다음과 같이 매핑됩니다.

파일: ch_10/kubernetes-operator/src/main/java/org/acme/quickstart/cr/HelloResourceSpec.java

```java
package org.acme.quickstart.cr;

import com.fasterxml.jackson.annotation.JsonProperty;
import com.fasterxml.jackson.databind.annotation.JsonDeserialize;

@JsonDeserialize
public class HelloResourceSpec {

    @JsonProperty("message")  ❶
    private String message;

    public String getMessage() {
        return message;
    }

    public void setMessage(String message) {
        this.message = message;
    }

    @Override
    public String toString() {
        return "HelloResourceSpec [message=" + message + "]";
    }

}
```

❶ 사용자 정의 spec은 오직 message 필드만 포함

그리고 빈 status절은 다음과 같이 매핑됩니다.

파일: ch_10/kubernetes—operator/src/main/java/org/acme/quickstart/cr/HelloResourceStatus.java

```
package org.acme.quickstart.cr;

import com.fasterxml.jackson.databind.annotation.JsonDeserialize;

@JsonDeserialize
public class HelloResourceStatus {
}
```

여전히 모델 관점에서는 2개의 클래스가 필요합니다.

한 클래스는 클러스터에 단일 사용자 정의 자원(앞서 보여준)을 사용하지 않고, 사용자 정의 자원의 목록이 제공될 때(items 배열을 사용) 사용합니다.

파일: ch_10/kubernetes—operator/src/main/java/org/acme/quickstart/cr/HelloResourceList.java

```
package org.acme.quickstart.cr;

import com.fasterxml.jackson.databind.annotation.JsonDeserialize;

import io.fabric8.kubernetes.client.CustomResourceList;

@JsonDeserialize
public class HelloResourceList extends CustomResourceList<HelloResource> { ❶
}
```

❶ CustomResourceList는 사용자 정의 자원의 목록으로 제공하는 데 필요한 모든 필드를 상속

나머지 클래스는 오퍼레이터 구현으로부터 사용자 정의 자원을 편집 가능하도록^{editable} 하는 데 사용됩니다.

파일: ch_10/kubernetes—operator/src/main/java/org/acme/quickstart/cr/HelloResourceDoneable.java

```
package org.acme.quickstart.cr;
```

```java
import io.fabric8.kubernetes.api.builder.Function;
import io.fabric8.kubernetes.client.CustomResourceDoneable;

public class HelloResourceDoneable
    extends CustomResourceDoneable<HelloResource> {  ❶
    public HelloResourceDoneable(HelloResource resource, Function<HelloResource,
                                 HelloResource> function) {
        super(resource, function);
    }
}
```

❶ CustomResourceDoneable 클래스는 자원을 편집할 수 있게 함

다음 필요한 큰일은 오퍼레이터가 필요로 하는 모든 기구를 제공하는 CDI 팩토리 빈입니다. src/main/java 디렉터리의 org.acme.quickstart 패키지에 이 클래스를 생성합니다.

파일: ch_10/kubernetes-operator/src/main/java/org/acme/quickstart/KubernetesProducer.java

```java
package org.acme.quickstart;

import java.io.IOException;
import java.nio.file.Files;
import java.nio.file.Paths;

import javax.enterprise.inject.Produces;
import javax.inject.Named;
import javax.inject.Singleton;

import org.acme.quickstart.cr.HelloResource;
import org.acme.quickstart.cr.HelloResourceDoneable;
import org.acme.quickstart.cr.HelloResourceList;

import io.fabric8.kubernetes.api.model.apiextensions.CustomResourceDefinition;
import io.fabric8.kubernetes.client.DefaultKubernetesClient;
import io.fabric8.kubernetes.client.KubernetesClient;
import io.fabric8.kubernetes.client.dsl.MixedOperation;
import io.fabric8.kubernetes.client.dsl.Resource;
import io.fabric8.kubernetes.internal.KubernetesDeserializer;

public class KubernetesProducer {
```

```java
@Produces
@Singleton
@Named("namespace")
String findMyCurrentNamespace() throws IOException {  ❶
  return new String(Files.readAllBytes(
      Paths
        .get("/var/run/secrets/kubernetes.io/serviceaccount/namespace")));
}


@Produces
@Singleton
KubernetesClient makeDefaultClient(@Named("namespace") String namespace) {
  return new DefaultKubernetesClient().inNamespace(namespace);  ❷
}


@Produces
@Singleton
MixedOperation<HelloResource,
               HelloResourceList,
               HelloResourceDoneable,
               Resource<HelloResource, HelloResourceDoneable>>
makeCustomHelloResourceClient(KubernetesClient defaultClient) {  ❸
  KubernetesDeserializer
      .registerCustomKind("acme.org/v1alpha1",
                          "Hello", HelloResource.class);  ❹
  CustomResourceDefinition crd = defaultClient.customResourceDefinitions()
                                      .list()
                                      .getItems()
                                      .stream()
                                      .findFirst()
    .orElseThrow(RuntimeException::new);  ❺
  return defaultClient.customResources(crd, HelloResource.class,
      HelloResourceList.class,
      HelloResourceDoneable.class);  ❻
  }
}
```

❶ 오퍼레이터가 실행 중인 네임스페이스 얻기

❷ 현재 네임스페이스로 KubernetesClient 설정하기(쿠버네티스 오퍼레이터 개발 시에 기본 맞춤)

❸ 사용자 정의 자원에 관한 이벤트(예, 새로운 사용자 정의 자원이 적용됨)를 관찰하기 위해 MixedOperation 을 사용

❹ org.acme.quickstart.cr.HelloResource가 파싱한 apiVersion과 kind를 등록

❺ 사용자 정의 자원의 정의를 얻음. 자원이 오직 1개(현재 개발 중인)이기 때문에 findFirst가 쓰임

❻ 사용자 정의 자원, 파서, 목록 파서와 donable 클래스를 등록

구현해야 할 마지막 자바 클래스는 컨트롤러입니다. 이 컨트롤러(혹은 감시자/운영자^{operator})는 클러스터 안에서 무슨 일이 일어날지 감시하고 구독한 이벤트에 대해 반응하는 역할을 합니다. 예를 들어 새로운 포드가 생성/파괴되거나 Hello kind의 어떤 사용자 정의 자원이 적용되는 경우입니다.

이 구현에서 컨트롤러는 Hello kind의 새로운 자원이 추가되는 이벤트를 관찰합니다. 사용자 정의 자원이 적용되면 모델로부터 메시지를 받아 쿠버네티스 클라이언트 API가 제공하는 모든 빌더를 사용 포드 정의가 생성합니다. 마지막으로 포드는 쿠버네티스 클러스터에 배포됩니다.

src/main/java 디렉터리의 org.acme.quickstart 패키지에 이 클래스를 생성합니다.

파일: ch_10/kubernetes—operator/src/main/java/org/acme/quickstart/HelloResourceWatcher.java

```
package org.acme.quickstart;

import java.util.HashMap;
import java.util.Map;

import javax.enterprise.event.Observes;
import javax.inject.Inject;

import org.acme.quickstart.cr.HelloResource;
import org.acme.quickstart.cr.HelloResourceDoneable;
import org.acme.quickstart.cr.HelloResourceList;

import io.fabric8.kubernetes.api.model.ContainerBuilder;
import io.fabric8.kubernetes.api.model.HasMetadata;
import io.fabric8.kubernetes.api.model.ObjectMetaBuilder;
import io.fabric8.kubernetes.api.model.Pod;
import io.fabric8.kubernetes.api.model.PodBuilder;
import io.fabric8.kubernetes.api.model.PodSpecBuilder;
import io.fabric8.kubernetes.client.KubernetesClient;
import io.fabric8.kubernetes.client.KubernetesClientException;
import io.fabric8.kubernetes.client.Watcher;
import io.fabric8.kubernetes.client.dsl.MixedOperation;
import io.fabric8.kubernetes.client.dsl.Resource;
```

```java
import io.quarkus.runtime.StartupEvent;

public class HelloResourceWatcher {

  @Inject
  KubernetesClient defaultClient;  ❶

  @Inject
  MixedOperation<HelloResource,
    HelloResourceList,
    HelloResourceDoneable,
    Resource<HelloResource,
    HelloResourceDoneable>> crClient;  ❷

  void onStartup(@Observes StartupEvent event) {  ❸
    crClient.watch(new Watcher<HelloResource>() {  ❹
      @Override
      public void eventReceived(Action action, HelloResource resource) {
        System.out.println("Received " + action
            + " event for resource " + resource);
        if (action == Action.ADDED) {
          final String app = resource.getMetadata().getName();  ❺
          final String message = resource.getSpec().getMessage();

          final Map<String, String> labels = new HashMap<>();  ❻
          labels.put("app", app);

          final ObjectMetaBuilder objectMetaBuilder =
            new ObjectMetaBuilder().withName(app + "-pod")
            .withNamespace(resource.getMetadata()
                .getNamespace())
            .withLabels(labels);

          final ContainerBuilder containerBuilder =
            new ContainerBuilder().withName("whalesay")
            .withImage("docker/whalesay")
            .withCommand("cowsay", message);  ❼

          final PodSpecBuilder podSpecBuilder =
            new PodSpecBuilder()
            .withContainers(containerBuilder.build())
            .withRestartPolicy("Never");

          final PodBuilder podBuilder =
```

```
            new PodBuilder()
              .withMetadata(objectMetaBuilder.build())
              .withSpec(podSpecBuilder.build());

          final Pod pod = podBuilder.build();  ❽
          HasMetadata result = defaultClient
            .resource(pod)
            .createOrReplace();  ❾

          if (result == null) {
            System.out.println("Pod " + pod
                + " couldn't be created");
          } else {
            System.out.println("Pod " + pod + " created");
          }
        }
      }

      @Override
      public void onClose(KubernetesClientException e) {  ❿
        if (e != null) {
          e.printStackTrace();
          System.exit(-1);
        }
      }
    });
  }
}
```

❶ KubernetesClient를 주입

❷ 개발된 사용자 정의 자원에 특화된 오퍼레이션을 주입

❸ 응용프로그램이 시작되면 실행되는 로직

❹ HelloResource가 암시하는 어떤 오퍼레이션을 감시

❺ 사용자 정의 자원에서 제공되는 정보를 획득

❻ 포드 정의를 프로그램으로 생성하기 시작

❼ 사용자 정의 자원이 제공하는 메시지를 설정

❽ 포드를 빌드

❾ 포드를 클러스터에 추가

❿ 닫을 때 어떤 중대한 문제가 있다면 컨테이너를 중지

논의 여기까지가 자바 입장에서 할 수 있는 모든 설정입니다. 하지만 오퍼레이터를 패키징 혹은 컨테이너화하거나 클러스터에 사용자 정의 오퍼레이터를 정의하는 등 여전히 남은 부분이 있습니다.

쿠버네티스 오퍼레이터를 개발할 때 고려할 첫 번째는 쿠버네티스 API 서버와의 통신은 HTTPS로 이루어지고 이것은 도커 이미지에서 기본적으로 제공되는 암호화 라이브러리가 없는 경우 별도로 지정해야 합니다.

집필하는 시점에 쿼커스에서 제공하는 `Dockerfile.jvm` 파일은 쿠버네티스 서버와 통신하는데 필요한 암호화 라이브러리를 포함하지 않습니다. 이것을 수정하기 위해 src/main/docker/Dockerfile.jvm 파일을 열어 nss(네트워크 보안 서비스) 패키지를 추가합니다.

파일: ch_10/kubernetes-operator/src/main/docker/Dockerfile.jvm

```
FROM fabric8/java-alpine-openjdk8-jre

RUN apk add --no-cache nss
```

그다음 메이븐과 도커를 실행해 오퍼레이터를 컨테이너화합니다.

```
./mvnw clean package

docker build -f src/main/docker/Dockerfile.jvm \
  -t lordofthejars/quarkus-operator-example:1.0.0 .
```

그다음 사용자 정의 자원 정의를 쿠버네티스 클러스터에 등록해 새로운 kind, 사용자 정의 자원의 범위, 그룹 이름 등의 정보를 사용합니다.

src/main/kubernetes 디렉터리에 custom-resource-definition.yaml 파일을 생성하고 새로운 자원을 클러스터에 등록할 때 필요한 모든 정보를 정의합니다.

파일: ch_10/kubernetes-operator/src/main/kubernetes/custom-resource-definition.yaml

```
apiVersion: apiextensions.k8s.io/v1beta1
kind: CustomResourceDefinition
metadata:
```

```
    name: hellos.acme.org  ❶
spec:
  group: acme.org  ❷
  names:
    kind: Hello  ❸
    listKind: HelloList  ❹
    plural: hellos  ❺
    singular: hello  ❻
  scope: Namespaced  ❼
  subresources:
    status: {}
  version: v1alpha1  ❽
```

❶ plural 더하기 group

❷ 사용자 정의 자원의 그룹을 설정(사용자 정의 자원의 apiVersion 필드에서 사용됨)

❸ kind의 이름

❹ 사용자 정의 자원의 목록의 이름

❺ 복수형 이름

❻ 단수형 이름

❼ 자원의 범위

❽ 자원의 버전(사용자 정의 자원의 apiVersion 필드에서 사용됨)

마지막으로 오퍼레이터를 배포하는 배포 파일을 생성합니다. `src/main/kubernetes` 디렉터리에 `deploy.yaml` 파일을 생성합니다.

파일: ch_10/kubernetes-operator/src/main/kubernetes/deploy.yaml

```
apiVersion: rbac.authorization.k8s.io/v1
kind: ClusterRole  ❶
metadata:
  name: quarkus-operator-example
rules:
- apiGroups:
  - ''
  resources:
  - pods  ❷
  verbs:
  - get
```

```
    - list
    - watch
    - create
    - update
    - delete
    - patch
  - apiGroups:
    - apiextensions.k8s.io
    resources:
    - customresourcedefinitions
    verbs:
    - list
  - apiGroups:
    - acme.org  ❸
    resources:
    - hellos
    verbs:
    - list
    - watch
---
apiVersion: v1
kind: ServiceAccount
metadata:
  name: quarkus-operator-example
---
apiVersion: rbac.authorization.k8s.io/v1
kind: ClusterRoleBinding
metadata:
  name: quarkus-operator-example
subjects:
- kind: ServiceAccount
  name: quarkus-operator-example
  namespace: default
roleRef:
  kind: ClusterRole
  name: quarkus-operator-example
  apiGroup: rbac.authorization.k8s.io
---
apiVersion: apps/v1
kind: Deployment  ❹
metadata:
  name: quarkus-operator-example
spec:
  selector:
```

```
    matchLabels:
        app: quarkus-operator-example
  replicas: 1
  template:
    metadata:
      labels:
        app: quarkus-operator-example
    spec:
      serviceAccountName: quarkus-operator-example  ❺
      containers:
      - image: lordofthejars/quarkus-operator-example:1.0.0  ❻
        name: quarkus-operator-example
        imagePullPolicy: IfNotPresent
```

❶ 쿠버네티스 자원을 위한 역할 기반 접근 제어(RBAC)를 위한 클러스터 역할을 정의

❷ 포드에 대한 get, list, watch, create, update, delete, patch 권한을 추가

❸ 사용자 정의 자원(hellos.acme.org)에 대해 필요한 동작은 list와 watch

❹ 오퍼레이터는 Deployment로 배포됨

❺ 파일에 정의된 클러스터 역할에 연결되는 서비스 계정을 설정

❻ 오퍼레이터를 포함하는 컨테이너 이미지를 설정

오퍼레이터를 올려 실행하기 전 마지막 단계는 모든 생성된 자원을 적용하는 것입니다.

```
kubectl apply -f src/main/kubernetes/custom-resource-definition.yaml
kubectl apply -f src/main/kubernetes/deploy.yaml

kubectl get pods

NAME                                      READY   STATUS    RESTARTS   AGE
quarkus-operator-example-fb77dc468-8v9xk  1/1     Running   0          5s
```

이제 오퍼레이터는 설치되었고 동작합니다. 오퍼레이터를 테스트하기 위해 보여줄 메시지를
포함한 Hello kind의 사용자 정의 자원을 생성합니다.

파일: ch_10/kubernetes-operator/src/main/kubernetes/custom-resource.yaml

```
apiVersion: acme.org/v1alpha1
kind: Hello  ❶
```

```
metadata:
  name: example-hello
spec:
  message: Hello Alex  ❷
```

❶ 사용자 정의 kind 스키마

❷ 출력할 메시지를 지정

다음과 같이 적용합니다.

```
kubectl apply -f src/main/kubernetes/custom-resource.yaml

kubectl get pods

NAME                                        READY   STATUS      RESTARTS   AGE
example-hello-pod                           0/1     Completed   0          2m57s
quarkus-operator-example-fb77dc468-8v9xk    1/1     Running     0          3m24s
```

완료가 되면 포드의 로그를 확인해 메시지가 콘솔에 올바르게 출력되는지 확인합니다.

```
kubectl logs example-hello-pod


 _____
< Hello Alex >
 ------------
   \
    \
     \
                ##         .
          ## ## ##        ==
       ## ## ## ##        ===
   /"""""""""""""""""___/ ===
~~~ {~~ ~~~~ ~~~ ~~~~ ~~ ~ /  ===- ~~~
   _____ o          __/
    \    \        __/
     _____/
```

비록 오퍼레이터와 사용자 정의 자원이 보통은 연계되어 있지만 사용자 정의 자원 정의가 없는
오퍼레이터도 여전히 가능합니다. 예를 들어 포드에 영향을 주는 어떤 이벤트를 가로채서 어떤

로직을 적용하는 감시자 클래스를 생성할 수 있습니다.

> **함께 보기** 오퍼레이터에 대한 자세한 내용은 다음 웹페이지를 참고하세요.

- 컨테이너 리눅스(CoreOS): 오퍼레이터(*https://oreil.ly/NV2dN*)
- 쿠버네티스: 오퍼레이터 패턴(*https://oreil.ly/6Z77K*)

10.12 Knative로 서버리스 워크로드를 배포하고 관리하기

> **문제** 서버리스 워크로드를 배포하고 관리하기

해결 현대적인 서버리스 워크로드를 배포하고 관리하는 쿠버네티스 기반의 플랫폼인 Knative
를 사용합니다.

quarkus-kubernetes 확장은 올바른 기본값과 선택적인 사용자 지원 설정으로 Knative 자원
을 자동으로 생성하는 기능을 제공합니다.

쿠버네티스 자원의 생성을 활성화하려면 quarkus-kubernetes 확장을 등록해야 합니다.

```
./mvnw quarkus:add-extension \
  -Dextensions="quarkus-kubernetes, quarkus-container-image-docker"
```

이 예제에서는 quarkus-container-image-docker 확장을 사용해 docker 바이너리로 컨테
이너 이미지를 빌드합니다. 이미지는 미니큐브 클러스터로 직접 빌드되고 내부 레지스트리에
등록됩니다. 따라서 외부 레지스트리는 필요하지 않습니다.

eval $(minikube -p minikube docker-env) 명령을 실행해 docker 바이너리가 미니큐
브 도커 호스트를 사용하도록 설정합니다.

그다음 quarkus.kubernetes.deployment-target 속성을 knative로 설정하고 컨테이너 이
미지 생성을 고려한 다른 설정 속성 중 패키징 단계 동안 도커 컨테이너 이미지를 빌드하도록
설정합니다.

파일: ch_10/knative/src/main/resources/application.properties

```
quarkus.kubernetes.deployment-target=knative     ❶
quarkus.container-image.build=true     ❷
quarkus.container-image.group=lordofthejars
quarkus.container-image.registry=dev.local     ❸
```

❶ 타깃 배포는 knative로 설정

❷ lordofthejars 그룹으로 컨테이너 이미지 빌드

❸ 로컬 컨테이너 이미지를 배포할 때는 dev.local로 설정

Knative 컨트롤러는 이미지 태그로 다이제스트^{digests}를 만들어 리비전의 불변성^{immutability}을 보장합니다. 정상적인 레지스트리를 사용할 때는 문제가 없지만 미니큐브와 로컬 이미지를 사용할 때는 문제를 일으킬 수도 있습니다.

기본적으로 Knative 컨트롤러는 dev.local 혹은 ko.local로 접두사가 붙은 이미지에 대해서는 다이제스트를 생성하는 작업을 건너뜁니다. 만약에 이 예제를 미니큐브에서 실행한다면 Knative가 배포한 이미지를 찾을 수 있도록 레지스트리 속성을 앞선 두 개의 선택사항[4] 중 하나로 설정해야 합니다.

쿠버네티스 자원을 생성하려면 새로운 터미널 창에서 ./mvnw package를 실행합니다. 그러면 빌드 도구가 target 디렉터리에 생성하는 파일 중 target/kubernetes 디렉터리에서는 Knative 서비스 정의를 담은 knative.json과 knative.yaml 파일을 찾을 수 있습니다.

파일: ch_10/knative/target/kubernetes/knative.json

```
{
  "apiVersion" : "serving.knative.dev/v1",
  "kind" : "Service",
  "metadata" : {
    "annotations" : {
      "app.quarkus.io/vcs-url" : "https://github.com/yudong80/quarkus_cookbook.git",
      "app.quarkus.io/build-timestamp" : "2021-02-21 - 09:21:01 +0000",
      "app.quarkus.io/commit-id" : "d7c2604985adbb39648ec35aa2d7d68c333fa8d5"
    },
```

---

4 옮긴이_ dev.local 혹은 ko.local

```
      "labels" : {
        "app.kubernetes.io/version" : "1.0-SNAPSHOT",
        "app.kubernetes.io/name" : "greeting-knative"
      },
      "name" : "greeting-knative"
    },
    "spec" : {
      "template" : {
        "metadata" : {
          "labels" : {
            "app.kubernetes.io/version" : "1.0-SNAPSHOT",
            "app.kubernetes.io/name" : "greeting-knative"
          }
        },
        "spec" : {
          "containers" : [ {
            "image" : "dev.local/lordofthejars/greeting-knative:1.0-SNAPSHOT",
            "name" : "greeting-knative",
            "ports" : [ {
              "containerPort" : 8080,
              "name" : "http1",
              "protocol" : "TCP"
            } ]
          } ]
        }
      }
    }
  }
```

그다음 생성된 Knative 서비스를 배포합니다.

```
kubectl apply -f target/kubernetes/knative.json

service.serving.knative.dev/greeting-knative created

kubectl get ksvc
NAME                URL                                               \
greeting-knative    http://greeting-knative.default.127.0.0.1.nip.io  \

LATESTCREATED            LATESTREADY              READY    REASON
greeting-knative-j8n76   greeting-knative-j8n76   True
```

ready 상태가 Unknown에서 True로 이동하는 데 수 초가 걸립니다. 만약 실패한다면 ready 상태는 false가 되고 다음 명령어를 실행해 실패 원인와 일련의 이벤트를 확인해야 합니다.

```
kubectl get events --sort-by=.metadata.creationTimestamp
```

서비스가 올바르게 배포되었는지 테스트하려면 새로운 터미널 창을 열고 로컬 머신과 Knative 게이트웨이 사이에 포트 포워딩을 합니다.

```
kubectl port-forward --namespace kourier-system $(kubectl get pod \
  -n kourier-system -l "app=3scale-kourier-gateway" \
  --output=jsonpath="{.items[0].metadata.name}") \
  8080:8080 19000:19000 8443:8443

Forwarding from 127.0.0.1:8080 -> 8080
Forwarding from [::1]:8080 -> 8080
Forwarding from 127.0.0.1:19000 -> 19000
Forwarding from [::1]:19000 -> 19000
Forwarding from 127.0.0.1:8443 -> 8443
Forwarding from [::1]:8443 -> 8443
Handling connection for 8080
Handling connection for 8080
```

이것이 필요한 이유는 서비스가 미니큐브에 배포되었기 때문입니다. 서비스를 배포하는 쿠버네티스 플랫폼에 따라 다른 일이 추가될 수도 있습니다.

마지막으로 서비스에 요청을 전송합니다.

```
curl -v -H "Host: greeting-knative.default.127.0.0.1.nip.io" \
  http://localhost:8080/greeting

hello
```

예제를 배포 해제하려면 다음의 명령어를 실행합니다.

```
kubectl delete -f target/kubernetes/knative.json

service.serving.knative.dev "greeting-knative" deleted
```

논의 10.6절에서 볼 수 있듯이 container-image와 kubernetes 확장을 조합하면 자동으로 컨테이너 이미지를 빌드해 쿠버네티스로 푸시할 수 있습니다. 따라서 불필요한 수작업이 줄어 듭니다.

함께 보기 자세한 내용은 다음 웹페이지를 방문하세요.

- Knative Serving(*https://oreil.ly/RBv52*)
- 깃허브: Kourier(*https://oreil.ly/3bSDL*)

CHAPTER 11

인증과 권한

이 장에서는 응용프로그램 보안의 뼈대를 이루는 인증과 권한이 쿼커스 응용프로그램에서 어떻게 활용되는지를 배우고 다음과 같은 주제를 다룹니다.

- 파일 기반의 인증과 권한 스키마
- 데이터베이스 기반의 인증과 보안 스키마
- 외부 서비스 기반의 인증과 보안 스키마

11.1 쿼커스 보안 기본

첫 번째 방법으로 들어가기 전에 이 절은 쿼커스와 보안의 기초, 인증 소스sources를 로딩할 때 사용하는 보안 확장과 역할 기반 접근 제어(RBAC) 방식을 사용해 자원을 보호하는 방법을 알아봅니다.

이 절에서 보이는 예제가 실행 목적은 아니지만 다음 절에서 나오는 내용의 기초가 될 것이며 앞으로 보안 확장이 어떻게 동작하는지 설명할 것입니다.

다음은 보안에 관한 두 개의 주요 개념입니다.

인증Authentication

신원(사용자명/비밀번호)을 검증해 여러분이 누군지 시스템이 알 수 있도록 합니다.

권한Authorization

보호된 자원에 대해 적절한 권한을 가지고 있는지 검증합니다. 인증 절차 이후에 발생합니다.

11.1.1 인증

쿼커스는 HTTP 기반으로 잘 알려진 **BASIC**과 **FORM** 메서드 방식의 두 가지 인증 메커니즘을 제공합니다. 두 메커니즘은 사용자 정의 방식의 인증 메서드를 제공하는 쿼커스 확장으로 확장될 수 있습니다. 확장된 예는 쿼커스 확장이 키클록Keycloak과 같은 오픈ID 커넥트OpenID Connect 서버를 인증하는 방식입니다. 이 장을 통해 자세히 알아봅니다.

인증을 사용하기 위해서는 사용자가 제공하는 신원(사용자명과 비밀번호 등)을 검증하는 아이덴티티 제공자identity provider가 필요합니다. 쿼커스는 다음의 아이덴티티 제공자를 기본으로 제공하지만 여러분만의 제공자를 구현할 수도 있습니다.

엘리트론Elytron **속성 파일**

사용자/비밀번호/역할의 매핑을 속성 파일 형태로 제공합니다. 정보는 `application.properties` 파일 혹은 목적에 맞는 특정 파일에 담을 수 있습니다.

엘리트론 JDBC

사용자/비밀번호/역할의 매핑을 JDBC 쿼리 기반으로 제공

JPA

JPA를 통한 인증을 지원

SmallRye JWT

JSON 웹 토큰(JWT) 명세로 인증을 제공

OIDC

키클록 같은 오픈ID 커넥트(OIDC) 제공자를 사용한 인증을 제공

키클록 권한

키클록 권한 서비스를 사용해 정책 집행자[enforcer]를 지원

기본 인증

basic 접근 인증 방식으로 인증하려면 quarkus.http.auth.basic 설정 속성이 true가 되어야 합니다.

폼 기반 인증

form 접근 인증 방식으로 인증하려면 quarkus.http.auth.form.enabled 설정 속성이 true가 되어야 합니다.

> **IMPORTANT_** 쿼커스는 HTTP 세션 안에 인증된 사용자 정보를 저장하지 않습니다. 왜냐하면 클러스터된 HTTP 세션 지원이 없기 때문입니다. 대신 인증 정보는 암호화된 쿠키에 저장됩니다.

암호화 키는 quarkus.http.auth.session.encryption-key 속성으로 설정할 수 있으며 적어도 16자 이상되어야 합니다. 키는 SHA-256으로 해싱되며 그 결과는 쿠키값을 AES-256 암호화하기 위한 키로 사용합니다. 이 쿠키는 암호화된 값의 일부로 만료시간[expiry time]을 포함하며 새로운 쿠키는 세션이 사용 중일 때 만료시간을 업데이트해 1분 간격으로 생성됩니다.

11.1.2 권한

쿼커스는 Java EE 보안 애너테이션과 통합해 RESTful 웹 종단점과 CDI 빈에 대한 RBAC를 정의합니다.

게다가 애너테이션 대신에 설정 파일(application.properties 파일)을 사용해 RESTful 웹 종단점의 권한을 정의할 수 있습니다.

두 접근법 모두 같은 응용프로그램에 공존할 수 있으나 설정 파일 검사는 애너테이션 검사보다 앞서 실행되며 상호 배제하지는 않습니다. 즉, 겹치게 되면 두 검사를 모두 통과해야 합니다.

다음은 자바 EE 보안 애너테이션을 사용해 JAX-RS 종단점을 보호하는 방법을 보여줍니다.

```java
package org.acme.quickstart;

import javax.annotation.security.DenyAll;
import javax.annotation.security.PermitAll;
import javax.annotation.security.RolesAllowed;

import io.quarkus.security.Authenticated;

import javax.ws.rs.GET;
import javax.ws.rs.Path;

@Path("/hello")
public class GreetingResource {

    @GET
    @Path("/secured")
    @RolesAllowed("Tester")   ❶
    public String greetingSecured() {}

    @GET
    @Path("/unsecured")
    @PermitAll   ❷
    public String greetingUnsecured() {}

    @GET
    @Path("/denied")
    @DenyAll   ❸
    public String greetingDenied() {}

    @GET
    @Path("/authenticated")
    @Authenticated   ❹
    public String greetingAuthenticated() {}
}
```

❶ 인증된 사용자가 Tester 역할을 가져야 함

❷ 인증되지 않은 사용자도 메서드에 접근할 수 있음

❸ 인증 여부와 관계없이 접근 불가

❹ 인증된 사용자만 접근할 수 있음. `@RolesAllowed("*")`의 별명으로 쿼커스에서 제공되며 명세는 아님

인증된 사용자에 관한 정보를 얻기 위해 `javax.ws.rs.core.Context` 애너테이션으로 `javax.ws.rs.core.SecurityContext` 인스턴스를 주입할 수 있습니다.

```
@GET
@Path("/secured")
@RolesAllowed("Tester")
public String greetingSecured(@Context SecurityContext sec) {  ❶
    Principal user = sec.getUserPrincipal();  ❷
    String name = user != null ? user.getName() : "anonymous";
    return name;
}
```

❶ 현재 요청을 위해 `SecurityContext`를 주입

❷ 현재 로그인한 사용자를 얻음

> **IMPORTANT_** 보안 애너테이션은 JAX–RS 자원에만 한정되는 것이 아닙니다. CDI 빈에서도 메서드 호출을 보호하기 위해 사용할 수 있습니다.

쿼커스는 애너테이션 대신에 설정 파일을 사용해 RESTful 웹 종단점을 설정하는 기능을 제공합니다. 동등한 보안 애너테이션 예는 설정 파일을 사용해 표현할 수 있습니다.

```
quarkus.http.auth.policy.role-policy1.roles-allowed=Tester  ❶

quarkus.http.auth.permission.roles1.paths=/hello/secured  ❷
quarkus.http.auth.permission.roles1.policy=role-policy1  ❸
quarkus.http.auth.permission.roles1.methods=GET  ❹

quarkus.http.auth.permission.deny1.paths=/hello/denied
quarkus.http.auth.permission.deny1.policy=deny  ❺

quarkus.http.auth.permission.permit1.paths=/hello/unsecured
quarkus.http.auth.permission.permit1.policy=permit  ❻
quarkus.http.auth.permission.permit1.methods=GET

quarkus.http.auth.permission.roles2.paths=/hello/authenticated
```

```
quarkus.http.auth.permission.roles2.policy=authenticated
quarkus.http.auth.permission.roles2.methods=GET
```

❶ 응용프로그램의 역할^{role}을 정의. role-policy1은 참조 변수로 사용됨

❷ 자원에 대한 퍼미션^{permission}을 설정. role1은 키 반복을 피하기 위한 임의의 이름

❸ 역할 정책을 설정

❹ GET 메서드에 대한 퍼미션으로 제한

❺ 접근 거부

❻ 접근 허용

paths 속성은 콤마로 구별해 다수의 값을 지원하고 * 와일드 카드로 하위 경로를 매칭할 수 있다는 사실에 주목하는 것이 중요합니다. 예를 들어 quarkus.http.auth.permission. permit1.paths=/public/_,/robots.txt는 /public과 그의 하위 경로에 위치한 어떤 사원과 /robots.txt 파일의 퍼미션을 설정합니다.

같은 방식으로 methods 속성은 콤마로 구별한 다수의 값을 허용합니다.

RBAC 행동에 영향을 주는 두 개의 설정 속성이 있습니다.

quarkus.security.jaxrs.deny-unannotated-endpoints

만약 true로 설정하면 보안 애너테이션을 가지지 않은 모든 JAX-RS 종단점의 접근은 기본적으로 거부됩니다. 기본값은 false입니다.

quarkus.security.deny-unannotated-members

이것을 true로 설정하면 보안 애너테이션을 가지지 않은 모든 JAX-RS 종단점과 CDI 메서드의 접근은 기본적으로 거부됩니다. 기본값은 false입니다.

지금까지 여러분은 쿼커스에서 권한 절차(basic, form 혹은 확장이 제공하는 다른 것)를 설정하고 보안 애너테이션이나 설정 파일에 지정을 통해 인증 역할을 정의했습니다.

이 장의 절에서는 인증과 권한에 관한 아이덴티티 제공자를 제공하는 서로 다른 쿼커스 확장을 살펴볼 것입니다.

11.2 엘리트론 속성 파일 설정으로 인증과 권한

문제 파일에 아이덴티티를 저장해 응용프로그램 보호하기

해결 쿼커스 보안은 아이덴티티 제공자로서 엘리트론 속성 파일 설정을 사용해 파일에 아이덴티티를 저장하는 기능을 제공합니다.

지금까지 인증 메커니즘, 보안 애너테이션, application.properties 파일로 RBAC로 자원을 보호하는 방법을 알아보았습니다. 하지만 아이덴티티 제공자를 등록하는 방법이나 그것에 속하는 사용자명, 비밀번호 혹은 역할과 같은 사용자 정보를 저장하는 방법은 보지 못했습니다.

엘리트론 속성 파일 설정 확장으로 아이덴티티 정보를 정의하는 방법을 알아보겠습니다. 이 확장은 모든 아이덴티티 정보를 정의하는 속성 파일에 기반하며 주목적은 개발과 테스트입니다. 상용에서는 권장하지 않으며 그 이유는 비밀번호가 오직 평문 혹은 MD5 해시만으로 표현되기 때문입니다.

엘리트론 속성 파일 설정을 활성화하려면 quarkus-elytron-security-properties-file 확장을 추가합니다.

```
./mvnw quarkus:add-extension \
      -Dextensions="quarkus-elytron-security-properties-file"
```

이 확장은 속성 파일의 조합으로 사용자 이름과 비밀번호의 매핑과 사용자와 역할의 매핑을 지원합니다.

Tester 역할만 자원에 접근할 수 있도록 종단점을 보호합니다.

파일: ch_11/sec—file/src/main/java/org/acme/quickstart/GreetingResource.java

```java
@GET
@Produces(MediaType.TEXT_PLAIN)
@RolesAllowed("Tester")
public String hello() {
```

```
    return "hello";
}
```

아이덴티티를 등록하려면 두 개의 속성 파일이 필요합니다. 하나는 사용자 이름과 비밀번호의 매핑을 위한 것이고 다음은 사용자와 그의 역할들의 매핑 파일입니다.

사용자 설정 속성 파일은 시스템에 등록된 사용자 이름과 비밀번호의 쌍을 각 줄에 정의합니다.

파일: ch_11/sec-file/src/main/resources/users.properties

```
alex=soto
```

사용자의 속성 파일에서 키 부분은 사용자 이름이고, 값 부분은 비밀번호입니다.

> **WARNING_** 비밀번호가 평문임을 주목하세요. MD5를 사용하려면 다음과 같은 패턴으로 비밀번호를 해싱합니다. HEX(MD5(username:realm:password))

역할 설정 파일은 각 줄에 사용자 이름과 사용자가 속해 있는 역할(콤마로 구별)을 정의합니다.

파일: ch_11/sec-file/src/main/resources/roles.properties

```
alex=Tester
```

역할 설정 파일에서 키 부분은 사용자 이름이고 값은 사용자에게 부여된 역할입니다.

마지막으로 엘리트론 보안 설정 파일 확장은 사용자들과 역할 속성 파일의 클래스패스 위치를 지정해야 합니다.

파일: ch_11/sec-file/src/main/resources/application.properties

```
quarkus.http.auth.basic=true        ❶

quarkus.security.users.file.enabled=true       ❷
quarkus.security.users.file.plain-text=true      ❸
```

```
quarkus.security.users.file.users=users.properties  ❹
quarkus.security.users.file.roles=roles.properties
```

❶ 기본 인증 방식을 활성화

❷ 속성 파일 확장으로 보안 활성화

❸ 비밀번호는 MD5로 해싱하지 않음

❹ 사용자와 역할 속성 파일의 클래스패스 위치를 지정

```
./mvnw clean test

...
INFO  [io.quarkus] (main) Installed features:
     [cdi, resteasy, security, security-properties-file]
[ERROR] Tests run: 2, Failures: 1, Errors: 0, Skipped: 0, Time elapsed: 8.485 s
       <<< FAILURE! - in org.acme.quickstart.GreetingResourceTest
[ERROR] testHelloEndpoint  Time elapsed: 0.076 s  <<< FAILURE!
java.lang.AssertionError:
1 expectation failed.
Expected status code <200> but was <401>.
        at org.acme.quickstart.GreetingResourceTest.testHelloEndpoint
              (GreetingResourceTest.java:17)
```

테스트는 HTTP 401 권한 없음 오류로 실패합니다. 왜냐하면 테스트에는 기본 인증 방식을 사용한 어떠한 아이덴티티도 제공되지 않았기 때문입니다. 설정된 사용자 이름과 비밀번호로 인증하도록 테스트를 수정합니다.

파일: ch_11/sec-file/src/test/java/org/acme/quickstart/GreetingResourceTest.java

```java
@Test
public void testSecuredHelloEndpoint() {
    given()
            .auth()  ❶
            .basic("alex", "soto")  ❷
            .when()
            .get("/hello")
            .then()
            .statusCode(200)
            .body(is("hello"));
}
```

❶ 인증 부분을 설정

❷ 주어진 사용자 이름과 비밀번호로 기본 인증 수행

이제 인증 인자가 유효하므로 테스트는 통과합니다.

논의 엘리트론 속성 파일 설정 확장은 또한 다른 파일을 사용하는 대신 쿼커스 설정 파일인 `application.properties` 파일에 사용자 이름/비밀번호/역할 매핑을 지정할 수 있도록 지원합니다.

```
quarkus.security.users.embedded.enabled=true
quarkus.security.users.embedded.plain-text=true
quarkus.security.users.embedded.users.alex=soto
quarkus.security.users.embedded.roles.alex=Admin,Tester
```

파일에 저장된 비밀번호는 다음 식을 사용해 해싱할 수 있습니다.

```
HEX(MD5(username ":" realm ":" password))
```

내장된 엘리트론 설정 파일 설정은 [표 11-1]에 나열된 속성을 지원합니다.

표 11-1 내장된 엘리트론 속성

속성	내용
quarkus.security.users.embedded.realm-name	해싱된 비밀번호를 생성하는 데 사용된 렐름realm 이름(기본값은 Quarkus)
quarkus.security.users.embedded.enabled	속성 파일 확장으로 보안을 활성화
quarkus.security.users.embedded.plain-text	비밀번호가 해싱되었는지 여부를 지정. 만약 false이면 해싱된 비밀번호는 HEX(MD5(username:realm:password) 형식이어야 함(기본값은 false)
quarkus.security.users.embedded.users.⟨사용자 이름⟩	사용자 정보. 키 부분은 사용자 이름이고 값 부분은 비밀번호
quarkus.security.users.embedded.roles.⟨사용자 이름⟩	역할 정보. 키 부분은 사용자 이름이고 값 부분은 역할들

11.3 엘리트론 보안 JDBC 설정으로 인증과 권한

문제 데이터베이스에 사용자 아이덴티티를 저장해 응용프로그램을 보호하기

해결 퀴커스 보안은 엘리트론 보안 JDBC 설정을 아이덴티티 제공자로 사용해 데이터소스에 있는 사용자 아이덴티티를 저장하는 기능을 제공합니다.

11.2절에서는 엘리트론 속성 파일 설정 확장으로 속성 파일에 아이덴티티를 정의하는 방법을 알아보았습니다. 하지만 거기서 언급한 대로 그 방법은 좀 더 테스트/개발 목적이며 운영 환경에서는 사용되어서는 안 됩니다.

엘리트론 보안 JDBC 확장은 사용자 아이덴티티를 데이터베이스에 저장해 bcrypt 비밀번호 매퍼로 비밀번호 암호화를 지원하며 특정 데이터베이스 스키마에 종속되지 않는 방식으로 다재다능함을 보여줍니다.

엘리트론 보안 JDBC 확장을 활성화하려면 quarkus-elytron-security-jdbc 확장, 데이터베이스에 연결할 JDBC 드라이버를 추가하고 선택적으로 스키마와 몇 개의 기본 사용자를 생성할 플라이웨이Flyway를 등록합니다.

```
./mvnw quarkus:add-extension \
    -Dextensions="quarkus-elytron-security-jdbc,quarkus-jdbc-h2,quarkus-flyway"
```

Tester 역할만 자원에 접근할 수 있도록 종단점을 보호합니다.

파일: ch_11/sec-jdbc/src/main/java/org/acme/quickstart/GreetingResource.java

```java
@GET
@RolesAllowed("Tester")
@Produces(MediaType.TEXT_PLAIN)
public String hello() {
    return "hello";
}
```

다음 단계는 모든 RBAC 정보를 저장할 데이터베이스 스키마를 정의하는 것입니다. 이 예제에서는 단순화를 위해 사용자, 비밀번호와 역할을 가진 단일 테이블을 사용합니다.

파일: ch_11/sec-jdbc/src/main/resources/db/migration/V1.0.0__rbac.sql

```
CREATE TABLE test_user (
  id INT,
  username VARCHAR(255),
  password VARCHAR(255),
  role VARCHAR(255)
);

INSERT INTO test_user (id, username, password, role)
  VALUES (1, 'alex', 'soto', 'Tester');
```

마지막으로 확장을 실정해 어느 쿼리가 사용자의 유효성을 검증하고 그에 속한 역할을 가져올지 지정해야 합니다.

파일: ch_11/sec-jdbc/src/main/resources/application.properties

```
quarkus.datasource.jdbc.url=jdbc:h2:mem:mydb
quarkus.datasource.db-kind=h2
quarkus.datasource.username=sa
quarkus.datasource.password=

quarkus.flyway.migrate-at-start=true

quarkus.security.jdbc.enabled=true   ❶
quarkus.security.jdbc.principal-query.sql=\
  SELECT u.password, u.role FROM test_user u WHERE u.username=?   ❷
quarkus.security.jdbc.principal-query.clear-password-mapper.enabled=true   ❸
quarkus.security.jdbc.principal-query.clear-password-mapper\
  .password-index=1   ❹
quarkus.security.jdbc.principal-query.attribute-mappings.0.index=2   ❺
quarkus.security.jdbc.principal-query.attribute-mappings.0.to=groups
```

❶ 엘리트론 보안 JDBC를 활성화

❷ 사용자의 유효성을 검증하고 역할을 가져올 쿼리를 정의. 쿼리는 적어도 한 개의 인자(사용자 이름)를 포함해야 하고 적어도 그 값은 비밀번호를 반환하고, 키와 같은 줄에 있어야 함

❸ 비밀번호는 평문clear text으로 저장

❹ 비밀번호의 인덱스를 설정. 이것은 같은 줄에 있어야 함

❺ 역할의 인덱스를 설정

IMPORTANT_ 인덱스는 1부터 시작합니다.

TIP_ 비밀번호를 가져오는 (선택적으로 역할들) 쿼리는 여러분의 데이터베이스 모델에 맞춰 복잡해질 수도 있습니다(예, SQL 조인 등).

이제, 인증과 권한 데이터는 파일이 아닌 데이터베이스에서 가져옵니다. 사용자 이름과 비밀번호가 제공되면 (예, 기본 auth 메서드를 사용) 쿼리는 인증 절차를 위해 요구되는 모든 정보를 가져오고 (제공된 비밀번호를 데이터베이스에서 가져온 비밀번호와 비교) 권한 절차에서 허용된 역할을 가져옵니다.

테스트가 통과하도록 (이전에 되지 않았던) 테스트를 다음과 같이 업데이트합니다.

파일: ch_11/sec-jdbc/src/test/java/org/acme/quickstart/GreetingResourceTest.java

```java
@Test
public void testSecuredHelloEndpoint() {
    given()
      .auth().basic("alex", "soto")
    .when()
      .get("/hello")
    .then()
      .statusCode(200)
      .body(is("hello"));
}
```

논의 이 절에서는 실제 운영 환경에서는 사용하면 안 되는 평문 비밀번호를 사용했습니다. 확장은 bcrypt 비밀번호 매퍼와 통합되어 인증 절차에 해싱된 비밀번호를 사용할 수 있습니다.

---

bcrypt

bcrypt는 나이엘스 프로보스Niels Provos와 데이비드 마지에레스Mazières가 만든 비밀번호 해싱 함수로 비밀번호를 레인보우 테이블 공격rainbow table attack으로부터 보호하는 솔트salt와 무차별 대입 공격brute-force search attack에 저항하는 이터레이션 카운트iteration count와 같은 보호 기술을 내장하고 있습니다.

여러분은 설정 파일을 확장해 비밀번호에 bcrypt를 사용하고 평문과 비교되지 않도록 엘리트론 보안 JDBC의 몇몇 인자을 설정해야 합니다.

clear-password-mapper를 설정하는 대신 bcrypt-password-mapper가 사용됩니다. 다음의 예는 bcrypt를 사용하는 설정 파일의 예입니다.

```
quarkus.security.jdbc.enabled=true
quarkus.security.jdbc.principal-query.sql=\
    SELECT u.password, u.role, u.salt, u.iteration \
    FROM test_user u WHERE u.username=?

quarkus.security.jdbc.principal-query.clear-password-mapper.enabled=false
quarkus.security.jdbc.principal-query.bcrypt-password-mapper.enabled=true    ❶
quarkus.security.jdbc.principal-query.bcrypt-password-mapper.password-index=\
    1        ❷
quarkus.security.jdbc.principal-query.bcrypt-password-mapper.hash encoding=\
    BASE64  ❸
quarkus.security.jdbc.principal-query.bcrypt-password-mapper.salt-index=\
    3        ❹
quarkus.security.jdbc.principal-query.bcrypt-password-mapper.salt-encoding=\
    BASE64  ❺
quarkus.security.jdbc.principal-query.bcrypt-password-mapper.\
    iteration-count-index=4  ❻

quarkus.security.jdbc.principal-query.attribute-mappings.0.index=2
quarkus.security.jdbc.principal-query.attribute-mappings.0.to=groups
```

❶ bcrypt를 활성화

❷ 비밀번호 인덱스 설정. 이것은 같은 줄에 있어야 함

❸ 비밀번호 해시 인코딩 설정. 이것은 같은 줄에 있어야 함

❹ 솔트 인덱스 설정. 이것은 같은 줄에 있어야 함

❺ 솔트 인코딩 설정. 이것은 같은 줄에 있어야 함

❻ 이터레이션 카운트 인덱스 설정. 이것은 같은 줄에 있어야 함

이렇게 설정하고 나면 주어진 비밀번호와 쿼리에서 가져온 비밀번호를 비교할 때 평문으로 하지 않습니다. 대신 제공된 비밀번호는 bcrypt를 사용해 해싱되고 저장된 비밀번호와 비교합니다.

```
quarkus.security.jdbc.enabled=true

quarkus.security.jdbc.principal-query.sql=\
    SELECT u.password FROM test_user u WHERE u.username=?  ❶
quarkus.security.jdbc.principal-query.clear-password-mapper.enabled=true
quarkus.security.jdbc.principal-query.clear-password-mapper.password-index=1

quarkus.security.jdbc.principal-query.roles.sql=\
    SELECT r.role_name FROM test_role r, test_user_role ur \
    WHERE ur.username=? AND ur.role_id = r.id  ❷ ❸
quarkus.security.jdbc.principal-query.roles.datasource=permissions  ❹
quarkus.security.jdbc.principal-query.roles.attribute-mappings.0.index=1
quarkus.security.jdbc.principal-query.roles.attribute-mappings.0.to=groups
```

❶ 비밀번호를 조회하는 데 기본 데이터소스를 사용

❷ roles는 두 번째 쿼리를 식별하는 이름으로 사용됨. 쿼리는 같은 줄에 있어야 함

❸ 다른 쿼리에서 역할을 가져옴

❹ 역할 쿼리는 permissions 데이터소스에서 실행됨

11.4 마이크로프로파일 JWT로 권한

문제 일반적인 RESTful 웹 서비스와 무상태stateless 서비스에서 보안 문맥을 저장하기

해결 JSON 웹 토큰을 사용합니다.

JWT(JSON 웹 토큰)은 RFC-7519에 명시된 표준으로 서비스 간의 정보를 교환하는 방식을 정의합니다. JWT의 특징은 토큰의 내용이 평문이나 이진 형식이 아니라 JSON 양식이라는 점입니다.

쿼커스는 마이크로프로파일 JWT 명세와 통합되어 JWT 토큰을 소비하고 유효성을 검증하고 클레임claims을 조회할 수 있습니다.

JWT 토큰은 클레임으로 이루어져 있으며, 각 클레임은 예를 들어 사용자 이름, 토큰의 만료

일, 사용자의 역할 등의 정보를 포함합니다. 토큰은 디지털 서명되어 토큰에 포함된 정보는 신뢰하고 검증할 수 있습니다.

JWT 토큰은 세 섹션으로 이루어져 있습니다. 각 구간은 베이스64로 인코딩됩니다.

Header
메타데이터를 포함합니다. 예를 들면 토큰을 서명하는 알고리즘, 토큰의 종류와 같은 토큰의 커스텀 정보, 혹은 JSON 웹 암호화JSON Web Encryption(JWE)를 사용한다면 암호화되지 않은 클레임

Claims
토큰 안에 저장된 정보. 몇몇 클레임은 필수이고 나머지는 선택적입니다. 어떤 것들은 응용프로그램에 종속됩니다

서명
토큰의 서명

그다음 세 섹션은 베이스64로 인코딩되고 마침표(.)로 이어지며 최종 토큰의 모습은 다음과 같습니다.

```
base64(Header).base64(Claims).base64(Signature).
```

예를 들어 다음과 같은 JWT 토큰이 사용됩니다.

```
{ ❶
  "kid": "/privateKey.pem",
  "typ": "JWT",
  "alg": "RS256"
},
{ ❷
  "sub": "jdoe-using-jwt-rbac",
  "aud": "using-jwt-rbac",
  "upn": "jdoe@quarkus.io",
  "birthdate": "2001-07-13",
  "auth_time": 1570094171,
  "iss": "https://quarkus.io/using-jwt-rbac",  ❸
  "roleMappings": {
```

```
      "group2": "Group2MappedRole",
      "group1": "Group1MappedRole"
    },
    "groups": [  ❹
      "Echoer",
      "Tester",
      "Subscriber",
      "group2"
    ],
    "preferred_username": "jdoe",
    "exp": 2200814171,
    "iat": 1570094171,
    "jti": "a-123"
}
```

❶ Header 부분

❷ Claims 부분

❸ 토큰의 발행자

❹ 토큰이 속해 있는 소유자의 그룹(역할)

같은 토큰을 직렬화하면 다음과 같습니다.

파일: ch_11/sec-jwt/src/main/resources/token.jwt

```
eyJraWQiOiJcL3ByaXZhdGVLZXkucGVtIiwidHlwIjoiSldUIiwiYWxnIjoiUlM1NTYifQ.
eyJzdWIiOiJqZG9lLXVzaW5LWp3dC1yYmFjIiwiYXVkIjoidXNpbmctand0LXJiYWMiLCJ
1cG4iOiJqZG9lQHF1YXJrdXMuaW8iLCJiaXJ0aGRhdGUiOiIyMDAxLTA3LTEzIiwiYXV0aF
90aW1lIjoxNTcwMDk0MTcxLCJpc3MiOiJodHRwczpcL1wvcXVhcmt1cy5pb1wvdXNpbmcta
nd0LXJiYWMiLCJyb2xlTWFwcGluZ3MiOnsiZ3JvdXAyIjoiR3JvdXAyTWFwcGVkUm9sZSIs
Imdyb3VwMSI6Ikdyb3VwMU1hcHBlZFJvbGUifSwiZ3JvdXBzIjpbIkVjaG9lciIsIlRlc3R
lciIsIlN1YnNjcmliZXIiLCJncm91cDIiXSwicHJlZmVycmVkX3VzZXJuYW1lIjoiamRvZS
IsImV4cCI6MjIwMDgxNDE3MSwiaWF0IjoxNTcwMDk0MTcxLCJqdGkiOiJhLTEyMyJ9.
Hzr41h3_uewy-g2B-sonOiBObtcpkgzqmF4bT3cO58v45AIOiegl7HIx7QgEZHRO4PdUtR3
4x9W23VJY7NJ545ucpCuKnEV1uRlspJyQevfI-mSRg1bHlMmdDt661-V3KmQES8WX2B2uqi
rykO5fCeCp3womboilzCq4VtxbmM2qgf6ag8rUNnTCLuCgEoulGwTn0F5lCrom-7dJOTryW
1KI0qUWHMMwl4TX5cLmqJLgBzJapzc5_yEfgQZ9qXzvsT8zeOWSKKPLm7LFVt2YihkXa80l
Wcjewwt61rfQkpmqSzAHL0QIs7CsM9GfnoYc0j9po83-P3GJiBMMFmn-vg
```

각 섹션이 마침표(.)로 어떻게 구분되는지 주목하세요.

마이크로프로파일 JWT 명세는 요청을 받으면 다음과 같이 동작합니다.

1. 요청에서 보안 토큰을 추출합니다. 보통 Authorization 헤더
2. 토큰의 유효성을 검증합니다. 이 검사는 토큰을 신뢰할 수 있는지 서명을 검증하거나 토큰이 만료되지 않았는 지 등을 포함합니다
3. 토큰 정보를 추출합니다
4. 아이덴티티 정보로 보안 문맥을 형성해 권한(RBAC)에 사용됩니다

게다가 마이크로프로파일 JWT 명세는 모든 토큰이 제공해야 하는 필수 클레임 목록을 나열합니다.

클레임	내용
typ	토큰의 양식. JWT이어야 함
alg	토큰을 보호하는 암호화 알고리즘을 명시. RS256이어야 함
kid	토큰을 보호하는 데 사용된 키를 명시
iss	키 발행자
sub	토큰이 종속된 주체principal를 명시
aud	토큰을 이용하는 수신자recipients를 명시
exp	토큰 만료시간
iat	토큰 발행된 시간 제공
jti	토큰의 유일한 식별자
upn	java.security.Principal 인터페이스에 사용된 사용자-주체 이름
groups	토큰의 주체에 할당된 그룹 이름의 목록. 사용자가 속한 역할들에 해당

이 클레임은 마이크로프로파일 JWT 명세에서 요구하는 최소한의 클레임입니다. 하지만 부가적인 클레임도 추가할 수 있습니다. 예를 들면 preferred_username이나 응용프로그램에서 서비스로 정보를 전달할 수도 있습니다.

마이크로프로파일 JWT 명세를 사용하려면 quarkus-smallrye-jwt 확장을 등록합니다.

```
./mvnw quarkus:add-extension -Dextensions="quarkus-smallrye-jwt"
```

토큰이 변형되지 않았고 서버가 허용하는 토큰의 발행자(iss) 클레임이 유효한지 검증할 수 있도록 공개 키를 확장에 등록해야 합니다.

다음은 명세에서 제공하는 공개 키 양식의 목록입니다.

- 공개 키 암호화 표준 #8 (PKCS #8) 프라이버시-강화 메일(PEM)
- JSON 웹 키(JWK)
- JSON 웹 키 세트(JWKS)
- JSON 웹 키(JWK) 베이스64 URL 인코딩
- JSON 웹 키 세트(JWKS) 베이스 64 URL 인코딩

이 예에서는 JSON 웹 키 세트(JWKS) 양식을 사용해 토큰을 검증하는 데 사용되는 공개 키를 설정합니다.

공개 키를 포함하는 JWKS 파일은 프로젝트 디렉터리에 위치합니다.

파일: ch_11/sec-jwt/src/main/resources/quarkus.pub.jwk.json

```
{
    "keys": [
        {
            "kty": "RSA",
            "kid": "/privateKey.pem",
            "e": "AQAB",
            "n": "livFI8qB4D0y2jy0CfEqFyy46R0o7S8TKpsx5xbHKoU1VWg6QkQm-ntyIv1
                p4kE1sPEQO73-HY8-Bzs75XwRTYL1BmR1w8J5hmjVWjc6R2BTBGAYRPFRho
                r3kpM6ni2SPmNNhurEAHw7TaqszP5eUF_F9-KEBWkwVta-PZ37bwqSE4sCb
                1soZFrVz_UT_LF4tYpuVYt3YbqToZ3pZOZ9AX2o1GCG3xwOjkc4x0W7ezbQ
                ZdC9iftPxVHR8irOijJRRjcPDtA6vPKpzLl6CyYnsIYPd99ltwxTHjr3npf
                v_3Lw50bAkbT4HeLFxTx4flEoZLKO_g0bAoV2uqBhkA9xnQ"
        }
    ]
}
```

이 데이터를 지정하는 설정 파일은 다음과 같습니다.

파일: ch_11/sec-jwt/src/main/resources/application.properties

```
mp.jwt.verify.publickey.location-quarkus.pub.jwk.json  ❶
mp.jwt.verify.issuer=https://quarkus.io/using-jwt-rbac  ❷
```

❶ 공개 키의 위치

❷ 서비스가 허용하는 발행자

토큰의 검증 절차와는 별도로 마이크로프로파일 JWT는 토큰으로부터 데이터를 제공하는 기존의 자바 EE 보안 API와 통합되어 있습니다. 이러한 통합은 다음의 애너테이션에서 찾아볼 수 있습니다.

```
javax.ws.rs.core.SecurityContext.getUserPrincipal()
javax.ws.rs.core.SecurityContext.isUserInRole(String)
javax.servlet.http.HttpServletRequest.getUserPrincipal()
javax.servlet.http.HttpServletRequest.isUserInRole(String)
javax.ejb.SessionContext.getCallerPrincipal()
javax.ejb.SessionContext.isCallerInRole(String)
javax.security.jacc.PolicyContext
  .getContext("javax.security.auth.Subject.container")
javax.security.enterprise.identitystore.IdentityStore
  .getCallerGroups(CredentialValidationResult)
@javax.annotation.security.RolesAllowed
```

게다가 마이크로프로파일 JWT 명세는 CDI 혹은 JAX-RS 클래스 안에 JWT 데이터를 포함하는 두 개의 클래스를 제공합니다.

```
org.eclipse.microprofile.jwt.JsonWebToken
```

날raw 토큰을 노출하고 클레임을 얻는 메서드를 제공하는 인터페이스

```
@org.eclipse.microprofile.jwt.Claim
```

클레임을 클래스에 주입하는 애너테이션

다음은 그 예입니다.

```java
package org.acme.quickstart;

import javax.annotation.security.RolesAllowed;
import javax.enterprise.context.RequestScoped;
import javax.inject.Inject;
import javax.ws.rs.GET;
import javax.ws.rs.Path;
import javax.ws.rs.Produces;
import javax.ws.rs.core.MediaType;

import org.eclipse.microprofile.jwt.Claim;
import org.eclipse.microprofile.jwt.Claims;
import org.eclipse.microprofile.jwt.JsonWebToken;

@Path("/hello")
@RequestScoped  ❶
public class GreetingResource {

    @Inject
    JsonWebToken callerPrincipal;  ❷

    @Claim(standard = Claims.preferred_username)  ❸
    String username;

    @GET
    @Produces(MediaType.TEXT_PLAIN)
    public String hello() {
        return "hello " + username;
    }
}
```

❶ JWT 토큰은 태생적으로 요청 범위입니다. 만약 토큰을 사용하길 원하면 클래스는 RequestScoped이어야 하고 클래스에서 토큰을 섞으면 안 됩니다

❷ 전체 JWT 토큰을 대표하는 JsonWebToken 인터페이스를 주입

❸ preferred_username 클레임을 주입

클레임 애너테이션은 또한 사적private 클레임 이름들의 주입을 지원합니다. 이 클레임은 RFC에서 제공하는 공식적인 클레임 이름은 아니지만 서비스(사용자 정의 클레임)에 특화된 클레임

입니다. 사적 클레임을 주입하려면 @Claim("클레임 이름")과 같이 클레임의 이름을 애너테이션값으로 사용합니다. 게다가 필수석인 클레임이 아닌 경우 클레임이 null을 가질 수 있도록 java.util.Optional 클래스를 사용합니다.

```
@Claim(standard = Claims.birthdate)
Optional<String> birthdate;
```

ClaimValue 인터페이스

@RequestScoped가 아닌 빈/자원을 지원하기 위해 마이크로프로파일 JWT 명세는 org.eclipse.microprofile.jwt.ClaimValue 인터페이스를 도입했습니다. 이 인터페이스는 @Claim 애너테이션과 함께 사용해 동시적인 요청으로부터 값-안전$^{value\ safe}$한 주입을 제공합니다.

```
@Claim(standard = Claims.exp)      ❶
ClaimValue<Long> username;

@Claim(standard = Claims.groups)   ❷
ClaimValue<Set<String>> groups;

@Claim("raw_token")                ❸
ClaimValue<String> rawToken;
```

❶ 만료시간 주입
❷ 그룹들은 java.util.Set 타입으로 주입됨
❸ raw_token은 특별한 클레임으로 날 형식의 JWT 토큰을 의미함. 날 토큰은 다른 서비스로 전파하는 데 사용할 수 있음

베어러^{bearer} JWT 토큰을 정의된 종단점으로 보내도록 테스트를 업데이트합니다.

파일: ch_11/sec-jwt/src/test/java/org/acme/quickstart/GreetingResourceTest.java

```
@Test
public void testHelloEndpoint() {
```

```
        given().header("Authorization", "Bearer " + validToken)  ❶
                .when().get("/hello").then().statusCode(200).body(is("hello jdoe"));
    }
```

❶ JWT 토큰은 Authorization 헤더에 베어러 토큰으로 전송됨

현재의 해법으로 다음의 가정은 참입니다.

- 만약 유효한 토큰이 제공되면 preferred_username 클레임이 추출됨
- 만약 유효하지 않은 토큰이 제공되면(만료됨, 서명이 유효하지 않음, 제3자가 변형함 등) 401 권한 없음. 오류 코드가 호출자에게 반환됨
- 만약 토큰이 없다면 요청은 처리되지만 preferred_username 필드는 null이 됨

마이크로프로파일 JWT 명세는 또한 @RolesAllowed 애너테이션과 통합된 권한 절차를 지원합니다. isCallerInRole() 메서드가 호출되면 groups 클레임 값이 사용되며 이것은 groups에 있는 값이 응용프로그램에서 역할[role]로 사용될 수 있음을 의미합니다.

이 예제에서 사용된 JWT 토큰의 groups 클레임은 다음의 값을 포함합니다. "groups": ["Echoer", "Tester", "Subscriber", "group2"]. 토큰에 있는 그룹 중 하나로 @RolesAllowed 애너테이션을 적용해 /hello 종단점을 보호합니다.

파일: ch_11/sec-jwt/src/main/java/org/acme/quickstart/GreetingResource.java

```
@GET
@Produces(MediaType.TEXT_PLAIN)
@RolesAllowed("Tester")
public String hello() {}
```

이제 다음의 내용을 가정할 수 있습니다.

- 만약 유효한 토큰이 제공되고 groups 클레임이 Tester 그룹을 포함하면 preferred_username 클레임이 추출됨
- 만약 유효한 토큰이 제공되고 groups 클레임이 Tester 그룹을 포함하지 않으면 403 금지됨 오류가 호출자에게 반환됨
- 만약 유효하지 않은 토큰이 제공되면(만료됨, 서명이 유효하지 않음, 제3자가 변형함 등) 401 권한 없음 오류 코드가 호출자에게 반환됨

- 만약 토큰이 없다면 401 권한 없음 오류가 호출자에게 반환됨

논의 과거에는 보안 문맥이 HTTP 세션에 저장되었는데, 서비스가 스케일 업^{scale up}되기 시작하고 모든 것이 점점 복잡해지기 전까지는 잘 동작했습니다. 이러한 문제를 피하기 위해서 가능한 해법 중 하나는 토큰(특히 JSON 토큰)을 사용해 모든 호출에 이 정보를 전달하는 것입니다.

토큰은 서명되지만 암호화되지 않는다는 것에 주목하는 것이 중요합니다. 이는 어떤 이도 이 정보를 볼 수 있지만 변형은 할 수 없다는 의미입니다. 암호화 계층은 JSON 웹 암호화^{JSON Web Encryption}를 사용하면 추가될 수 있고 클레임은 평문이 아니라 암호화됩니다.

이 절의 목적은 JWT를 마스터하는 것이 아니라 퀴커스에서 어떻게 활용하는지 배우는 것입니다. 따라서 여러분이 JWT에 관해 최소한의 지식은 갖추었다고 가정합니다. 또한 JWT와 친숙해질 수 있도록 아래의 함께 보기에 링크를 제공했습니다.

함께 보기 JWT에 대해 더 배우고 싶다면 다음의 웹페이지를 방문하세요.

- JSON 웹 토큰(*https://jwt.io*)
- 깃허브: 마이크로프로파일을 위한 JWT RBAC(*https://oreil.ly/tXP9d*)
- IETF: JSON 웹 토큰(*https://oreil.ly/p9jUC*)

11.5 OpenID Connect를 활용한 권한과 인증

문제 OpenID Connect로 RESTful 웹 API를 보호하기

해결 OpenID Connect에서 발행된 토큰으로 베어링^{bearing} 토큰 인증을 사용합니다.

여러분은 이전 절에서 JWT 토큰을 사용해 자원을 보호하는 방법을 배웠습니다. 하지만 토큰의 생성은 다루지 않았는데, 왜냐하면 토큰이 앞서 생성되었고 텍스트 파일로 제공되었기 때문입니다.

실제 응용프로그램에서는 토큰을 발행하는 아이덴티티 제공자가 필요합니다. 분산 서비스를 위한 사실상 표준의 프로토콜은 OpenID Connect와 OAuth 2.0이고 그러한 프로토콜을 제공하는 서버는 키클록(*https://www.keycloak.org*)이 있습니다.

OpenID Connect로 자원을 보호하기 위해 quarkus-oidc 확장을 등록합니다.

```
./mvnw quarkus:add-extension -Dextensions="quarkus-oidc"
```

토큰의 유효성을 검증할 수 있도록 OpenID Connect 서버의 위치를 설정합니다.

```
quarkus.oidc.auth-server-url=http://localhost:8180/auth/realms/quarkus   ❶
quarkus.oidc.client-id=backend-service   ❷
```

❶ OpenID Connect 서버의 기본 URL 위치

❷ 각 응용프로그램은 응용프로그램을 식별할 클라이언트 ID를 가짐

@RolesAllowed 애너테이션으로 종단점을 보호합니다.

파일: ch_11/sec-openid/src/main/java/org/acme/quickstart/GreetingResource.java

```
@Inject
io.quarkus.security.identity.SecurityIdentity securityIdentity;   ❶

@GET
@RolesAllowed("user")
@Produces(MediaType.TEXT_PLAIN)
public String hello() {
    return "hello " + securityIdentity.getPrincipal().getName();
}
```

❶ 현재 로그인한 사용자를 나타내는 쿼커스 인터페이스

OpenID Connect에서 토큰을 얻어 베어러 토큰으로 제공하도록 테스트를 변경합니다.

파일: ch_11/sec-openid/src/test/java/org/acme/quickstart/GreetingResourceTest.java

```java
@Test
public void testHelloEndpoint() {
    System.out.println(accessToken);
    given()
      .auth().oauth2(accessToken)
      .when().get("/hello")
      .then()
        .statusCode(200)
        .body(is("hello alice"));
}
```

접근 토큰은 OpenID Connect 서버에서 생성합니다. 생성을 위해서는 사용자 이름, 비밀번호 와 같은 몇몇 인자가 제공되어야 하며 이를 통해 서버에 접속하고 사용자를 대표하는 토큰을 생성합니다.

파일: ch_11/sec-openid/src/test/java/org/acme/quickstart/RestAssuredExtension.java

```java
package org.acme.quickstart;

import java.net.URI;
import java.net.URISyntaxException;

import io.restassured.RestAssured;
import io.restassured.builder.RequestSpecBuilder;
import io.restassured.response.Response;
import io.restassured.response.ResponseOptions;
import io.restassured.specification.RequestSpecification;

public class RestAssuredExtension {

  public static ResponseOptions<Response> getAccessToken(String url,
                                                        String clientId,
                                                        String clientIdPwd,
                                                        String username,
                                                        String password) {
    final RequestSpecification request = prepareRequest(url);
    try {
      return request
        .auth()
        .preemptive()
```

```
        .basic(clientId, clientIdPwd)
        .contentType("application/x-www-form-urlencoded; charset=UTF-8")
        .urlEncodingEnabled(true)
        .formParam("username", username)
        .and()
        .formParam("password", password)
        .and()
        .formParam("grant_type", "password")
        .post(new URI(url));
    } catch (URISyntaxException e) {
      throw new IllegalArgumentException(e);
    }
  }

  private static RequestSpecification prepareRequest(String url) {
    final RequestSpecBuilder builder = new RequestSpecBuilder();
    final RequestSpecification requestSpec = builder.build();
    return RestAssured.given().spec(requestSpec);
  }
}
```

코드는 다음의 curl 명령을 구현하고 있지만 REST-Assured를 사용하고 있습니다.[1]

```
curl -X POST \
    http://localhost:8180/auth/realms/quarkus/protocol/openid-connect/token \
    --user backend-service:secret \
    -H 'content-type: application/x-www-form-urlencoded' \
    -d 'username=alice&password=alice&grant_type=password'
```

이제 테스트를 실행하면 11.4절의 실행 결과와는 다른 점이 보입니다.

먼저 토큰(JWT 토큰)은 정적이지 않습니다. OpenID Connect(키클록)에서 발행된 토큰을 사용하며 사용자 이름은 alice입니다.

다음은 alice에게 발급된 토큰의 예입니다.

```
{
  "alg": "RS256",
```

----

1 옮긴이_예제 실행을 위해서는 부록B에 따라 키클록을 설치하고 ch_11/sec-openid/src/main/resources/quarkus-realm. keycloak.json 파일을 임포트하여 렐름을 생성해야 합니다.

```
    "typ": "JWT",
    "kid": "cfIADN_xxCJmVkWyN-PNXEEvMUWs2r68CxtmhEDNzXU"
  },
  {
    "jti": "cc54b9db-5f2f-4609-8a6b-4f76026e63ae",
    "exp": 1578935775,
    "nbf": 0,
    "iat": 1578935475,
    "iss": "http://localhost:8180/auth/realms/quarkus",
    "sub": "eb4123a3-b722-4798-9af5-8957f823657a",
    "typ": "Bearer",
    "azp": "backend-service",
    "auth_time": 0,
    "session_state": "5b674175-a2a9-4a45-a3da-394923125e55",
    "acr": "1",
    "realm_access": {
      "roles": [
        "user"
      ]
    },
    "scope": "email profile",
    "email_verified": false,
    "preferred_username": "alice"
  }
```

다음은 OpenID Connect를 활용해 토큰의 유효성을 검증할 수 있습니다. 공개 키는 수동으로 설정하지 않아도 됩니다.

토큰이 제공되면 키클록에서 다음의 유효성 검증이 동작합니다.

- 만약 유효한 토큰이 제공되고 roles 클레임이 user 그룹을 포함하면 preferred_username 클레임이 추출됨
- 만약 유효한 토큰이 제공되고 roles 클레임이 user 그룹을 포함하지 않으면 403 금지됨 오류가 호출자에게 반환됨
- 만약 유효하지 않은 토큰이 제공되면 (만료됨, 서명이 유효하지 않음, 제3자가 변형함 등) 401 권한 없음 오류 코드가 호출자에게 반환됨
- 만약 토큰이 없다면 401 권한 없음 오류가 호출자에게 반환됨

함께 보기 OpenID Connect 프로토콜에 대한 자세한 내용은 다음 웹페이지를 참고하세요.

- OpenID Connect(*https://openid.net/connect*)
- 키클록(*https://www.keycloak.org*)

11.6 OpenID Connect로 웹 자원 보호하기

문제 웹 자원 보호하기

해결 웹 자원을 보호하려면 OpenID Connect와 파일 기반의 역할 정의를 사용합니다.

웹 자원은 OpenID Connect 프로토콜과 쿼커스로 보호할 수 있습니다. OpenID Connect 확장은 잘 알려진 권한 코드 흐름을 구현해 웹 자원에 대한 인증을 활성화하며, 보호된 자원에 접근하려는 인증받지 못한 사용자는 인증을 받도록 OpenID Connect Provider 웹페이지로 리다이렉트합니다. 인증 절차가 완료되면 사용자는 응용프로그램으로 다시 돌아옵니다.

OpenID Connect로 자원을 보호하려면 quarkus-oidc 확장을 등록합니다.

```
./mvnw quarkus:add-extension -Dextensions="quarkus-oidc"
```

토큰의 유효성을 검증하기 위해 OpenID Connect 서버의 위치를 설정합니다.

파일: ch_11/sec-web/src/main/resources/application.properties

```
quarkus.oidc.auth-server-url=http://localhost:8180/auth/realms/quarkus ❶
quarkus.oidc.client-id=frontend ❷
quarkus.oidc.application-type=web-app ❸
quarkus.http.auth.permission.authenticated.paths=/* ❹
quarkus.http.auth.permission.authenticated.policy=authenticated
```

❶ OpenID Connect 서버의 기본 URL
❷ 각 응용프로그램은 응용프로그램을 식별할 클라이언트 ID를 가짐
❸ OpenID Connect Authorization Code Flow를 활성화
❹ 웹 자원에 대한 퍼미션을 설정

응용프로그램을 시작하고 브라우저를 열고 다음의 URL을 입력합니다.[2]

```
http://localhost:8080
```

```
./mvnw clean compile quarkus:dev
```

기본 `index.html` 페이지는 보이지 않지만 키클록의 인증 페이지로 이동합니다. 그다음 유효한 신원 (사용자 이름: alice, 비밀번호: alice)을 넣어 웹 자원에 대한 접근 권한을 얻습니다. [로그인] 버튼을 누르면 다시 로그인 페이지로 리다이렉트됩니다.

---

2 옮긴이_예제 실행을 위해서는 이전 quarkus 렐름을 제거하고 `ch_11/sec-web/src/main/resources/quarkus-realm.keycloak.json` 파일을 임포트하여 렐름을 생성해야 합니다.

CHAPTER 12

응용프로그램 시크릿 관리

모든 응용프로그램은 은밀하게 유지할 정보를 포함합니다. 이 정보는 데이터베이스 신원, 외부 서비스 인증, 특정 자원의 위치 등을 말합니다. 이 모두를 시크릿^{secrets}이라고 부릅니다. 응용프로그램을 시작할 때 혹은 그 이후에 이 시크릿을 저장할 안전한 장소가 필요합니다. 이번 장에서는 쿠버네티스와 볼트^{Valut}를 사용해 시크릿을 관리하는 법을 배워보겠습니다.

12.1 쿠버네티스 시크릿을 사용한 데이터 저장

문제 직접 포드나 컨테이너에 저장하는 것보다 안전한 방법으로 쿠버네티스에 시크릿 저장하기

해결 쿠버네티스 시크릿을 사용해 비밀번호, 토큰, SSH 키와 같은 민감한 데이터를 평문으로 컨테이너에 저장하고 가져옵니다. 쿠버네티스는 민감한 데이터를 저장하는 데 사용되는 secret 객체의 개념을 제공합니다.

시크릿 객체에 민감한 데이터를 저장한다고해서 자동으로 안전해지는 것은 아님을 유념해야 합니다. 왜냐하면 쿠버네티스는 데이터를 암호화하지 않고 기본적으로 베이스64로 인코딩하기 때문입니다. 시크릿을 사용하면 표준 설정 절차에서 제공하지 않는 몇몇 기능을 제공합니다.

- 시크릿에 접근하는 권한 정책을 정의할 수 있음
- 쿠버네티스가 민감한 데이터를 암호화하도록 설정할 수 있음
- 리스트list를 사용해 특정 컨테이너에 접근을 허용할 수 있음

> **IMPORTANT** 이 기능은 기본적으로 비활성화되어 있으며 쿠버네티스에 대한 일정 지식을 요구합니다. 이 책에서는 오직 쿼커스와 쿠버네티스와 같은 다른 도구와의 통합만 다루며 해당 도구의 운영 측면에 대해서는 설명하지 않습니다.

스크릿은 환경 변수 혹은 볼륨volume으로 컨테이너에 주입할 수 있습니다. 환경 변수 접근법은 컨테이너 인스턴스에 접근하는 사람이라면 누구나 내용을 쉽게 덤프할 수 있어 안전하지 않습니다. 또한, 볼륨 접근법은 쿠버네티스값에 키마다 하나의 파일을 생성하기 때문에 수많은 키가 존재하는 경우 쉽게 복잡해질 수 있습니다.

앞으로 두 접근법을 모두 다룰 것이므로 사례에 맞는 방식을 사용하면 됩니다.

예제는 API 토큰(예, 깃허브 퍼스널 액세스 토큰GitHub Personal Access Token)이 응용프로그램에서 시크릿으로 설정되는 사례를 다룹니다.

pod에 secrets이 주입된 쿠버네티스 자원의 생성을 활성화하려면 quarkus-kubernetes 확장을 추가합니다.

```
./mvnw quarkus:add-extension -Dextensions="quarkus-kubernetes"
```

시크릿을 생성할 때는 secret 카인드의 쿠버네티스 자원을 생성하거나 kubectl CLI 도구를 사용합니다. 새로운 터미널 창을 열고 다음 명령어를 실행해 greeting-security를 ID로 하고 github.api.key.token 토큰을 키로 하는 새로운 시크릿을 등록합니다(이 토큰은 유효하지 않고 오직 예제 목적으로만 사용합니다).

```
kubectl create secret generic greeting-security \
--from-literal=github.api.key.token=eyJhbGciOiJIUzI1NiIsInR5cCI6IkpXVCJ9.\
eyJzdWIiOiIxMjM0NTY3ODkwIiwibmFtZSI6IkpvaG4gRG9lIiwiaWF0IjoxNTE2MjM5MDIyfQ.\
SflKxwRJSMeKKF2QT4fwpMeJf36POk6yJV_adQssw5c
```

이제 시크릿이 생성되었으므로 환경 변수로 설정하는 법을 알아봅니다.[1]

환경 변수로부터 속성을 가져오려면 설정 속성이 필요합니다. 이 경우 속성은 `github.api.key.token`입니다. 물론 `System.getenv()` 메서드를 호출하면 직접 접근할 수 있습니다. 하지만 전자의 접근법이 더 좋은 이유는 마이크로프로파일 설정 명세에 따르기 때문입니다.

파일: ch_12/kubernetes-secret/src/main/java/org/acme/quickstart/GreetingResource.java

```java
@ConfigProperty(name = "github.api.key.token")
String githubToken;
```

`application.properties` 파일에 쿠버네티스 확장을 위한 속성을 설정합니다. 이를 통해 생성된 쿠버네티스 배포 파일이 환경 변수로서 시크릿을 주입하는 데 필요한 세그먼트^segments를 포함합니다.

파일: ch_12/kubernetes-secret/src/main/resources/application.properties

```
quarkus.container-image.group=quarkus  ❶
quarkus.container-image.name=greeting-started-kubernetes-secrets
quarkus.container-image.tag=1.0-SNAPSHOT
quarkus.kubernetes.image-pull-policy=if-not-present
quarkus.kubernetes.env-vars.github-api-key-token.name=github.api.key.token  ❷
quarkus.kubernetes.env-vars.github-api-key-token.secret=greeting-security  ❸
```

❶ 도커 이미지를 설정

❷ github.api.key.token 속성을 오버라이드할 환경 변수 설정

❸ 로딩할 시크릿 이름을 설정

쿠버네티스 파일을 생성하면 컨테이너 정의에 모든 키/값 쌍을 정의하는 **secretKeyRef**라고 부르는 새로운 엔트리를 포함합니다.

마이크로프로파일 설정 명세는 동등한 환경 변수[대문자이고 점(.)은 언더스코어(_)로 변환]를 사용해 어떤 설정 속성도 오버라이드할 수 있도록 허용합니다. **Secrets**은 시크릿의 설정 속성을 포함합니다. `application.properties` 파일에 쿠버네티스 확장은 환경 변수로서 이

---

1 옮긴이_minikube dashboard에서도 확인할 수 있습니다.

시크릿을 설정하는 배포 지시자를 생성하도록 설정되어 있습니다. 따라서 쿠버네티스 클러스터에서 컨테이너가 시작되면, 시크릿은 환경 변수로서 컨테이너에 주입되고, 마이크로프로파일 설정은 설정 속성을 읽습니다.

응용프로그램을 배포하려면 새로운 터미널 창을 열고 응용프로그램을 패키징하고 도커 컨테이너를 생성하고 생성된 쿠버네티스 자원을 적용합니다.

```
./mvnw clean package -DskipTests

docker build -f src/main/docker/Dockerfile.jvm \
    -t quarkus/greeting-started-kubernetes-secrets:1.0-SNAPSHOT .
kubectl apply -f target/kubernetes/kubernetes.yml

kubectl patch svc greeting-started-kubernetes-secrets \
    --type='json' \
    -p '[{"op":"replace","path":"/spec/type","value":"NodePort"}]'
curl $(minikube service greeting-started-kubernetes-secrets --url)/hello
```

하지만 스크릿은 환경 변수로 설정되는 대신에 볼륨으로 마운트될 수도 있습니다. 생성된 쿠버네티스 배포 파일이 볼륨으로 시크릿 파일을 마운트하는 세그먼트를 포함할 수 있도록 application.properties 파일에 쿠버네티스 확장 속성을 설정합니다.

파일: ch_12/kubernetes-secret/src/main/resources/application.properties

```
quarkus.kubernetes.mounts.github-token.path=/deployment/github   ❶ ❷
quarkus.kubernetes.mounts.github-token.read-only=true   ❸
quarkus.kubernetes.secret-volumes.github-token.secret-name=greeting-security   ❹
quarkus.kubernetes.secret-volumes.github-token.default-mode=420   ❺
```

❶ github-token이라는 이름으로 볼륨 마운트하기

❷ 볼륨이 컨테이너 안에서 마운트되는 경로 설정

❸ 볼륨은 읽기 전용으로 설정

❹ 로딩할 시크릿 이름을 설정

❺ 프로세스로부터 읽을 모드를 설정

마지막 단계는 코드에서 시크릿을 읽는 것입니다. 시크릿은 파일 시스템에 마운트되기 때문에

어떤 다른 파일에서도 읽을 수 있습니다.

파일: ch_12/kubernetes-secret/src/main/java/org/acme/quickstart/GreetingResource.java

```
@GET
@Path("/file")
@Produces(MediaType.TEXT_PLAIN)
public String ghTokenFile() throws IOException {
    final byte[] encodedGHToken = Files.readAllBytes(
            Paths.get("/deployment/github/github.api.key.token")); ❶
    return new String(encodedGHToken);
}
```

❶ 시크릿의 경로는 마운트 경로 + 시크릿 키임

응용프로그램을 배포하고, 패키징하고, 도커 컨테이너를 생성하고, 생성된 쿠버네티스 자원을 적용하려면 다음 명령을 실행합니다.

```
./mvnw clean package -DskipTests

docker build -f src/main/docker/Dockerfile.jvm \
    -t quarkus/greeting-started-kubernetes-secrets:1.0-SNAPSHOT .
kubectl apply -f target/kubernetes/kubernetes.yml

kubectl patch svc greeting-started-kubernetes-secrets --type='json' \
    -p '[{"op":"replace","path":"/spec/type","value":"NodePort"}]'
curl $(minikube service greeting-started-kubernetes-secrets --url)/hello/file
```

논의 쿠버네티스 시크릿은 외부적으로 수정할 문제가 몇 개 있습니다.

문제 중 일부는 다음과 같습니다.

- 시크릿은 암호화되지 않고 기본적으로 단지 베이스64로 인코딩됩니다.
- etcd로 통신하려면 SSL을 사용해 시크릿을 저장합니다.
- etcd는 디스크에 데이터를 저장하기 때문에 디스크를 암호화해야 합니다.
- 다른 사람이 시크릿에 접근하는 것을 예방하려면 RBAC를 올바르게 정의해야 합니다.

함께 보기 쿠버네티스 시크릿을 자세히 알려면 쿠버네티스 웹페이지의 다음 페이지를 방문하세요.

- Secrets(*https://oreil.ly/dFTgh*)
- Encrypting Secret Data at Rest(*https://oreil.ly/_auK1*)
- Authorization Overview(*https://oreil.ly/ctlyn*)
- Using RBAC Authorization(*https://oreil.ly/WrcaP*)

12.2 볼트로 설정 시크릿을 안전하게 보관하기

문제 설정 시크릿을 안전하게 보관하기

해결 시크릿을 가져올 때 퀴커스 볼트(*https://oreil.ly/UMKuH*) 확장을 사용합니다.

시크릿을 다룰 때 중요한 것은 저장하는 것이 금지된 사용자는 읽을 수 없고 오직 시크릿을 요구하는 서비스만 접근할 수 있도록 시크릿에 대한 접근을 보호해야 한다는 것입니다.

볼트는 이 사용사례를 단순화하는 도구로 시크릿을 저장하고 소비하는 통일된 인터페이스를 제공합니다.

볼트

볼트는 안전하게 시크릿에 접근하는 오픈소스 도구입니다. 운영에서 볼트를 실행하는 것은 이 책의 범위를 넘습니다.

볼트의 설치를 단순화하기 위해 볼트 도커 컨테이너를 사용합니다.

```
docker run --rm --cap-add=IPC_LOCK -e VAULT_ADDR=http://localhost:8200 \
 -p 8200:8200 --name=dev-vault vault:1.2.2

You may need to set the following environment variable:

    $ export VAULT_ADDR='http://0.0.0.0:8200'
```

```
The unseal key and root token are displayed below in case you want to

seal/unseal the Vault or re-authenticate.

Unseal Key: s7WbMScSOh02ERK6XEfl6ep6BReRQZzl9VekrrnyKE8=
Root Token: s.ty3QS2uNaxPdiFsSZpCQfjpc ❶
```

❶ 볼트에 대한 접근을 초기화하는 토큰[2]

볼트 컨테이너 안에 있는 셸을 열고 볼트를 설정하고 시크릿을 추가합니다.

```
docker exec -it dev-vault sh
export VAULT_TOKEN=s.ty3QS2uNaxPdiFsSZpCQfjpc  ❶

vault kv put secret/myapps/vault-service/config foo=secretbar ❷
```

❶ 접근할 토큰을 설정

❷ secret/myapps/vault-service/config 경로에 foo라는 키로 새로운 시크릿을 생성

시크릿에 읽기 권한을 주는 정책을 생성합니다.

```
cat <<EOF | vault policy write vault-service-policy -
path "secret/data/myapps/vault-service/*" {
  capabilities = ["read"]
}
EOF
```

마지막 단계는 서비스에서 시크릿에 접근할 수 있도록 신원(userpass 엔진)을 활성화합니다.

```
vault auth enable userpass
vault write auth/userpass/users/alex password=alex \
  policies=vault-service-policy ❶
```

❶ ID는 alex이고 비밀번호는 alex로 설정한 사용자를 생성

---

2 옮긴이_사용자 환경에 따라 토큰은 달라집니다.

볼트는 다수의 인증 방식을 제공해 볼트 서비스에 대해 인증하고 시크릿을 소비할 수 있도록 합니다. 글을 쓰는 당시에 다음의 인증 방식들이 쿼커스 볼트 확장에서 지원됩니다.[3]

token

사용자 토큰을 직접 넘겨 인증 프로세스를 우회함.

user/password

사용자 이름과 비밀번호 신원을 사용해 볼트 인증.

approle

role_id와 secret_id를 사용해 인증. 이 방법은 자동화된 업무 흐름(머신과 서비스) 기반입니다. role_id는 일반적으로 도커 컨테이너에 내장되어 있고 secret_id는 커비홀cubbyhole 응답으로서 쿠버네티스 클러스터에 의해 얻어지는데 이 응답은 secret_id를 1회용으로 래핑해 목적 서비스로 전달합니다.

kubernetes

쿠버네티스 서비스 어카운트 토큰Kubernetes Service Account Token을 사용해 볼트로 인증.

먼저 볼트를 사용하기 위해 quarkus-vault 확장을 등록합니다.

```
./mvnw quarkus:add-extension -Dextensions="quarkus-vault"
```

쿼커스 볼트 확장은 마이크로프로파일 설정 명세와 통합되어 @ConfigProperty 애너테이션으로 시크릿을 주입할 수 있습니다. 볼트를 위한 인증 방법으로 사용자 이름과 비밀번호를 사용하도록 응용프로그램을 설정하고 시크릿이 저장된 기반 경로를 설정합니다.

파일: ch_12/vault-kv/src/main/resources/application.properties

```
quarkus.vault.url=http://localhost:8200  ❶
quarkus.vault.authentication.userpass.username=alex  ❷
quarkus.vault.authentication.userpass.password=alex
```

---

3 옮긴이_ *https://quarkus.io/guides/vault-auth* 참고.

```
quarkus.vault.kv-secret-engine-version=2
quarkus.vault.secret-config-kv-path=myapps/vault-service/config  ❸
```

❶ 볼트 서버를 위한 기반 URL

❷ 인증할 신원

❸ 시크릿이 저장된 경로

@org.eclipse.microprofile.config.inject.ConfigProperty 애너테이션으로 foo 키의 시크릿값에 접근합니다.

파일: ch_12/vault-kv/src/main/java/org/acme/quickstart/GreetingResource.java

```
@ConfigProperty(name = "foo")  ❶
String foo;

@GET
@Produces(MediaType.TEXT_PLAIN)
public String hello() {
    return foo;
}
```

❶ foo 키를 위한 시크릿값이 주입됨

응용프로그램을 시작하고 종단점으로 요청을 보냅니다.

```
./mvnw clean compile quarkus:dev

curl http://localhost:8080/hello
secretbar
```

논의 만약 경로를 오직 실행시간에만 알 수 있다면 io.quarkus.vault.VaultKVSecret Engine 인터페이스를 주입해 프로그램적으로 시크릿을 가져와야 합니다.

```
@Inject
VaultKVSecretEngine kvSecretEngine;
```

```
final Map<String, String> secrets = kvSecretEngine
    .readSecret("myapps/vault-service/config");  ❶
final String fooSecret = secrets.get("foo");
```

❶ 볼트 키/값 시크릿 엔진에 저장된 값을 제공

함께 보기 볼트에 대해 자세히 살펴보려면 다음 웹페이지를 방문하세요.

• Vault: 문서(*https://oreil.ly/ke_Q5*)

12.3 서비스로서의 암호화

문제 모든 서비스에 대해 모든 암호화 동작이 퍼지는 것을 막기

해결 같은 장소에서 모든 암호화 동작이 실행되는 볼트 트랜싯^{transit} 엔진을 사용합니다.

앞의 절에서 생성된 볼트 컨테이너에서 셸을 열어 볼트를 설정하고, 메시지를 암호화하고, 서명할 키를 추가합니다.

```
docker exec -it dev-vault sh
export VAULT_TOKEN=s.ty3QS2uNaxPdiFsSZpCQfjpc  ❶

vault secrets enable transit  ❷

vault write -f transit/keys/my_encryption  ❸
vault write transit/keys/my-sign-key type=ecdsa-p256  ❹
```

❶ 접근할 토큰을 설정
❷ transit 엔진을 활성화
❸ AES-256-GCM96 타입의 암호화 키 생성
❹ ECDSA-P256 타입의 서명 키 생성

트랜싯 동작들에 대한 접근 권한을 부여하는 정책을 생성합니다.

```
cat <<EOF | vault policy write vault-service-policy -
path "transit/*" {
  capabilities = [ "create", "read", "update" ]
}
EOF
```

마지막 단계는 서비스에서 시크릿에 접근할 수 있도록 신원(userpass 엔진)을 활성화합니다.

```
vault auth enable userpass
vault write auth/userpass/users/alex password=alex \
  policies=vault-service-policy  ❶
```

❶ ID alex와 비밀번호 alex를 가진 사용자 생성

볼트를 사용하기 위해 quarkus-vault 확장을 등록합니다.

```
./mvnw quarkus:add-extension -Dextensions="quarkus-vault"
```

볼트를 위한 인증 방식으로 사용자 이름과 비밀번호를 사용하도록 응용프로그램을 설정합니다.

파일: ch_12/vault-transit/src/main/resources/application.properties

```
quarkus.vault.url=http://localhost:8200  ❶

quarkus.vault.authentication.userpass.username=alex  ❷
quarkus.vault.authentication.userpass.password=alex
```

❶ 볼트 서버의 기반 URL
❷ 인증할 신원들

`io.quarkus.vault.VaultTransitSecretEngine` 인스턴스를 주입해 트랜싯 동작을 사용합니다.

파일: ch_12/vault-transit/src/main/java/org/acme/quickstart/GreetingResource.java

```java
@Inject
VaultTransitSecretEngine transit;    ❶

@GET
@Path("/encrypt")
@Produces(MediaType.TEXT_PLAIN)
public String encrypt(@QueryParam("text") String text) {
    return transit.encrypt("my_encryption", text);    ❷
}

@GET
@Path("/decrypt")
@Produces(MediaType.TEXT_PLAIN)
public String decrypt(@QueryParam("text") String text) {
    return transit.decrypt("my_encryption", text).asString();    ❸
}

@GET
@Path("/sign")
@Produces(MediaType.TEXT_PLAIN)
public String sign(@QueryParam("text") String text) {
    return transit.sign("my-sign-key", text); ❹
}
```

❶ 트랜싯 동작 인터페이스

❷ 암호화 키로 암호화

❸ 암호화 키로 복호화

❹ 주어진 서명으로 텍스트를 서명

응용프로그램을 시작하고 종단점에 요청을 보냅니다.

```
./mvnw clean compile quarkus:dev

curl http://localhost:8080/hello/encrypt?text=Ada
vault:v1:iIunGAElLpbaNWWqZq1yf4cctkEUOFdJE1oRTaSI2g==

curl http://localhost:8080/hello/decrypt?\
    text=vault:v1:iIunGAElLpbaNWWqZq1yf4cctkEUOFdJE1oRTaSI2g==
Ada
```

```
curl http://localhost:8080/hello/sign?text=Alexandra
vault:v1:MEUCIGkgS5VY5KEU2yHqnIn9qwzgfBUv3O2H4bgNAFVrYCK3AiEAnQznfdEZI6b\
  /Xtko/wEl8WhZLuKZQ/arOYkfsnwBH3M=
```

논의 데이터에 대한 암호화, 복호화, 서명 혹은 해시 기반의 메시지 인증 코드(HMACs)와 같은 암호화 동작들은 서비스에 공통적으로 요구됩니다. 이 동작은 보통 각 서비스에서 구현되는데 이것은 서비스 각각에서 키 관리와 민감한 로직들이 중복될 수 있음을 의미합니다.

볼트 트랜싯 엔진은 결과 데이터를 저장하지 않고 모든 암호화 기능을 수행합니다. 볼트를 일종의 서비스로서의 암호화로 생각할 수 있으며, 이는 내부적으로 데이터가 저장되지 않고, 데이터가 전송되고, 조작되고, 반환될 수 있다는 것을 의미합니다.

모든 것은 볼트 내부에서 관리되므로 개발자들은 중요한 비즈니스 로직을 구현하는 데 집중할 수 있습니다.

볼트 확장에서 지원되는 동작들은 다음과 같습니다.

encrypt
일반 문자열을 트랜싯 시크릿 엔진에서 설정된 볼트 키로 암호화.

decrypt
암호화된 데이터를 특정 키로 복호화하고 암호화되지 않은 데이터를 반환.

rewrap
옛 키를 사용해 암호화로 얻은 암호문을 최신 키로 다시 암호화해 새로운 암호문을 만듦.

sign
특정 키로 입력 문자열을 서명.

verifySignature
특정 키로 입력 문자열을 서명했을 때 얻은 서명인지 확인.

함께 보기 더 많은 정보를 위해서는 다음의 웹페이지를 방문하세요.

- Vault: Transit Secrets Engine(*https://oreil.ly/rlo0a*)

12.4 시크릿으로 데이터베이스 비밀번호 생성하기

문제 데이터베이스 비밀번호를 안전하게 저장하기

해결 데이터베이스 비밀번호를 시크릿으로 읽습니다.

데이터베이스 비밀번호는 보호해야 하고, 직접 설정 파일에 설정해서는 안 됩니다. 쿼커스 볼트 확장은 영속성 설정과 통합되어 볼트로부터 데이터베이스 비밀번호를 시그릿으로 읽을 수 있습니다.

앞의 절에서 생성된 볼트 컨테이너의 셸을 열어 볼트를 설정하고 시크릿으로서 데이터베이스 비밀번호를 추가합니다.

```
docker exec -it dev-vault sh
export VAULT_TOKEN=s.ty3QS2uNaxPdiFsSZpCQfjpc  ❶

vault kv put secret/myapps/vault-service/db password=alex  ❷
```

❶ 접근할 토큰을 설정
❷ password 키와 alex값으로 새로운 시크릿을 생성

시크릿에 접근을 허용하는 정책을 생성합니다.

```
cat <<EOF | vault policy write vault-service-policy -
path "secret/data/myapps/vault-service/*" {
  capabilities = ["read"]
}
EOF
```

마지막 단계는 서비스에서 시크릿에 접근할 수 있도록 신원(userpass 엔진)을 활성화합니다.

```
vault auth enable userpass
vault write auth/userpass/users/alex password=alex \
  policies=vault-service-policy  ❶
```

❶ ID alex와 비밀번호 alex를 가진 사용자를 생성

이 예제에서 PostgreSQL 서버를 데이터베이스로 사용합니다. 다음 명령을 실행해 새로운 터미널 창에서 새로운 도커 인스턴스를 시작합니다.

```
docker run --ulimit memlock=-1:-1 -it --rm=true --memory-swappiness=0 \
  --name postgres-quarkus-hibernate -e POSTGRES_USER=alex \
  -e POSTGRES_PASSWORD=alex -e POSTGRES_DB=mydatabase \
  -p 5432:5432 postgres:10.5
```

비밀번호는 secret/myapps/vault-service/db 경로에 설정한 것과 동일합니다.

quarkus-vault와 영속성 확장을 등록합니다.

```
./mvnw quarkus:add-extension \
  -Dextensions="quarkus-vault, quarkus-hibernate-orm-panache, \
    quarkus-jdbc-postgresql, quarkus-resteasy-jsonb"
```

데이터소스 설정은 7장에서 본 것과는 조금 다릅니다. 설정 파일에 비밀번호를 하드코딩하는 대신 비밀번호는 시크릿으로서 볼트로부터 가져와서 연결하는 데 사용됩니다.

URL과 인증 방식(예, 사용자/비밀번호)과 같은 볼트 설정 인자와는 별개로 데이터베이스 설정이 저장되어 있는 볼트 안에 키/값 쌍을 정의해야 합니다. 좀 더 정확하게는 데이터베이스 비밀번호는 password라는 키를 가진 경로입니다. 다음 예제에서 이 정보를 볼트에 설정하기 위해 vault kv put secret/myapps/vault-service/db password=alex 명령을 실행합니다. 하지만 이 절을 잘 따라왔다면 볼트를 설정할 때 이미 되어 있을 것입니다.

또한 데이터베이스와 연결할 때 사용된 신원 제공자를 오버라이딩해 비밀번호가 볼트에서 왔고 설정 속성이 아님을 알려주어야 합니다. 이 경우에는 quarkus.datasource.credentials-provider 속성을 사용합니다.

데이터소스와 볼트 인자로 응용프로그램을 설정하고 신원 제공자를 오버라이드합니다.

파일: ch_12/vault-db/src/main/resources/application.properties

```
quarkus.datasource.jdbc.url=jdbc:postgresql://localhost:5432/mydatabase
quarkus.datasource.db-kind=postgresql
quarkus.datasource.username=alex
quarkus.datasource.credentials-provider=mydatabase  ❶
quarkus.vault.credentials-provider.mydatabase\
  .kv-path=myapps/vault-service/db  ❷
quarkus.vault.url=http://localhost:8200  ❸
quarkus.vault.authentication.userpass.username=alex
quarkus.vault.authentication.userpass.password=alex
quarkus.vault.kv-secret-engine-version=2
quarkus.hibernate-orm.database.generation=drop-and-create
%dev.quarkus.hibernate-orm.sql-load-script=import.sql
%dev.quarkus.hibernate-orm.log.sql=true
```

❶ 신원 제공자를 사용자 정의 이름으로 설정(mydatabase)

❷ mydatabase 제공자에 비밀번호가 저장된 키/값 경로를 설정

❸ 볼트 인자를 설정

quarkus.datasource.password 속성이 없다는 것에 주목하는 것이 중요합니다. 왜냐하면 비밀번호는 볼트에서 가져오기 때문입니다.

이 시점에서 쿼커스 응용프로그램이 시작되면 다음 절차들이 실행됩니다.

1 서비스가 볼트 서비스로 인증함

2 secret/myapps/vault-service/db 경로에서 키/값을 가져옴

3 password 키의 값이 데이터베이스를 위한 비밀번호로 사용됨

> TIP_ 키 이름을 password에서 다른 이름으로 바꾸려면 kv-key 속성을 사용합니다. quarkus.vault.
> credentials-provider.mydatabase.kv-key=pass

논의 볼트는 데이터베이스 신원을 동적으로 생성해 데이터베이스 인스턴스를 설정할 수 있습니다. 앞서 수동으로 신원을 설정하거나 볼트 안에 설정하거나 혹은 데이터베이스에 접근하려

는 서비스에 설정하는 것과 다릅니다. 이것은 볼트에서 요청을 하기 때문에 신원 정보를 어디에도 하드코딩하지 않아도 된다는 것을 의미합니다. 생성된 사용자 이름과 비밀번호 쌍을 볼트의 임대 메커니즘에 맡기면 일정시간 후 자동으로 비활성화됩니다.

볼트에서 데이터베이스 신원을 동적으로 생성하도록 설정하려면 다음과 같은 절차를 따르세요.

1 데이터베이스 시크릿 엔진을 활성화

2 데이터베이스의 연결 인자를 설정하고 벤더 데이터베이스를 설정(이 시점에 대부분의 SQL과 NoSQL 데이터베이스가 지원됨)

3 볼트에 있는 이름을 데이터베이스 신원을 생성하는 SQL 문장으로 매핑하는 역할을 설정

```
vault secrets enable database

cat <<EOF | vault policy write vault-service-policy -
path "database/creds/mydbrole" {
  capabilities = [ "read" ]
}
EOF

vault write database/config/mydb
    plugin_name=postgresql-database-plugin \
    allowed_roles=mydbrole \
    connection_url=postgresql://{{username}}:{{password}}\
        @localhost:5432/mydb?sslmode=disable \
    username=alex \
    password=alex

vault write database/roles/mydbrole \
    db_name=mydb \
    creation_statements="CREATE ROLE \"{{name}}\" WITH LOGIN PASSWORD \
                        '{{password}}' VALID UNTIL '{{expiration}}'; \
                        GRANT SELECT,INSERT, UPDATE, DELETE ON ALL \
                        TABLES IN SCHEMA public TO \"{{name}}\"; \
                        GRANT USAGE, SELECT ON ALL SEQUENCES IN \
                        SCHEMA public to \"{{name}}\";" \
    default_ttl="1h" \
    revocation_statements="ALTER ROLE \"{{name}}\" NOLOGIN;" \
    renew_statements="ALTER ROLE \"{{name}}\" VALID UNTIL '{{expiration}}';" \
    max_ttl="24h"
```

또한 볼트 확장은 credentials-provider에 있는 database-credentials-role 속성으로
동적 데이터베이스 신원 기능을 지원합니다.

```
quarkus.vault.url=https://localhost:8200
quarkus.vault.authentication.userpass.username=alex
quarkus.vault.authentication.userpass.password=alex

quarkus.datasource.db-kind=postgresql
quarkus.datasource.jdbc.url=jdbc:postgresql://localhost:6543/mydb
quarkus.datasource.username=postgres

quarkus.datasource.credentials-provider=dynamic-ds    ❶
quarkus.datasource.credentials-provider-type=vault-credentials-provider
quarkus.vault.credentials-provider.dynamic-ds.database-credentials-role=\
   mydbrole    ❷
```

❶ 비밀번호를 설정하지 않음

❷ 동적 신원을 설정

함께 보기 볼트의 동적 데이터베이스 신원에 대한 자세한 내용은 다음 웹페이지를 참고하
세요.

- Vault: Databases(*https://oreil.ly/RDaes*)

12.5 볼트 쿠버네티스 인증으로 서비스 인증하기

문제 사용자 이름/비밀번호를 사용하지 않고 볼트로 서비스 인증하기

해결 볼트 쿠버네티스 인증_{Vault Kubernetes Auth} 방식을 사용합니다.

지금까지는 퀴커스 서비스가 볼트 서비스에 대해 인증하기 위해 사용자 이름/비밀번호 접근법
을 신원으로 사용했습니다. 이 방식은 어떤 환경(테스트 목적, 내부 응용프로그램 등)에는 좋
지만 더 많은 시크릿을 얻기 위해서는 새로운 시크릿(비밀번호)을 추가해야 합니다. 이러한

문제를 해결하는 한 가지 방법은, 예를 들면 **approle** 인증 방식으로 쿠버네티스 시크릿을 사용해 볼트 비밀번호를 설정하는 것입니다. 다른 방법은 볼트 쿠버네티스 인증을 사용하는 것입니다. 이 방법은 쿠버네티스 클러스터에 배포된 서비스을 인증하는 데 완벽한 합을 보여줍니다.

볼트 쿠버네티스 **auth** 방식은 쿠버네티스 서비스 어카운트 토큰과 볼트 서비스에 대해 인증하는 정의된 역할을 사용합니다. 볼트는 이 방식으로 신원을 저장하지 않고 신뢰하는 제3자(쿠버네티스 클러스터)를 사용해 검증합니다. 서비스를 가진 포드가 인스턴스화되면 서비스 어카운트 토큰은 컨테이너로 마운트됩니다. 따라서 응용프로그램에서 접근할 수 있습니다. 시크릿 토큰의 기본 마운팅 지점은 **/var/run/secrets/kubernetes.io/serviceaccount/token**입니다.

그다음 응용프로그램은 이 토큰을 볼트 서버로 보내 인증합니다. 그 후 볼트는 쿠버네티스 API를 호출해 토큰의 유효성을 검증합니다. 토큰이 유효하다면 내부 볼트 토큰이 반환되어 시크릿을 얻는 미래의 요청에 사용됩니다. 절차를 요약하면 [그림 12-1]과 같습니다.

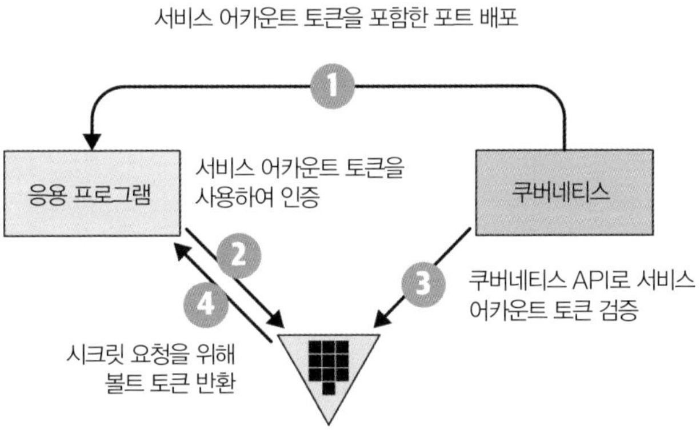

그림 12-1 쿠버네티스 인증 방식

쿠버네티스 인증 모드를 설정하려면 볼트에서 쿠버네티스 API에 연결하도록 두 개의 인자를 설정합니다. 첫 번째는 접근할 토큰이고, 두 번째는 볼트와 쿠버네티스 API의 통신을 검증할 인증서 권한입니다. 이 값은 **vault-token**으로 시작되는 시크릿에서 가져옵니다. 이 예제를 위해 볼트가 앞에서 설정되었을 때 그 값은 **vault-token-mm5qx**였습니다.[4]

----

4 옮긴이_예제 실행하기 전에 12.5절의 논의에 따라 `kubectl apply -f src/main/kubernetes/vault-dev-deployment.yaml` 명령을 먼저 실행해야 합니다.

토큰을 얻어서 파일에 저장하기 위해 터미널 창을 열고 다음의 명령을 실행합니다.

```
kubectl get secret vault-token-mm5qx -o jsonpath='{.data.token}' \
  ¦ base64 --decode > jwt.txt ❶ ❷

cat jwt.txt
eyJhbGciOiJSUzI1NiIsImtpZCI6Inp0WWZBcl8weW1SaTI1bjRNYVNHNmtXOUhCWDV\
yczhYandVYkVETktzRHMifQ.
```

❶ 시크릿 이름을 valut-token으로 시작하는 여러분의 시크릿 이름으로 대체

❷ 시크릿은 베이스64로 저장되어 디코딩이 필요함

인증서 권한을 얻어서 파일에 저장하기 위해 터미널 창에서 다음 명령을 실행합니다.

```
kubectl get secret vault-token-mm5qx -o jsonpath="{.data['ca\.crt']}" \
  ¦ base64 --decode > ca.crt ❶ ❷

cat ca.crt

-----BEGIN CERTIFICATE-----
MIIC5zCCAc+gAwIBAgIBATANBgkqhkiG9w0BAQsFADAVMRMwEQYDVQQDEwptaW5p
-----END CERTIFICATE-----
```

❶ 포드 이름은 vault-0

❷ vault-token이 시크릿으로 설정됨

응용프로그램에 배포하기 전에는 쿠버네티스 **auth** 방식을 활성화하고 설정한 뒤 시험을 위해 몇 개의 시크릿을 삽입해야 합니다.

볼트 서비스를 쿠버네티스 클러스터 밖으로 노출해 로컬 머신에서 설정할 수 있도록 합니다. 새로운 터미널 창을 열고 트래픽을 `localhost:8200`에서 쿠버네티스 클러스터 안에서 실행되는 볼트 인스턴스로 포워딩합니다.

```
kubectl port-forward svc/vault 8200:8200
```

토큰과 인증서 권한을 얻기 위해 명령을 실행한 터미널 창으로 돌아와 다음 명령을 실행해 시

크릿을 넣습니다.

```
export VAULT_TOKEN= s.ty3QS2uNaxPdiFsSZpCQfjpc   ❶
export VAULT_ADDR='http://localhost:8200'

cat <<EOF | vault policy write vault-service-policy -   ❷
path "secret/data/myapps/vault-service/*" {
  capabilities = ["read"]
}
EOF

vault kv put secret/myapps/vault-service/config foo=secretbar   ❸
```

❶ 볼트 연결 인자를 설정

❷ vault-service-policy라는 이름으로 myapps/vault-service/* 시크릿에 대한 정책을 생성

❸ 새로운 시크릿을 설정

마지막 단계는 쿠버네티스 auth 방식을 활성화하고 쿠버네티스 API로 토큰의 유효성을 검증하도록 설정합니다.

다음 명령을 실행합니다.

```
vault auth enable kubernetes   ❶

vault write auth/kubernetes/config \   ❷
    token_reviewer_jwt=@jwt.txt \   ❸
    kubernetes_host=https://kubernetes.default.svc \   ❹
    kubernetes_ca_cert=@ca.crt   ❺

vault write auth/kubernetes/role/example \   ❻
        bound_service_account_names=vault \   ❼
        bound_service_account_namespaces=default \   ❽
        policies=vault-service-policy   ❾
```

❶ 쿠버네티스 auth 방식을 활성화

❷ auth 방식을 설정

❸ 이전 단계에서 가져온 토큰 파일을 설정[5]

----

5 옮긴이_ @jwt.txt와 @ca.crt 실행을 위해서 해당 도커 컨테이너 안에 각 파일을 직접 생성해야 합니다. 앞서 생성한 jwt.txt, ca.crt 내용을 붙여넣습니다.

❹ 쿠버네티스 API 호스트를 설정

❺ 이전 단계에서 가져온 CA 파일을 설정

❻ 응용프로그램으로부터 인증할 새로운 역할(example)을 생성

❼ 배포에서는 서비스 어카운트 이름을 vault로 설정

❽ 서비스가 동작하는 네임스페이스 설정

❾ 이 방식으로 인증하는 사용자와 생성된 정책을 바인딩

볼트 쿠버네티스 auth 방식으로 인증하는 쿼커스 서비스를 개발하고 시크릿 이름은 foo로 합니다.

볼트와 쿠버네티스 확장을 추가합니다.

```
./mvnw quarkus:add-extension -Dextensions="quarkus-vault, quarkus-kubernetes"
```

파일: ch_12/vault-kubernetes-auth/src/main/java/org/acme/quickstart/GreetingResource.java

```java
@ConfigProperty(name = "foo")
String foo;

@GET
@Produces(MediaType.TEXT_PLAIN)
public String hello() {
    return foo;
}
```

응용프로그램이 쿠버네티스 볼트 auth 방식을 사용하고 쿠버네티스 확장이 올바른 배포 파일을 생성하도록 설정합니다.

파일: ch_12/vault-kubernetes-auth/src/main/resources/application.properties

```properties
quarkus.vault.url=http://vault:8200   ❶
quarkus.vault.kv-secret-engine-version=2
quarkus.vault.secret-config-kv-path=myapps/vault-service/config

quarkus.vault.authentication.kubernetes.role=example   ❷
kubernetes.service-account=vault   ❸
```

```
kubernetes.group=quarkus    ❹
kubernetes.name=greeting-app
kubernetes.version=latest
```

❶ 볼트 위치와 시크릿을 설정

❷ (이전 단계에서 생성된) 사용자에게 example 역할을 설정

❸ 생성된 배포 파일에 설정할 service-account 이름을 설정

❹ 도커 이미지의 그룹 이름을 설정

아직 quarkus.vault.authentication.kubernetes.jwt-token-path 속성이 설정되지 않았다는 것에 주목하세요. 그 이유는 기본값(/var/run/secrets/kubernetes.io/serviceaccount/token)이 다른 기본값과 완벽하게 동작하고 있기 때문입니다. 시크릿이 다른 경로에 마운트되어 있다면 이 속성에 새로운 위치를 지정해야 합니다.

응용프로그램을 배포하려면 새로운 터미널 창을 열고 응용프로그램을 패키징하고 도커 컨테이너를 생성하고 생성된 쿠버네티스 자원을 적용해야 합니다.

```
./mvnw clean package -DskipTests

docker build -f src/main/docker/Dockerfile.jvm \
  -t quarkus/greeting-started-vault-kubernetes-auth:1.0-SNAPSHOT .
kubectl apply -f target/kubernetes/kubernetes.yml

kubectl patch svc greeting-app --type='json' \
  -p '[{"op":"replace","path":"/spec/type","value":"NodePort"}]'
curl $(minikube service greeting-app --url)/hello
```

포드가 배포되면 응용프로그램은 볼트로 인증하고 볼트는 쿠버네티스 API를 사용해 토큰이 유효한지 검증합니다. 그다음 응용프로그램이 인증되고 설정된 경로에서 시크릿을 조회할 수 있습니다.

이 예제와 이전 예제의 큰 차이점은 볼트 비밀번호와 같은 시크릿이 없다는 것입니다. 즉, 시크릿에 안전하게 접근할 수 있고 이로 인해 추가되는 시크릿은 없습니다.

논의 우리의 의도는 운영 목적으로 쿠버네티스에 볼트를 배포하는 방법을 보여주는 것이 아

닙니다. 이러한 이유로 배포 파일은 이 예제를 실행할 수 있는 최소한의 요구사항으로 볼트 서비스를 배포합니다.

배포 파일은 `src/main/kubernetes/vault-dev-deployment.yaml`에 있으며 다음과 같은 요소를 제공합니다.

- 볼트는 dev 모드이고 루트 토큰은 root로 설정
- 볼트의 포트는 8200
- ServiceAccount의 이름은 vault로 설정
- ClusterRoleBinding과 ClusterRole을 valut로 바인딩
- 모든 자원은 default 네임스페이스에 적용

다음 명령을 실행해 볼트 서비스를 배포합니다.

```
kubectl apply -f src/main/kubernetes/vault-dev-deployment.yaml

kubectl get pods     ❶
NAME       READY    STATUS     RESTARTS    AGE
vault-0    1/1      Running    0           44s

kubectl get secrets
NAME                    TYPE                                     DATA    AGE
default-token-zdw8r     kubernetes.io/service-account-token      3       2d
greeting-security       Opaque                                   1       3h9m
vault-token-mm5qx       kubernetes.io/service-account-token      3       8s    ❷
```

❶ 포드 이름은 vault-0

❷ vault-token이 시크릿임

볼트를 설정하려면 여러분의 컴퓨터에 볼트 CLI를 설치해야 합니다. 볼트 CLI는 단일 파일로 Vault 웹 페이지(*https://oreil.ly/fTB0x*)에서 다운로드할 수 있으며 여러분의 PATH 변수에 설정합니다.

볼트 클라이언트가 로컬에 설치되어 있고 PATH 변수에서 사용 가능하다면 볼트 설정이 가능합니다.

함께 보기 볼트 쿠버네티스 auth 방식에 대해 더 배우려면 다음의 웹페이지를 방문하세요.

- Vault: Kubernetes Auth Method(*https://oreil.ly/AV3D_*)
- Vault Agent with Kubernetes(*https://oreil.ly/WGbUx*)

CHAPTER 13

쿼커스 REST 클라이언트

3장에서는 RESTful 서비스를 개발하는 방법을 배웠습니다. 13장에서는 RESTful 웹 서비스의 통신을 배워보겠습니다.

서비스 기반 아키텍처를 사용하면 필연적으로 외부 서비스와 통신해야 합니다. 이 서비스는 내부 서비스(여러분이 서비스의 생명주기를 통제할 수 있고 보통 같은 클러스터에 배포) 혹은 외부 서비스(제3자 서비스)입니다.

이 서비스가 RESTful 웹 서비스로 구현되어 있다면 이 서비스와 의사소통하는 클라이언트가 필요합니다. 쿼커스는 두 가지 방법을 제공합니다. 첫 번째는 JAX-RS 웹 클라이언트로 표준적인 자바 EE 방식으로 RESTful 서비스와 통신하는 것이고, 두 번째는 마이크로프로파일 REST 클라이언트로 RESTful 서비스 간 통신하는 새로운 방식입니다.

이 장에서는 다음과 같은 방법을 포함합니다.

- JAX-RS 클라이언트로 다른 RESTful 서비스와 통신하기
- 마이크로프로파일 REST 클라이언트로 다른 RESTful 서비스와 통신하기
- RESTful 서비스의 통신을 보호하기

13.1 JAX-RS 웹 클라이언트 사용하기

문제 다른 RESTful 웹 서비스와 통신하기

해결 JAX-RS 웹 클라이언트로 다른 RESTful 웹 서비스와 통신합니다.

JAX-RS 명세로 다른 RESTful 서비스와 어떻게 통신하는지 알아봅니다.

연결한 외부 서비스는 World Clock API(*https://oreil.ly/wl2IE*)로 표준시간대에 따라 현재 날짜/시간을 반환합니다. API로 노출된 현재 날짜/시간을 얻습니다.

REST 클라이언트를 사용할 확장과 JSON과 자바 객체를 마샬링/언마샬링할 JAX-B/Jackson 확장을 추가합니다.

```
./mvnw quarkus:add-extension -Dextensions="resteasy-jsonb, rest-client"
```

혹은 빈 디렉터리에서 다음 명령을 실행해 새로운 프로젝트를 생성할 수 있습니다.

```
mvn io.quarkus:quarkus-maven-plugin:1.11.3.Final:create \
    -DprojectGroupId=org.acme.quickstart \
    -DprojectArtifactId=clock-app \
    -DclassName="org.acme.quickstart.WorldClockResource" \
    -Dextensions="resteasy-jsonb, rest-client" \
    -Dpath="/now"
```

이제 외부 REST API와 통신하는 JAX-RS REST 클라이언트를 사용할 수 있습니다. 세계시간 서비스와 통신하는 코드를 살펴봅니다.

`org.acme.quickstart.WorldClockResource.java` 파일을 열고 다음의 코드를 추가합니다.

파일: ch_13/clock-app/src/main/java/org/acme/quickstart/WorldClockResource.java

```
package org.acme.quickstart;

import javax.ws.rs.GET;
import javax.ws.rs.Path;
```

```java
import javax.ws.rs.PathParam;
import javax.ws.rs.Produces;
import javax.ws.rs.client.Client;
import javax.ws.rs.client.ClientBuilder;
import javax.ws.rs.core.MediaType;
import javax.ws.rs.core.Response;

import org.eclipse.microprofile.config.inject.ConfigProperty;
import org.eclipse.microprofile.rest.client.inject.RestClient;

@Path("/now")
public class WorldClockResource {

    @ConfigProperty(name = "clock.host",
    defaultValue = "http://worldclockapi.com")
        String clockHost;  ❶

    private Client client = ClientBuilder.newClient();  ❷

    @GET
    @Path("{timezone}")
    @Produces(MediaType.APPLICATION_JSON)
    public WorldClock getCurrentTime(@PathParam("timezone") String timezone) {
        WorldClock worldClock = client.target(clockHost)  ❸
            .path("api/json/{timezone}/now")  ❹
            .resolveTemplate("timezone", timezone)  ❺
            .request(MediaType.APPLICATION_JSON)
            .get(WorldClock.class);  ❻ ❼

        return worldClock;
    }
}
```

❶ 서비스 호스트를 설정 가능하게 만듦

❷ 새로운 REST 클라이언트를 생성

❸ 호스트 설정

❹ 서비스 경로 설정

❺ timezone 플레이스 홀더에 제공받은 인자를 설정

❻ HTTP GET 메서드 실행

❼ JSON 출력을 제공된 POJO로 변환

새로운 터미널 창을 열고 쿼커스 응용프로그램을 시작합니다. 그다음 **GET** 메서드로 요청을 보냅니다.

```
./mvnw clean compile quarkus:dev

curl localhost:8080/now/cet
{"currentDateTime":"2020-12-25T13:56+01:00","dayOfTheWeek":"Friday"}
```

논의 유사한 방법으로 다른 HTTP 메서드 요청을 할 수 있습니다. 예를 들어 POST 요청을 하려면 post 메서드를 호출합니다.

```
target(host)
    .request(MediaType.APPLICATION_JSON)
    .post(entity);
```

또한, javax.ws.rs.core.Response 클래스로 본문body뿐만 아니라 응답 전체 내용을 얻을 수 있습니다.

파일: ch_13/clock-app/src/main/java/org/acme/quickstart/WorldClockResource.java

```
@GET
@Path("{timezone}/raw")
@Produces(MediaType.APPLICATION_JSON)
public Response getCurrentTimeResponse(@PathParam("timezone")
        String timezone) {
    javax.ws.rs.core.Response responseWorldClock = client.target(clockHost)
        .path("api/json/{timezone}/now")
        .resolveTemplate("timezone", timezone)
        .request(MediaType.APPLICATION_JSON)
        .get(Response.class);

    System.out.println(responseWorldClock.getStatus());
    System.out.println(responseWorldClock.getStringHeaders());
    // ... more methods

    return responseWorldClock;
}
```

함께 보기 JAX-RS REST 클라이언트를 좀 더 탐험하려면 오라클 웹페이지의 다음 페이지를 방문하세요.

- Accessing REST Resources with the JAX-RS Client API(*https://oreil.ly/7neQm*)
- Using the Client API in the JAX-RS Example Applications(*https://oreil.ly/QA8lA*)

13.2 마이크로프로파일 REST 클라이언트 사용하기

문제 저수준의 세부사항에 대한 고려 없이 다른 RESTful 웹 서비스와 통신하기

해결 마이크로프로파일 REST 클라이언트를 사용해 다른 RESTful 웹 서비스와 통신합니다.

지금까지는 JAX-RS `Web Client`를 사용해 다른 REST API와 통신했지만 이는 타입 안전 type-safe하지 않으며 메시지 통신에 집중하기보다는 저수준의 인자를 다루어야 했습니다.

마이크로프로파일 REST 클라이언트는 대부분의 JAX-RS 2.0 명세와 같이 HTTP로 RESTful 서비스를 호출하는 타입 안전한 접근법을 제공합니다. REST 클라이언트는 자바 인터페이스로 정의되어 타입 안전하며 JAX-RS 애너테이션으로 네트워크를 설정합니다.

이전 절에서 사용한 World Clock API를 동일하게 사용합니다. 이 API는 현재 날짜와 현지시간을 가져올 수 있습니다.

`org.acme.quickstart.WorldClockService` 인터페이스를 생성해 외부 서비스와 의사소통합니다.

파일: ch_13/clock-app/src/main/java/org/acme/quickstart/WorldClockService.java

```
package org.acme.quickstart;

import javax.enterprise.context.ApplicationScoped;
import javax.ws.rs.GET;
import javax.ws.rs.Path;
import javax.ws.rs.PathParam;
import javax.ws.rs.Produces;
```

```
import javax.ws.rs.core.MediaType;

import org.eclipse.microprofile.rest.client.inject.RegisterRestClient;

@Path("/api")  ❶
@ApplicationScoped
@RegisterRestClient  ❷
public interface WorldClockService {

    @GET  ❸
    @Path("/json/{timezone}/now")  ❹
    @Produces(MediaType.APPLICATION_JSON)  ❺
    WorldClock getNow(@PathParam("timezone") String timezone);  ❻

}
```

❶ 전역 경로

❷ REST 클라이언트를 인터페이스로 설정

❸ 요청은 HTTP GET 메서드를 사용

❹ 경로 인자를 포함한 하위 경로

❺ 요청받은 미디어 타입

❻ 넘겨진 인자를 경로 인자에 추가

org.acme.quickstart.WorldClockResource.java 파일을 열고 다음 코드를 추가합니다.

파일: ch_13/clock-app/src/main/java/org/acme/quickstart/WorldClockResource.java

```
@RestClient  ❶
WorldClockService worldClockService;

@GET
@Path("{timezone}/mp")
@Produces(MediaType.APPLICATION_JSON)
public WorldClock getCurrentTimeMp(@PathParam("timezone") String timezone) {
    return worldClockService.getNow(timezone);  ❷
}
```

❶ REST 클라이언트를 주입

❷ 외부 서비스를 호출

여기에서 외부 서비스의 호스트를 설정합니다. 마이크로프로파일 REST 클라이언트는 설정할 속성을 제공합니다.

application.properties 파일을 엽니다.

파일: ch_13/clock-app/src/main/resources/application.properties

```
org.acme.quickstart.WorldClockService/mp-rest/url=http://worldclockapi.com
```

속성 이름은 다음과 같은 형식을 따릅니다.

```
<REST 클라이언트 클래스의 전체 이름>/mp-rest/url
```

그리고 그 값은 호스트 이름(혹은 URL의 루트)입니다.

```
./mvnw clean compile quarkus:dev

curl localhost:8080/now/cet/mp
{"currentDateTime":"2020-12-25T13:59+01:00","dayOfTheWeek":"Friday"}
```

논의 HTTP 400번대의 상태 코드 응답을 예외로 변환할 수 있습니다. 이를 위해서는 org.eclipse.microprofile.REST.client.ex.ResponseExceptionMapper 인터페이스를 구현합니다. 만약 다수의 매퍼가 등록되어 있다면 javax.annotation.Priority 애너테이션으로 우선순위를 매깁니다.

다음의 ResponseExecptionMapper 클래스를 생성하고 등록합니다. 그다음 400번대의 상태 코드를 IOException으로 변환해 던집니다.

파일: ch_13/clock-app/src/main/java/org/acme/quickstart/CustomResponseExceptionMapper.java

```
package org.acme.quickstart;

import java.io.IOException;
import javax.ws.rs.core.MultivaluedMap;
import javax.ws.rs.core.Response;
import org.eclipse.microprofile.rest.client.ext.ResponseExceptionMapper;
```

```
public class CustomResponseExceptionMapper
            implements ResponseExceptionMapper<IOException> {  ❶

    @Override
    public IOException toThrowable(Response response) {  ❷
        return new IOException();
    }

    @Override
    public boolean handles(int status,
                        MultivaluedMap<String, Object> headers) {  ❸
        return status >= 400 && status < 500;
    }

}
```

❶ 매퍼 인터페이스를 구현

❷ 예외로의 변환을 수행

❸ 기본은 상태 코드status가 400 이상인 경우에 변환하지만 여러분은 좀 더 좁은 범위로 오버라이드할 수 있음

ResponseExceptionMapper는 마이크로프로파일 REST 클라이언트 명세에서 특정한 확장 지점이지만 JAX-RS 명세에서 제공하는 확장 모델을 사용할 수도 있습니다.

ClientRequestFilter

외부 서비스로 요청하면 이 필터가 호출됨.

ClientResponseFilter

외부 서비스에서 응답이 도착하면 이 필터가 호출됨.

MessageBodyReader

호출 후에 엔티티를 읽음.

MessageBodyWriter

본문을 제공하는 동작에 대해 요청 본문을 작성함.

ParamConverter

요청 혹은 응답에 사용된 양식으로 자원의 인자를 변환함.

ReadInterceptor

외부 서비스에서 응답이 도착하면 이 리스너가 호출됨.

WriteInterceptor

요청을 외부 서비스로 보내면 이 리스너가 호출됨.

또한 **@RESTClient**와 함께 **@InjectMock** 애너테이션을 사용하면 WorldClockService 인터페이스의 목을 만들 수 있습니다.

```
@InjectMock
@RestClient
WorldClockService worldClockService;
```

함께 보기 마이크로프로파일 REST 클라이언트 명세는 다음 웹페이지에서 찾을 수 있습니다.

- Eclipse REST Client for MicroProfile(*https://oreil.ly/7D0Zv*)

13.3 CRUD 클라이언트 구현하기

문제 CRUD 동작이 노출된 다른 RESTful 웹 서비스와 통신하기

해결 마이크로프로파일 REST 클라이언트와 JAX-RS 애너테이션으로 CRUD 클라이언트를 구현합니다.

지금까지 여러분은 외부 서비스에서 정보를 얻는 마이크로프로파일 REST 클라이언트의 사용법을 배웠습니다. 서비스가 외부 서비스이면 insert, delete와 update 같은 더 많은 동작을 구현해야 합니다.

이 동작을 구현하기 위해서 마이크로프로파일 REST 클라이언트에 JAX-RS 애너테이션을 사용할 수 있습니다. 예제에서 살펴보겠습니다.

파일: ch_13/clock-app/src/main/java/org/acme/quickstart/DeveloperService.java

```java
package org.acme.quickstart;

import java.util.List;

import javax.ws.rs.BeanParam;
import javax.ws.rs.Consumes;
import javax.ws.rs.CookieParam;
import javax.ws.rs.DELETE;
import javax.ws.rs.GET;
import javax.ws.rs.HEAD;
import javax.ws.rs.HeaderParam;
import javax.ws.rs.POST;
import javax.ws.rs.PUT;
import javax.ws.rs.Path;
import javax.ws.rs.PathParam;
import javax.ws.rs.Produces;
import javax.ws.rs.core.Response;

import org.eclipse.microprofile.rest.client.inject.RegisterRestClient;

@Path("/developer")
@RegisterRestClient
@Consumes("application/json")   ❶
@Produces("application/json")
public interface DeveloperService {


    @HEAD   ❷
    Response head();

    @GET
    List<Developer> getDevelopers();

    @POST   ❸
    Response createDeveloper(
        @HeaderParam("Authorization") String authorization,   ❹
        Developer developer);   ❺
```

```
   @DELETE   ❻
   @Path("/{userId}")
   Response deleteUser(@CookieParam("AuthToken") String authorization,   ❼
       @PathParam("developerId") Long developerId);
}
```

❶ 요청과 응답은 JSON 양식

❷ HEAD HTTP 메서드를 사용

❸ POST HTTP 메서드를 사용

❹ Authorization 헤더를 설정

❺ Developer 내용을 본문으로 전송

❻ DELETE HTTP 메서드 사용

❼ AuthToken 쿠키 설정

논의 다른 서비스로 요청을 보낼 때 JAX–RS 애너테이션을 어떻게 설정했는지 주목하세요. 여러분은 프로그램적으로 한 것이 아무것도 없습니다[1].

이 접근법은 개발자 친화적이며 JAX–RS 웹 클라이언트를 사용할 때 만나게 되는 불필요한 boilerplate 코드를 줄여줍니다.

물론 단점도 존재합니다. 예를 들어 메서드는 경로 인자의 수, 설정해야 할 헤더와 쿠키 등으로 인해 다수의 인자가 포함됩니다. 이것을 고치려면 필요한 모든 필드(메서드에서 생성하지 않고)를 포함한 POJO를 넘겨야 합니다.

PUT 메서드의 요구사항(예, 권한 헤더와 경로 인자)을 포함한 자바 클래스를 생성합니다.

파일: ch_13/clock–app/src/main/java/org/acme/quickstart/PutDeveloper.java

```
package org.acme.quickstart;

import javax.ws.rs.HeaderParam;
import javax.ws.rs.PathParam;

public class PutDeveloper {
```

---

1 옮긴이_ 인터페이스로만 되어 있습니다.

```
@HeaderParam("Authorization")  ❶
private String authorization;

@PathParam("developerId")  ❷
private String developerId;

public String getAuthorization() {
    return authorization;
}

public void setAuthorization(String authorization) {
    this.authorization = authorization;
}

public String getDeveloperId() {
    return developerId;
}

public void setDeveloperId(String developerId) {
    this.developerId = developerId;
}

}
```

❶ Authorization 헤더를 설정

❷ 매칭할 path 인자를 설정

이전 클래스를 사용한 interface 메서드는 다음과 같습니다.

파일: ch_13/clock-app/src/main/java/org/acme/quickstart/DeveloperService.java

```
@PUT
@Path("/{developerId}")
Response updateUser(@BeanParam PutDeveloper putDeveloper,  ❶
    Developer developer);
```

❶ BeanParam은 이 클래스가 인자 집합자^{parameter aggregator}임을 나타내는 데 사용됨

13.4 헤더 조작하기

문제 들어오는 요청으로부터 나가는 서비스(서비스 대 서비스 인증)에 대해 헤더를 조작하고 전파하기

해결 헤더를 조작하는 마이크로프로파일 REST 클라이언트 기능을 사용합니다.

다른 RESTful 웹 서비스들과 통신할 때 여러분은 들어오는 요청의 몇몇 헤더를 나가는/다운스트림의 서비스로 보내고 싶을 수 있습니다. 전형적인 사례 중 하나는 서비스 대 서비스 인증을 하는 `Authorization` 헤더입니다. 서비스 아키텍처에서 인증과 권한은 보통 응용프로그램을 구성하는 모든 서비스에 토큰(종종 JWT 토큰)을 전파해 해결합니다. 이러한 생각은 [그림 13-1]에서 볼 수 있습니다.

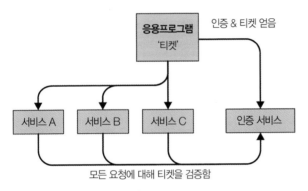

그림 13-1 서비스 대 서비스 인증

마이크로프로파일 REST 클라이언트는 정적인 방식으로 애너테이션을 사용하거나 `Client HeadersFactory` 인터페이스를 구현해 프로그램적으로 헤더를 전파하고 조작할 수 있도록 단순화합니다.

단일 메서드나 인터페이스에 정의된 모든 메서드에 대해 헤더를 설정하려면, 메서드 수준 혹은 클래스 수준으로 `org.eclipse.microprofile.REST.client.annotation.ClientHeaderParam` 애너테이션을 사용하고 헤더에 정적인 값을 넣습니다.

파일: ch_13/clock—app/src/main/java/org/acme/quickstart/ConfigureHeaderServices.java

```
@Path("/somePath")
@ClientHeaderParam(name="user-agent", value="curl/7.54.0")  ❶
Response get();
```

❶ user-agent 헤더를 요청에 설정

value는 메서드 호출이 될 수도 있으며 반환값이 헤더값으로 설정됩니다.

파일: ch_13/clock—app/src/main/java/org/acme/quickstart/ConfigureHeaderServices.java

```
@ClientHeaderParam(name="user-agent", value="{determineHeaderValue}")  ❶
Response otherGet();

default String determineHeaderValue(String headerName) {  ❷
    return "Hi-" + headerName;
}
```

❶ 호출할 메서드를 설정
❷ 헤더 이름이 메서드의 첫 번째 인자가 됨

이 접근법은 헤더의 기본적인 조작을 제공하지만 들어오는 요청을 나가는 서비스로 헤더를 전파할 때는 도움이 되지 않습니다. 또한 ClientHeadersFactory 인터페이스를 구현하고 RegisterClientHeaders 애너테이션에 등록해 헤더를 추가하거나 전파할 수 있습니다.

예를 들어 여러분의 서비스가 업스트림 서비스로부터 x-auth라는 헤더를 가진 인증 토큰을 받고, 다운스트림의 서비스에 이 값을 Authorization 헤더로 설정해야 합니다. 마이크로프로파일 REST 클라이언트로 이러한 헤더의 이름 변경을 구현합니다.

파일: ch_13/clock—app/src/main/java/org/acme/quickstart/CustomClientHeadersFactory.java

```
package org.acme.quickstart;

import java.util.List;

import javax.ws.rs.core.MultivaluedHashMap;
```

```java
import javax.ws.rs.core.MultivaluedMap;

import org.eclipse.microprofile.rest.client.ext.ClientHeadersFactory;

public class CustomClientHeadersFactory implements ClientHeadersFactory {

  @Override
  public MultivaluedMap<String, String> update(
      MultivaluedMap<String, String> incomingHeaders,       ❶
      MultivaluedMap<String, String> clientOutgoingHeaders) {  ❷

    final MultivaluedMap<String, String> headers =
      new MultivaluedHashMap<String, String>(incomingHeaders);
    headers.putAll(clientOutgoingHeaders);    ❸

    final List<String> auth = headers.get("x-auth");    ❹
    headers.put("Authorization", auth);
    headers.remove("x-auth");

    return headers;
  }
}
```

❶ 인바운드 JAX-RS 요청의 헤더들
❷ 클라이언트 인터페이스에 정의된 헤더들
❸ 모든 헤더를 추가함
❹ 헤더의 이름을 변경

마지막으로 RegisterClientHeaders 애너테이션으로 팩토리를 클라이언트에 등록합니다.

파일: ch_13/clock-app/src/main/java/org/acme/quickstart/ConfigureHeaderServices.java

```java
@RegisterClientHeaders(CustomClientHeadersFactory.class)  ❶
public interface ConfigureHeaderServices {
```

❶ 헤더의 팩토리를 이 클라이언트에 등록

논의 만약 헤더를 변경 없이 있는 그대로 전파한다면 @RegisterClientHeaders만 REST 클라이언트에 붙이고 팩토리는 생략하고 기본 헤더 팩토리를 사용합니다.

기본 팩토리는 인바운드 JAX-RS 요청으로부터 명시된 헤더를 아웃바운드 요청으로 전파합니다. 어느 헤더를 전파할지 설정하려면 org.eclipse.microprofile.REST.client.propagateHeaders 속성에 콤마로 구분해 값을 넣습니다.

```
org.eclipse.microprofile.rest.client.propagateHeaders=Authorization,\
                                                      MyCustomHeader
```

13.5 REST 클라이언트에서 멀티파트 메시지 사용

문제 멀티파트 콘텐츠를 요구하는 REST API와 통신하기

해결 RESTEasy 멀티파트 지원을 사용해 멀티파트 메시지를 보냅니다.

때때로 여러분이 연결하려는 서비스는 단일 메시지에 다수의 콘텐츠 본문을 내장하기를 요구합니다. 보통은 multipart/form-data MIME 타입을 사용합니다. 멀티파트 MIME 타입으로 작업하는 가장 쉬운 방법은 마이크로프로파일 REST 클라이언트와 통합되어 있는 RESTEasy 멀티파트 제공자를 사용하는 것입니다.

> **IMPORTANT_** 이 기능은 RESTEasy/쿼커스에 한정되며 마이크로프로파일 REST 클라이언트 명세는 아닙니다.

개발을 시작하기 전에 빌드 도구에 **resteasy-multipart-provider** 의존성을 추가합니다.

파일: ch_13/clock-app/pom.xml

```
<dependency>
  <groupId>org.jboss.resteasy</groupId>
  <artifactId>resteasy-multipart-provider</artifactId>
</dependency>
```

그다음 메시지의 페이로드payload를 정의하는 모델 객체를 생성해야 합니다. 바이너리와 문자열의 두 부분으로 이루어진 멀티파트 메시지를 정의합니다.

파일: ch_13/clock-app/src/main/java/org/acme/quickstart/MultipartDeveloperModel.java

```java
package org.acme.quickstart;

import java.io.InputStream;

import javax.ws.rs.FormParam;
import javax.ws.rs.core.MediaType;

import org.jboss.resteasy.annotations.providers.multipart.PartType;

public class MultipartDeveloperModel {

    @FormParam("avatar")  ❶
    @PartType(MediaType.APPLICATION_OCTET_STREAM)  ❷
    public InputStream file;

    @FormParam("name")
    @PartType(MediaType.TEXT_PLAIN)
    public String developerName;

}
```

❶ 요청 안에 포함된 폼 인자를 정의하는 JAX-RS 애너테이션

❷ 파트의 콘텐츠 타입을 정의하는 RESTEasy 애너테이션

마지막으로 `MultipartDeveloperModel` 객체를 사용해 새로운 메서드를 선언하고 인자에 `org.jboss.resteasy.annotations.providers.multipart.MultipartForm` 애너테이션을 붙입니다.

파일: ch_13/clock-app/src/main/java/org/acme/quickstart/ConfigureHeaderServices.java

```java
@POST
@Consumes(MediaType.MULTIPART_FORM_DATA)  ❶
@Produces(MediaType.TEXT_PLAIN)
String sendMultipartData(@MultipartForm  ❷
                MultipartDeveloperModel data);  ❸
```

❶ 출력 MIME 타입을 멀티파트로 선언

❷ 인자를 multipart/form-type MIME 타입으로 선언

❸ 멀티파트 데이터

13.6 REST 클라이언트에 SSL 설정하기

문제 REST 클라이언트에 SSL 사용하기

해결 마이크로프로파일 REST 클라이언트는 다른 서비스와 통신할 때 SSL을 설정하는 기능을 제공합니다.

기본적으로 마이크로프로파일 REST 클라이언트는 HTTPS 연결을 사용할 때 JVM 신뢰 저장소trust store를 사용해 인증서를 검증합니다. 하지만 내부 서비스의 경우에는 JVM 신뢰 저장소로 검증할 수 없어 사용자 정의 신뢰 저장소를 제공해야 합니다.

마이크로프로파일 REST 클라이언트는 trustStore 설정 속성을 지정해 사용자 정의 신뢰 저장소를 설정합니다.

```
org.acme.quickstart.FruityViceService/mp-rest/trustStore= \
    classpath:/custom-truststore.jks  ❶
org.acme.quickstart.FruityViceService/mp-rest/trustStorePassword=acme  ❷
org.acme.quickstart.FruityViceService/mp-rest/trustStoreType=JKS  ❸
```

❶ trustStore는 신뢰 저장소 위치를 지정. 이것은 클래스패스 자원(classpath:) 혹은 파일(file:)이 가능

❷ trustStorePassword는 신뢰 저장소의 비밀번호를 설정

❸ trustStoreType은 신뢰 저장소의 종류를 설정

키 저장소도 물론 제공되며 양방향 SSL 연결에 매우 유용합니다.

마이크로프로파일 REST 클라이언트는 keyStore 설정 속성으로 사용자 정의 키 저장소도 설정할 수 있습니다.

```
org.acme.quickstart.FruityViceService/mp-rest/keyStore= \
    classpath:/custom-keystore.jks  ❶
org.acme.quickstart.FruityViceService/mp-rest/keyStorePassword=acme  ❷
org.acme.quickstart.FruityViceService/mp-rest/keyStoreType=JKS  ❸
```

❶ keyStore는 키 저장소 위치를 지정. 이것은 클래스패스 자원(classpath:) 혹은 파일(file:)이 가능

❷ keyStorePassword는 키 저장소의 비밀번호를 설정

❸ keyStoreType은 키 저장소의 종류를 설정

마지막으로 javax.net.ssl.HostnameVerifier을 구현해 URL의 호스트 이름과 서버의 호스트 이름이 서로 맞지 않을 때의 행동을 오버라이드합니다. 이 인터페이스의 구현은 연결 허용 여부를 결정합니다.

다음은 호스트 이름 검증자의 예제입니다.

파일: ch_13/fruit-app/src/main/java/org/acme/quickstart/FruityHostnameVerifier.java

```
package org.acme.quickstart;

import javax.net.ssl.HostnameVerifier;
import javax.net.ssl.SSLSession;

public class FruityHostnameVerifier implements HostnameVerifier {

    @Override
    public boolean verify(String hostname, SSLSession session) {
        if ("fruityvice.com".equals(hostname)) {
            return true;
        }

        return false;
    }

}
```

설정 파일에서 이것을 활성화합니다.

```
org.acme.quickstart.FruityViceService/mp-rest/hostnameVerifier=\
org.acme.quickstart.FruityHostnameVerifier
```

논의 대부분의 경우, 여러분은 로컬에서 테스트할 때나 외부 서비스에 연결할 때 필요한 신뢰 저장소나 키 저장소를 모두 설치하지는 않을 것입니다. 이 경우에는 서비스의 HTTP 버전에서 테스트할 수 있습니다. 하지만 항상 가능하지는 않는데, 제3자 서비스의 경우 오직 HTTPS 프로토콜만 활성화될 수도 있기 때문입니다.

이러한 문제의 유일한 해결책은 마이크로프로파일 REST 클라이언트가 모든 인증서를 신뢰하도록 설정하는 것입니다. 이를 위해서는 클라이언트를 설정하고 사용자 정의 신뢰 관리자를 제공해야 합니다.

파일: ch_13/fruit—app/src/main/java/org/acme/quickstart/TrustAllFruityViceService.java

```java
package org.acme.quickstart;

import java.net.Socket;
import java.net.URI;
import java.security.KeyManagementException;
import java.security.NoSuchAlgorithmException;
import java.security.cert.CertificateException;
import java.security.cert.X509Certificate;

import javax.enterprise.context.ApplicationScoped;
import javax.net.ssl.HttpsURLConnection;
import javax.net.ssl.SSLContext;
import javax.net.ssl.SSLEngine;
import javax.net.ssl.TrustManager;
import javax.net.ssl.X509ExtendedTrustManager;

import org.apache.http.conn.ssl.NoopHostnameVerifier;
import org.eclipse.microprofile.rest.client.RestClientBuilder;

@ApplicationScoped  ❶
public class TrustAllFruityViceService {

  public FruityVice getFruitByName(String name) {
    FruityViceService fruityViceService = RestClientBuilder.newBuilder()
```

```
      .baseUri(URI.create("https://www.fruityvice.com/"))
      .hostnameVerifier(NoopHostnameVerifier.INSTANCE)  ❷
      .sslContext(trustEverything())  ❸
      .build(FruityViceService.class);

  return fruityViceService.getFruitByName(name);
}

private static SSLContext trustEverything() {  ❹

  try {
    SSLContext sc = SSLContext.getInstance("SSL");
    sc.init(null, trustAllCerts(), new java.security.SecureRandom());
    HttpsURLConnection.setDefaultSSLSocketFactory(sc.getSocketFactory());
    return sc;
  } catch (KeyManagementException | NoSuchAlgorithmException e) {
    throw new IllegalStateException(e);
  }
}

private static TrustManager[] trustAllCerts() {
  return new TrustManager[]{
    new X509ExtendedTrustManager(){

      @Override
      public X509Certificate[] getAcceptedIssuers() {
        return null;
      }

      @Override
      public void checkServerTrusted(X509Certificate[] chain,
                                     String authType)
        throws CertificateException {
      }

      @Override
      public void checkClientTrusted(X509Certificate[] chain,
                                     String authType)
        throws CertificateException {
      }

      @Override
      public void checkServerTrusted(X509Certificate[] chain,
                                     String authType,
```

```
                              SSLEngine sslEngine)
        throws CertificateException {
    }

    @Override
    public void checkServerTrusted(X509Certificate[] chain,
                                   String authType,
                                   Socket socket)
        throws CertificateException {
    }

    @Override
    public void checkClientTrusted(X509Certificate[] chain,
                                   String authType,
                                   SSLEngine sslEngine)
        throws CertificateException {
    }

    @Override
    public void checkClientTrusted(X509Certificate[] chain,
                                   String authType,
                                   Socket socket)
        throws CertificateException {
    }
  }
};
}
}
```

❶ CDI 빈을 생성. CDI 빈을 사용하려면 @RestClient 대신에 @Inject를 사용해야 함

❷ 호스트 검증을 비활성화

❸ 어떠한 검증도 하지 않고 모든 인증서를 신뢰

❹ 모든 SSL 검사를 부정하는 빈^{empty} 신뢰 관리자로 SSLContext를 변경

그다음 운영 인스턴스가 아닌 이 인스턴스를 주입하면 모든 HTTPS 요청은 외부 서비스에서
사용한 인증서와 무관하게 유효하게 됩니다.

CHAPTER 14

스프링 API로 쿼커스
응용프로그램 개발하기

지금까지는 모든 예제가 **@Inject** 혹은 **@Produces**와 같은 CDI 애너테이션, JAX-RS 애너테이션, 자바 EE 보안 애너테이션으로 개발되었습니다. 하지만 쿼커스는 널리 사용되는 스프링 Spring 라이브러리와의 호환성 계층도 제공합니다. 따라서 스프링 프레임워크로 쿼커스 응용프로그램을 개발할 수 있습니다.

이 장에서는 다음과 같은 방법을 다룹니다.

- 스프링 의존성 주입Spring Dependency Injection
- 스프링 REST 웹Spring REST Web
- 스프링 데이터 JPASpring Data JPA
- 스프링 보안Spring Security
- 스프링 부트 설정Spring Boot Configuration

14.1 스프링 의존성 주입 사용하기

문제 스프링 의존성 주입(DI) API을 사용하여 쿼커스로 개발하기

해결 쿼커스는 스프링 DI 애너테이션을 사용하는 API 호환성 계층(확장을 사용)을 제공합

니다.

CDI 애너테이션 사용을 권장하지만 자유롭게 스프링 애너테이션도 사용할 수 있습니다. 왜냐하면 최종 응용프로그램은 완전히 동일한 방식으로 동작하기 때문입니다.

책의 전반부에서 다루었던 인사greeting 서비스를 개발합니다. 스프링 프레임워크에 익숙하다면 많은 내용이 눈에 익을 것입니다.

스프링 DI 확장을 추가하려면 다음의 명령을 실행합니다.

```
./mvnw quarkus:add-extension -Dextensions="spring-di"
```

혹은 다음 명령을 실행해 스프링 DI 확장을 포함한 프로젝트를 생성할 수도 있습니다.

```
mvn io.quarkus:quarkus-maven-plugin:1.11.3.Final:create \
    -DprojectGroupId=org.acme.quickstart \
    -DprojectArtifactId=spring-di-quickstart \
    -DclassName="org.acme.quickstart.GreeterResource" \
    -Dpath="/greeting" \
    -Dextensions="spring-di"
```

application.properties 파일을 열고 새로운 속성을 추가합니다.

파일: ch_14/spring-di/src/main/resources/application.properties

```
greetings.message=Hello World
```

이 설정값을 어떤 클래스에 주입하려면 @org.springframework.beans.factory.annotation.Value 스프링 애너테이션을 사용합니다.

파일: ch_14/spring-di/src/main/java/org/acme/quickstart/AppConfiguration.java

```
package org.acme.quickstart;

import java.util.function.Function;

import org.springframework.context.annotation.Bean;
import org.springframework.context.annotation.Configuration;
```

```
@Configuration  ❶
public class AppConfiguration {

    @Bean(name = "suffix")  ❷
    public Function<String, String> exclamation() {
        return new Function<String, String>() {  ❸
            @Override
            public String apply(String t) {
                return t + "!!";
            }
        };
    }
}
```

❶ @Configuration 애너테이션으로 클래스를 설정 객체로 정의

❷ 주어진 메시지에 접미사를 추가하는 빈 생성

❸ 서비스를 구현

두 경우 모두 스프링 애너테이션이 사용되었다는 것을 주목하는 것이 중요합니다.

빈을 주입할 때는 @org.springframework.beans.factory.annotation.Autowired와 @org.springframework.beans.factory.annotation.Qualifier 애너테이션을 사용합니다.

파일: ch_14/spring-di/src/main/java/org/acme/quickstart/PrefixService.java

```
package org.acme.quickstart;

import org.springframework.stereotype.Service;

@Service  ❶
public class PrefixService {

    public String appendPrefix(String message) {
        return "- " + message;
    }

}
```

❶ 이 클래스를 서비스로 설정

@Autowired 대신 생성자를 사용해 빈을 주입합니다.

파일: ch_14/spring-di/src/main/java/org/acme/quickstart/GreetingResource.java

```
private PrefixService prefixService;

public GreetingResource(PrefixService prefixService) {  ❶
    this.prefixService = prefixService;
}
```

❶ 생성자를 사용해 인스턴스를 주입. @Autowired가 필요하지 않는다는 점을 주목하세요

마지막으로 이 모든 동작을 조합해 다음의 출력을 만듭니다.

파일: ch_14/spring-di/src/main/java/org/acme/quickstart/GreetingResource.java

```
@GET
@Produces(MediaType.TEXT_PLAIN)
public String hello() {
    String prefixed = prefixService.appendPrefix(message);
    return this.suffixComponent.apply(prefixed);
}
```

프로젝트를 실행하면 스프링 DI 애너테이션을 사용해도 모든 객체가 생성되고 올바르게 주입되었음을 알 수 있습니다.

```
./mvnw compile quarkus:dev

curl http://localhost:8080/greeting

- Hello World!!
```

논의 쿼커스는 스프링 응용프로그램 콘텍스트Spring Application Context를 시작하지 않음을 주목하는 것이 중요합니다. 쿼커스의 통합은 오직 API 수준(애너테이션들, 반환형 등)으로 다음의 내용을 의미합니다.

- 다른 스프링 라이브러리를 사용하는 것은 효과가 없습니다. 이후에는 쿼커스가 다른 스프링 라이브러리에 대한 통합도 제공할 것입니다.
- org.springframework.beans.factory.config.BeanPostProcessor는 실행되지 않습니다.

[표 14-1]은 마이크로프로파일/CDI와 스프링의 동등한 애너테이션을 보여줍니다.

표 14-1 마이크로프로파일/CDI와 스프링의 동등한 애너테이션

스프링	CDI/마이크로프로파일
@Autowired	@Inject
@Qualifier	@Named
@Value	@ConfigProperty. 전형적인 사례의 익스프레션 언어가 지원됨
@Component	@Singleton
@Service	@Singleton
@Repository	@Singleton
@Configuration	@ApplicationScoped
@Bean	@Produces

14.2 스프링 웹 사용하기

문제 스프링 웹 API를 사용하여 쿼커스로 개발하기

해결 쿼커스는 스프링 웹 애너테이션과 클래스를 사용하는 API 호환성 계층(확장을 사용)을 제공합니다.

스프링 웹 확장을 추가하려면 다음의 명령을 실행합니다.

```
./mvnw quarkus:add-extension -Dextensions="spring-web"
```

오직 스프링 웹 애너테이션으로 새로운 자원을 생성합니다.

파일: ch_14/spring-di/src/main/java/org/acme/quickstart/SpringController.java

```
package org.acme.quickstart;

import org.springframework.http.ResponseEntity;
import org.springframework.web.bind.annotation.GetMapping;
import org.springframework.web.bind.annotation.PathVariable;
import org.springframework.web.bind.annotation.RequestMapping;
import org.springframework.web.bind.annotation.RestController;

@RestController     ❶
@RequestMapping("/greeting")     ❷
public class SpringController {

  @GetMapping     ❸
  public ResponseEntity<String> getMessage() {     ❹
    return ResponseEntity.ok("Hello");
  }

  @GetMapping("/{name}")
  public String hello(@PathVariable(name = "name") String name) {     ❺
    return "hello " + name;
  }
}
```

❶ REST 자원 정의

❷ 루트 경로를 매핑

❸ GET HTTP 메서드를 설정

❹ 스프링의 ResponseEntity를 반환

❺ 경로 정보를 얻음

오직 스프링의 애너테이션과 클래스로 자원을 구현했습니다. JAX-RS API를 사용한 흔적은 찾을 수 없습니다.

논의 지금까지 쿼커스 응용프로그램에서 스프링 의존성 주입 애너테이션을 어떻게 사용하는 지 배웠습니다. 쿼커스는 확장을 통해 스프링 웹과 통합되어 있습니다.

JAX-RS 애너테이션을 권장하지만 스프링 웹 클래스와 애너테이션을 자유롭게 사용할 수 있습니다. 어느 것을 사용하든지 최종 응용프로그램은 같은 방식으로 동작합니다.

쿼커스는 오직 스프링 웹의 REST 연관 기능만 제공합니다. 요약하면 모든 `@RESTController` 기능이 제공되며 제네릭 `@Controller` 관련은 제외됩니다.

다음의 스프링 웹 애너테이션을 지원합니다. `@RESTController`, `@RequestMapping`, `@GetMapping`, `@PostMapping`, `@PutMapping`, `@DeleteMapping`, `@PatchMapping`, `@RequestParam`, `@RequestHeader`, `@MatrixVariable`, `@PathVariable`, `@CookieValue`, `@RequestBody`, `@ResponseStatus`, `@ExceptionHandler`(오직 `@RESTControllerAdvice` 클래스에서만 사용됨)과 `@RESTControllerAdvice`(오직 `@ExceptionHandler` 기능이 제공됨).

다음은 REST 컨트롤러를 위해 기본으로 제공되는 반환형입니다. 자바 기본형, `String`(리터럴이며 MVC 지원은 안 됨), POJO와 `org.springframework.http.ResponseEntity`.

다음은 REST 컨트롤러를 위해 기본으로 제공되는 메서드 인자입니다. 자바 기본형, `String`, POJO와 `javax.servlet.http.HttpServletRequest`와 `javax.servlet.http.HttpServletResponse`.

다음은 exception handlers를 위해 기본으로 제공되는 반환형입니다. `org.springframework.http.ResponseEntity`와 `java.util.Map`.

다음은 exception handlers를 위해 기본으로 제공되는 메서드 인자입니다. `java.lang.Exception` 혹은 그 하위 타입, `javax.servlet.http.HttpServletRequest`와 `javax.servlet.http.HttpServletResponse`.

> **IMPORTANT_** `javax.servlet` 클래스를 사용하려면 quarkus-undertow 의존성을 등록해야 합니다.

[표 14-2]는 JAX-RS와 스프링 웹의 동등한 애너테이션을 보여줍니다.

표 14-2 JAX-RS와 스프링 웹의 동등한 애너테이션

스프링	JAX-RS
@RequestController	
@RequestMapping(path="/api")	@Path("/api")
@RequestMapping(consumes="application/json")	@Consumes("application/json")
@RequestMapping(produces="application/json")	@Produces("application/json")
@RequestParam	@QueryParam
@PathVariable	@PathParam
@RequestBody	
@RestControllerAdvice	
@ResponseStatus	javax.ws.rs.core.Response 클래스를 사용
@ExceptionHandler	javax.ws.rs.ext.ExceptionMapper 인터페이스를 구현

14.3 스프링 데이터 JPA 사용하기

문제 스프링 데이터 JPA API와 쿼커스로 영속 계층 개발하기

해결 쿼커스는 스프링 데이터 JPA 클래스를 사용하는 API 호환성 계층(확장을 사용)을 제공합니다.

스프링 데이터 JPA 확장을 추가하려면 다음의 명령을 실행합니다.

```
./mvnw quarkus:add-extension -Dextensions="spring-data-jpa"
```

파나쉬 혹은 스프링 데이터 JPA를 사용하는 것의 큰 차이점은 저장소 클래스가 io.quarkus.hibernate.orm.panache.PanacheRepository가 아니라 스프링 데이터의 org.spring framework.data.repository.CrudRepository 인터페이스를 구현해야 한다는 것입니다. 하지만 엔티티를 정의하거나 application.properties 파일에서 데이터소스를 설정하는 것과 같은 나머지 부분은 정확히 동일합니다.

org.acme.quickstart.DeveloperRepository라는 새로운 클래스를 생성합니다.

파일: ch_14/spring-jpa/src/main/java/org/acme/quickstart/DeveloperRepository.java

```java
package org.acme.quickstart;

import java.util.List;

import org.springframework.data.repository.CrudRepository;

public interface DeveloperRepository extends CrudRepository<Developer, Long> {  ❶
    List<Developer> findByName(String name);  ❷
}
```

❶ 스프링 데이터 JPA CRUD 저장소를 정의
❷ 도출된 쿼리 메서드

프로젝트를 실행하고 몇몇을 요청해 객체가 스프링 데이터 인터페이스로 영속화되었는지 검증합니다. 이를 위해서 터미널 창에서 다음의 명령을 실행합니다.[1]

```
./mvnw compile quarkus:dev

curl -d '{"name":"Ada"}' -H "Content-Type: application/json" \
    -X POST http://localhost:8080/developer -v

< HTTP/1.1 201 Created
< Content-Length: 0
< Location: http://localhost:8080/developer/1
<
* Connection #0 to host localhost left intact
```

논의 7장에서는 쿼커스로 영속성 코드를 개발하는 방법(특히, 파나쉬를 사용)을 배웠습니다.

---

[1] 옮긴이_application.properties 파일에 명시된 데이터소스(MariaDB)가 존재해야 합니다.

또한 퀴커스는 확장을 통해 스프링 데이터 JPA를 통합했습니다.

비록 파나쉬 프레임워크 사용이 권장되지만 스프링 데이터 JPA 클래스를 사용해도 됩니다. 왜냐하면 최종 응용프로그램은 정확하게 동일한 방식으로 동작하기 때문입니다.

퀴커스는 스프링 데이터 JPA 기능의 일부를 지원하며 기본적으로 가장 널리 사용되는 기능입니다.

다음 인터페이스는 저장소를 정의할 때 지원됩니다.

- org.springframework.data.repository.Repository
- org.springframework.data.repository.CrudRepository
- org.springframework.data.repository.CrudRepository
- org.springframework.data.repository.PagingAndSortingRepository
- org.springframework.data.jpa.repository.JpaRepository

> **IMPORTANT_** 데이터베이스를 업데이트하는 메서드는 자동으로 @Transctional 애너테이션이 붙습니다. 만약 @org.springframework.data.jpa.repository.Query를 사용한다면 트렌젝션으로 만들기 위해 @org.springframework.data.jpa.repository.Modifying 애너테이션을 메서드에 붙여야 합니다.

이 책을 쓰는 시점에는 다음의 기능이 지원되지 않습니다.[2]

- org.springframework.data.repository.query.QueryByExampleExecutor의 메서드
- QueryDSL 지원
- 코드베이스에 있는 모든 저장소 인터페이스에 대한 베이스 저장소 커스터마이징
- 저장소 메서드의 반환형으로서 java.util.concurrent.Future 혹은 그것의 하위 클래스
- @Query를 사용하는 네이티브와 이름을 가진[named] 쿼리

이 제한사항은 가까운 미래에는 해결될 것입니다.

---

2 옮긴이_ *https://quarkus.io/guides/spring-data-jpa#what-is-currently-unsupported*

14.4 스프링 보안 사용하기

문제 스프링 보안 API로 자원 보호하기

해결 쿼커스는 스프링 보안 클래스를 사용할 수 있도록 API 호환성 계층을 제공합니다.

스프링 보안 확장(과 아이덴티티 제공자)을 추가하려면 다음 명령을 실행합니다.

```
./mvnw quarkus:add-extension \
    -Dextensions="quarkus-spring-security, quarkus-spring-web, \
                quarkus-elytron-security-properties-file"
```

이 시점부터 코드는 자바 EE 애너테이션(`@javax.annotation.security.RolesAllowed`)
대신 스프링 보안 애너테이션(`org.springframework.security.access.annotation.`
`Secured`와 `org.springframework.security.access.prepost.PreAuthorize`)으로 보호
합니다.

파일: ch_14/spring-sec/src/main/java/org/acme/quickstart/GreetingController.java

```java
package org.acme.quickstart;

import org.springframework.security.access.annotation.Secured;
import org.springframework.security.access.prepost.PreAuthorize;
import org.springframework.web.bind.annotation.GetMapping;
import org.springframework.web.bind.annotation.RequestMapping;
import org.springframework.web.bind.annotation.RestController;

@RestController
@RequestMapping("/hello")
public class GreetingController {
    @GetMapping
    @Secured("admin")    ❶
    public String helloAdmin() {
        return "hello from admin";
    }

    @PreAuthorize("hasAnyRole('user')")    ❷
```

```java
    @GetMapping
    @RequestMapping("/any")
    public String helloUsers() {
        return "hello from users";
    }
}
```

❶ @Secured 애너테이션

❷ 익스프레션 지원을 추가하는 @PreAuthorize 애너테이션

엘리트론 파일 속성 확장이 아이덴티티 제공자로 등록되어 있기 때문에 application.properties 파일에 유효한 사용자와 역할을 등록합니다.

파일: ch_14/spring—sec/src/main/resources/application.properties

```
quarkus.security.users.embedded.enabled=true
quarkus.security.users.embedded.plain-text=true
quarkus.security.users.embedded.users.alexandra=aixa
quarkus.security.users.embedded.roles.alexandra=admin,user
quarkus.security.users.embedded.users.ada=dev
quarkus.security.users.embedded.roles.ada=user
```

오직 alexandra만이 두 종단점에 모두 접근할 수 있으며 ada는 사용자 권한만 접근할 수 있습니다.

논의 11장에서는 자바 EE 보안 애너테이션(@RolesAllowed)으로 RESTful 웹 서비스를 보호하는 방법을 배웠습니다. 쿼커스는 확장을 통해 스프링 보안을 통합하여 스프링 보안 애너테이션도 사용할 수 있도록 해줍니다.

스프링 보안 통합은 API 수준이며 엘리트론 파일 속성과 같은 아이덴티티 제공자 구현은 여전히 필요합니다.

쿼커스는 스프링 보안의 @PreAuthorize 익스프레션 언어의 부분집합을 지원하며, 기본적으로 가장 널리 쓰이는 공통 부분의 기능을 포함합니다.

```java
@PreAuthorize("hasRole('admin')")
@PreAuthorize("hasRole(@roles.USER)")  ❶
```

```
@PreAuthorize("hasAnyRole(@roles.USER, 'view')")
@PreAuthorize("permitAll()")
@PreAuthorize("denyAll()")

@PreAuthorize("isAnonymous()")
@PreAuthorize("isAuthenticated()")
```

❶ roles는 @Component 애너테이션으로 정의된 빈이며 USER는 그 클래스의 public 필드입니다

조건부 익스프레션도 제공됩니다.

```
@PreAuthorize("#person.name == authentication.principal.username")
public void doSomethingElse(Person person){}

@PreAuthorize("@personChecker.check(#person,
               authentication.principal.username)")
public void doSomething(Person person){}

@Component
public class PersonChecker {
  public boolean check(Person person, String username) {
    return person.getName().equals(username);
  }
}

@PreAuthorize("hasAnyRole('user', 'admin') AND #user == principal.username")
public void allowedForUser(String user) {}
```

14.5 스프링 부트 속성 사용하기

문제 설정 속성을 자바 객체로 매핑하는 데 스프링 부트 사용하기

해결 퀴커스는 스프링 부트 설정 속성을 사용하는 API 호환성 계층(확장을 사용)을 제공합니다.

퀴커스는 확장의 형식으로 스프링 부트를 통합하고 있으며 @org.springframework.boot.
context.properties.ConfigurationProperties 애너테이션으로 설정 속성을 자바 객체에
매핑할 수 있습니다.

스프링 부트 확장(과 다른 스프링 통합)을 추가하려면 다음의 명령을 실행합니다.

```
./mvnw quarkus:add-extension \
    -Dextensions="quarkus-spring-di, quarkus-spring-web, \
                  quarkus-spring-boot-properties, \
                  quarkus-hibernate-validator"
```

자바 객체로 바인딩할 몇몇 설정 속성을 추가합니다.

파일: ch_14/spring—boot/src/main/resources/application.properties

```
greeting.message=Hello World
greeting.configuration.uppercase=true
```

다음 단계는 파일로부터 설정 속성을 자바 객체로 바인딩할 getter와 setter 메서드를 가진
POJO 클래스를 등록합니다. uppercase 속성은 configuration 속성의 하위 카테고리이고,
이는 POJO 클래스가 어떻게 생성되어야 하는지 영향을 줍니다. 왜냐하면 각 하위 카테고리
속성은 반드시 각각의 클래스로 추가되어야 하기 때문입니다.

파일: ch_14/spring—boot/src/main/java/org/acme/quickstart/GreetingConfiguration.java

```
package org.acme.quickstart;

import javax.validation.constraints.Size;

import org.springframework.boot.context.properties.ConfigurationProperties;

@ConfigurationProperties(prefix = "greeting")  ❶
public class GreetingConfiguration {

    @Size(min = 2)  ❷
    private String message;
    private Configuration configuration;  ❸
```

```java
        public void setMessage(String message) {
            this.message = message;
        }

        public String getMessage() {
            return message;
        }

        public void setConfiguration(Configuration configuration) {
            this.configuration = configuration;
        }

        public Configuration getConfiguration() {
            return configuration;
        }

    }
```

❶ 부모 클래스에 @ConfigurationProperties 애너테이션을 붙이고 설정 속성의 접두사^{prefix}를 설정

❷ 빈 검증 애너테이션이 지원됨

❸ 하위 카테고리 configuration은 같은 이름의 필드에 매핑됨

하위 카테고리 POJO는 단지 uppercase 속성을 가진 자바 클래스입니다.

파일: ch_14/spring–boot/src/main/java/org/acme/quickstart/Configuration.java

```java
package org.acme.quickstart;

public class Configuration {

    private boolean uppercase;

    public boolean isUppercase() {
        return uppercase;
    }

    public void setUppercase(boolean uppercase) {
        this.uppercase = uppercase;
    }
}
```

설정 객체는 어떠한 객체에도 주입할 수 있으며 여기에서는 **@Inject** 혹은 **@Autowired**를 사용할 수 있습니다.

파일: ch_14/spring-boot/src/main/java/org/acme/quickstart/GreetingResource.java

```
@Autowired  ❶
GreetingConfiguration greetingConfiguration;

@GetMapping
public String hello() {
    if (greetingConfiguration.getConfiguration().isUppercase()) {  ❷
        return greetingConfiguration.getMessage().toUpperCase();
    }
    return greetingConfiguration.getMessage();
}
```

❶ 설정 객체를 그 객체의 데이터와 함께 주입

❷ 설정 속성은 자동으로 자바 객체에 생성됨

CHAPTER 15

리액티브 프로그래밍 모델로 개발하기

우리는 모두 십수년간 기업용 소프트웨어 개발을 지배해 온 클라이언트-서버 아키텍처에 친숙합니다. 하지만 최근 아키텍처 스타일이 조금 달라졌습니다. 표준 클라이언트-서버 접근법에 더해 메시지 기반 응용프로그램, 마이크로서비스, 리액티브 응용프로그램과 심지어는 서버리스까지 존재합니다. 쿼커스를 사용하면 이 모든 방식으로 응용프로그램을 개발할 수 있습니다. 이어지는 절에서는 리액티브 프로그래밍 모델, 메시지 버스, 스트림을 배워보겠습니다.

> **NOTE_** 쿼커스(이 책)는 SmallRye Mutiny를 리액티브 라이브러리로 사용합니다. 자세한 내용은 SmallRye Mutiny를 참고하세요. 물론 RxJava와 리액터[Reactor]도 지원되지만 선호하는 선택은 아닙니다. 그중 하나를 사용하려면 Mutiny의 변환기를 사용해야 합니다.

15.1 비동기 HTTP 종단점 생성하기

문제 비동기 HTTP 종단점 생성하기

해결 쿼커스는 자바 스트림[Java Streams], 이클립스 마이크로프로파일 리액티브 명세[the Eclipse MicroProfile Reactive spec], SmallRye Mutiny와 통합되어 있습니다. 이 통합으로 비동기 HTTP 종단점의 지원이 쉬워졌습니다. 이제 첫 번째로 할 일은 사용하려는 라이브러리를 선택하는 것입니다. 만약 네이티브 스트림Streams 혹은 마이크로프로파일 리액티브 명세를 사용하려면 quarkus-smallrye-reactive-streams-operators 확장을 추가합니다. 만약 SmallRye Mutiny를 사용하려면 프로젝트에 quarkus-resteasy-mutiny 확장을 추가합니다.

> **NOTE** 앞으로는 Mutiny가 쿼커스의 모든 리액티브 프로그래밍 중 가장 선호되는 라이브러리가 될 것입니다.

확장이 추가되면 HTTP 종단점으로 리액티브 클래스를 반환합니다.

```
@GET
@PATH("/reactive")
@Produces(MediaType.TEXT_PLAIN)  ❶
public CompletionStage<String> reactiveHello() {  ❷
    return ReactiveStreams.of("h", "e", "l", "l", "o")
        .map(String::toUpperCase)
        .toList()
        .run()
        .thenApply(list -> list.toString());
}
```

❶ 기본적으로 어떤 유효한 MediaType도 유효하며 단순화를 위해 평문을 사용

❷ CompletionStage 클래스는 java.util.concurrent 패키지에 있음

Mutiny를 사용하는 경우 위의 예제는 다음과 같습니다.

```
@GET
@PATH("/reactive")
@Produces(MediaType.TEXT_PLAIN)
public Multi<String> helloMutiny() {
    return Multi.createFrom().items("h", "e", "l", "l", "o");
}
```

함께 보기 더 많은 정보를 위해서는 다음 웹페이지를 방문하세요.

- SmallRye Mutiny(*https://oreil.ly/nBP7H*)

- SmallRye Reactive Streams Operators(*https://oreil.ly/Ab8eo*)
- Reactive Streams(*https://oreil.ly/pgyMk*)

15.2 데이터를 비동기 스트림하기

문제 비동기 방식으로 데이터 스트림하기

해결 비동기 HTTP 종단점을 생성하는 것과 유사하게 퀴커스는 서버 발송^{server-sent} 이벤트 혹은 서버 사이드 이벤트^{server-side event(SSE)}를 가능하게 합니다. 이 경우에 해야 할 일은 Publisher 객체를 반환하고 JAX-RS에 종단점이 `MediaType.SERVER_SENT_EVENTS`를 만든다고 알려야 합니다. 다음은 매 500ms마다 long값을 스트림하는 예제입니다.

```
@GET
@Path("/integers")
@Produces(MediaType.SERVER_SENT_EVENTS)  ❶
public Publisher<Long> longPublisher() {  ❷
    return Multi.createFrom()
            .ticks().every(Duration.ofMillis(500));
}
```

❶ JAX-RS에 SSE를 사용한다고 선언하기

❷ 메서드의 반환형은 리액티브스트림 라이브러리의 `org.reactivestream.Publisher`이어야 함

Mutiny에서 `Multi`는 `Publisher`를 상속하고 있어[1] 단순히 `Multi`를 반환합니다.

함께 보기 더 많은 정보를 위해서는 다음 웹페이지를 방문하세요

- Wikiwand: Server-Sent Events(*https://oreil.ly/m0cAC*)
- MDN Web Docs: Using server-sent events(*https://oreil.ly/ZIX4X*)

---

[1] 옮긴이_*https://github.com/smallrye/smallrye-mutiny/blob/main/implementation/src/main/java/io/smallrye/mutiny/Multi.java*

15.3 메시징으로 컴포넌트 디커플링하기

문제 메시징으로 컴포넌트를 디커플링하기

해결 쿼커스에서 사용하는 하부의/번들된 프레임워크 중 하나는 Vert.x입니다. Vert.x는 쿼커스처럼 비동기, 이벤트 기반, 리액티브 응용프로그램을 만들기 위한 프레임워크입니다. 쿼커스는 Vert.x의 이벤트 버스를 사용해 디커플링된 클래스들이 서로 이벤트와 메시지를 주고받습니다.

쿼커스의 많은 기능과 마찬가지로 Vert.x를 사용하려면 응용프로그램에 적절한 확장을 추가해야 합니다. Vert.x 확장의 이름은 vertx입니다.

이벤트/메시지 처리하기

먼저 이벤트를 리스닝하거나 소비하는 방법을 알아봅니다. 쿼커스에서 이벤트를 소비하는 가장 쉬운 방법은 io.quarkus.vertx.ConsumeEvent 애너테이션을 사용하는 것입니다. @ConsumeEvent는 속성을 가지고 있는데 실제로 살펴봅니다.

파일: ch_15/vertx-quickstart/src/main/java/com/acme/vertx/GreetingService.java

```java
package com.acme.vertx;

import javax.enterprise.context.ApplicationScoped;

import io.quarkus.vertx.ConsumeEvent;

@ApplicationScoped
public class GreetingService {
    @ConsumeEvent      ❶
    public String consumeNormal(String name) {  ❷
        return name.toUpperCase();
    }
}
```

❶ 값을 설정하지 않으면 이벤트의 주소는 빈의 전체 이름the fully qualified name이 됨. 이 경우 com.acme.vertx.

GreetingService

❷ 소비자의 인자는 메시지 본문임. 메서드가 어떤 것을 반환하면 메시지 응답으로 패키징됨

이벤트/메시지 보내기

이벤트를 보내려면 Vert.x 이벤트 버스와 상호작용해야 하며 그 인스턴스는 주입을 통해 얻을 수 있습니다. `@Inject io.vertx.axle.core.eventbus.EventBus bus`. 이벤트 버스에는 주로 두 개의 메서드를 사용합니다.

send

메시지를 보내고 선택적으로 응답을 기대할 수 있음.

publish

메시지를 각 리스너에 발행함.

```
bus.send("address", "hello");  ❶
bus.publish("address", "hello");  ❷
bus.send("address", "hello, how are you?")  ❸
    .thenAccept(msg -> {
    // do something with the message
});
```

❶ 메시지를 특정 주소로 보내고 단일 소비자가 수신함. 그다음 응답에 대해서는 잊음

❷ 메시지를 특정 주소로 발행하고 모든 소비자가 메시지를 수신함

❸ 메시지를 특정 주소로 보내고 응답을 기대함

Vert.x 이벤트를 사용해 Greeting Service를 생성할 수 있는 충분한 정보를 얻었습니다.

논의 또한 비동기 방식으로 이벤트를 처리할 때 `CompletionStage` 객체를 반환할 수 있습니다. 마지막으로 메서드 인자로 `io.vertx.axle.core.eventbus.Message`를 사용하고 싶다면 그렇게 하고, 여러분의 이벤트 핸들러 안에서 메시지의 나머지에 접근할 수 있습니다.

발사 후 망각형Fire-and-forget 상호작용도 쉽습니다. 메서드에서 **void**를 반환하면 됩니다.

WARNING_ 이벤트를 소비하는 메서드는 Vert.x 이벤트 루프event loop에서 호출됩니다. Vert.x의 첫 번째 교리는 이벤트 루프를 블록하지 않는 것입니다. 여러분의 코드는 반드시 넌블로킹이어야 합니다. 만약 메서드를 블록하고자 한다면 @ConsumeEvent 애너테이션의 **blocking** 속성을 **true**로 해야 합니다.

이벤트 핸들러의 이름 혹은 주소를 설정하려면 value 인자를 사용합니다.

```
@ConsumeEvent(value = "greeting")
public String consumeNamed(String name) {
    return name.toUpperCase();
}
```

함께 보기 자세한 내용은 다음의 웹페이지를 방문하세요.

- Vert.x(*https://www.vertx.io*)
- Vert.x: 이벤트 버스(*https://oreil.ly/TAnxk*)

15.4 아파치 카프카 메시지에 반응하기

문제 아파치 카프카Apache Kafka 메시지에 반응하기

해결 쿼커스는 이클립스 마이크로프로파일 리액티브 메시징Reactive Messaging으로 아파치 카프카와 상호작용합니다.

리액티브 메시징 명세는 세 개의 주요 개념으로 만듭니다.

1. Message
2. @Incoming
3. @Outgoing

이 절은 Message와 @Incoming에 집중합니다. @Outgoing은 15.5절을 참고하세요.

Message

요약하면 Message는 내용을 담은 봉투입니다. 봉투는 선택적인 메타 데이터를 포함하지만 여러분은 내용에만 신경 쓰면 됩니다.

@Incoming 애너테이션

이 애너테이션(org.eclipse.microprofile.reactive.messaging.Incoming)은 메서드가 일련의 메시지를 소비한다고 표시합니다. 유일한 속성은 스트림 혹은 토픽[topic]의 이름입니다. 프로세싱 체인의 마지막에 이렇게 애너테이션이 붙은 메서드는 싱크[sink]라고 부릅니다. 다음은 쿼커스 예제입니다.

파일: ch_15/kafka-react/src/main/java/org/acme/kafka/CharacterReceiver.java

```
package org.acme.kafka;

import java.util.concurrent.CompletableFuture;
import java.util.concurrent.CompletionStage;

import javax.enterprise.context.ApplicationScoped;

import org.eclipse.microprofile.reactive.messaging.Incoming;
import org.eclipse.microprofile.reactive.messaging.Message;

@ApplicationScoped
public class CharacterReceiver {
  @Incoming("ascii-char")
  public CompletionStage<Void> processKafkaChar(Message<String> character) {
    return CompletableFuture.runAsync(() -> {
      System.out.println("Received a message from Kafka "
          + "using CompletableFuture: '" + character.getPayload() + "'");
    });
  }

  @Incoming("ascii-char")
  public void processCharacter(String character) {
    System.out.println("Received a String from kafka: '" + character + "'");
  }
}
```

둘 중 하나의 메서드가 동작하는 것을 볼 수 있습니다. processKafkaCharacter 메서드는 Message를 인자로 받아 CompletionStage 객체를 반환합니다. 만약 메서드가 Message를 인자로 받는다면 반드시 CompletionStage를 반환해야 합니다.

만약에 내용^{payload}에만 관심이 있다면 그것에 대해 걱정할 필요 없이 단순히 내용의 타입을 허용하고 void를 반환합니다. 앞의 코드에서 processCharacter 메서드를 참고하세요.

설정

기대한 대로 응용프로그램이 아파치 카프카와 대화하도록 설정해야 합니다.

파일: ch_15/kafka-react/src/main/resources/application.properties

```
mp.messaging.incoming.ascii-char.connector=smallrye-kafka
mp.messaging.incoming.ascii-char.value.deserializer=org.apache.kafka.common\
                            .serialization\
                            .StringDeserializer
mp.messaging.incoming.ascii-char.broadcast=true
```

앞의 코드에서는 다수의 구독자가 있어 broadcast=true를 사용했습니다. broadcast 속성은 마이크로프로파일 리액티브 메시징에 (SmallRye가 구현체) 받은 메시지가 한 개 이상의 구독자에게 발송될 수 있다는 것을 알려줍니다.

설정의 문법은 다음과 같습니다.

```
mp.messaging.[outgoing¦incoming].{channel-name}.property=value
```

channel-name 부분의 값은 @Incoming에 설정된 값과 매칭되어야 합니다(다음 절에서는 @Outgoing과 매칭되어야 함).

SmallRye 리액티브 메시징: Apache Kafka (*https://oreil.ly/L5WHK*)에는 몇 가지 실용적인 기본값이 있습니다.

논의 개발 환경에서 아파치 카프카를 빠르게 실행하려면 15.4절의 함께 보기에 있는 웹페이지를 방문하거나 도커 컴포즈^{docker-compose}로 다음의 docker-compose.yml 파일을 사용합니다.

```yaml
version: '2'

services:

  zookeeper:
    image: strimzi/kafka:0.11.3-kafka-2.1.0
    command: [
      "sh", "-c",
      "bin/zookeeper-server-start.sh config/zookeeper.properties"
    ]
    ports:
      - "2181:2181"
    environment:
      LOG_DIR: /tmp/logs

  kafka:
    image: strimzi/kafka:0.11.3-kafka-2.1.0
    command: [
      "sh", "-c",
      "bin/kafka-server-start.sh config/server.properties
      --override listeners=$${KAFKA_LISTENERS}
      --override advertised.listeners=$${KAFKA_ADVERTISED_LISTENERS}
      --override zookeeper.connect=$${KAFKA_ZOOKEEPER_CONNECT}"
    ]
    depends_on:
      - zookeeper
    ports:
      - "9092:9092"
    environment:
      LOG_DIR: "/tmp/logs"
      KAFKA_ADVERTISED_LISTENERS: PLAINTEXT://localhost:9092
      KAFKA_LISTENERS: PLAINTEXT://0.0.0.0:9092
      KAFKA_ZOOKEEPER_CONNECT: zookeeper:2181
```

함께 보기 자세한 내용은 다음 웹페이지를 방문하세요.

- 깃허브: 마이크로프로파일을 위한 리액티브 메시징(*https://oreil.ly/DSu7u*)

- SmallRye 리액티브 메시징(*https://oreil.ly/QlGHK*)

- 아파치 카프카(*https://oreil.ly/6xsAP*)

- 아파치 카프카: Consumer Configs(*https://oreil.ly/iE8aU*)

• Vert.x 카프카 클라이언트(*https://oreil.ly/zFD5J*)

15.5 아파치 카프카로 메시지 보내기

문제 아파치 카프카로 메시지 보내기

해결 먼저 여러분의 프로젝트에 quarkus-smallrye-reactive-messaging-kafka 확장을 추가합니다. 이 예제에서는 SmallRye Mutiny를 사용해 io.smallrye.reactive:mutiny 의 존성을 추가합니다.

아파치 카프카에 메시지를 보내려면 이클립스 프로파일 리액티브 메시징 명세에 있는 @Outgoing 애너테이션을 사용합니다.

아파치 카프카에 보낼 데이터를 생성할 때는 메서드에 org.eclipse.microprofile.reactive.messaging.Outgoing 애너테이션을 붙입니다. 메시지 스트림을 보내거나 단일 메시지를 보낼 수 있습니다. 메시지 스트림을 발행하려면 메서드는 org.reactivestreams.Publisher 혹은 org.eclipse.microprofile.reactive.streams.operators.PublisherBuilder 객체를 반환합니다. 만약 단일 메시지를 발행하려면 org.eclipse.microprofile.reactive.messaging.Message, java.util.concurrent.CompletionStage 혹은 여러분의 메시지 내용에 해당하는 타입을 반환합니다.

다음은 매초마다 새로운 아스키ASCII 문자를 생성해 "letter-out" 채널로 보내는 기본 예제입니다.

파일: ch_15/kafka-react/src/main/java/org/acme/kafka/CharacterGenerator.java

```java
package org.acme.kafka;

import java.time.Duration;
import java.util.concurrent.ThreadLocalRandom;

import io.smallrye.mutiny.Multi;
import org.eclipse.microprofile.reactive.messaging.Outgoing;
```

```
import org.reactivestreams.Publisher;

public class CharacterGenerator {
    @Outgoing("letter-out")
    public Publisher<String> generate() {
        return Multi.createFrom()
                .ticks().every(Duration.ofSeconds(1))
                .map(tick -> {
                    final int i = ThreadLocalRandom.current().nextInt(95);
                    return String.valueOf((char) (i + 32));
                });
    }
}
```

@Outgoing 애너테이션에는 값 속성이 필수이며 그 값은 출력 채널의 이름입니다. 이 예제에서는 SmallRye Mutiny를 사용했지만 org.reactivestreams.Publisher 인스턴스를 반환하는 어떤 라이브러리도 사용할 수 있습니다. 예를 들면 RxJava2의 Flowable 객체도 가능합니다.

또한, 다음 설정도 필요합니다.

파일: ch_15/kafka–react/src/main/resources/application.properties

```
mp.messaging.outgoing.letter-out.connector=smallrye-kafka
mp.messaging.outgoing.letter-out.topic=ascii-char
mp.messaging.outgoing.letter-out.value.serializer=org.apache.kafka.common\
                                                .serialization\
                                                .StringSerializer
```

논의 명령형imperative 방식으로 메시지를 보내려면 org.eclipse.microprofile.reactive. messaging.Emitter 객체를 주입해야 합니다.

```
@Inject @Channel("price-create") Emitter<Double> priceEmitter;

@POST
@Consumes(MediaType.TEXT_PLAIN)
public void addPrice(Double price) {
    priceEmitter.send(price);
}
```

함께 보기 자세한 내용은 다음의 내용을 참고하세요.

- 15.4절
- 아파치 카프카: Producer Configs(*https://oreil.ly/hZ9Bm*)
- SmallRye 리액티브 메시징(*https://oreil.ly/QlGHK*)

15.6 카프카 안과 밖으로 POJO를 마샬링하기

문제 카프카로 POJO 객체를 직렬화/역직렬화하기

해결 쿼커스는 JSON 카프카가 메시지와 작업하는 기능을 제공합니다. 구현체로는 JSONB 혹은 Jackson을 선택합니다. 확장은 선택에 따라 quarkus-resteasy-jsonb 혹은 quarkus-resteasy-jackson을 추가합니다.

그다음 역직렬화 변환기^{deserializer}를 생성합니다. 가장 쉬운 방법은 JSONB의 JsonDeserializer 혹은 Jackson의 ObjectMapperDeserializer를 확장하는 것입니다. 다음은 Book 클래스와 그 역직렬화 변환기입니다.

파일: ch_15/kafka—react/src/main/java/org/acme/kafka/Book.java

```
package org.acme.kafka;

public class Book {
    public String title;
    public String author;
    public Long isbn;

    public Book() {
    }

    public Book(String title, String author, Long isbn) {
        this.title = title;
        this.author = author;
        this.isbn = isbn;
```

```
        }
    }
```

JSONB의 경우 역직렬화 변환기는 다음과 같습니다.

파일: ch_15/kafka-react/src/main/java/org/acme/kafka/BookDeserializer.java

```
    package org.acme.kafka;

    import io.quarkus.kafka.client.serialization.JsonbDeserializer;

    public class BookDeserializer extends JsonbDeserializer<Book> {
        public BookDeserializer() {
            super(Book.class);
        }
    }
```

Jackson은 다음과 같이 쉽게 설정됩니다.

```
    package com.acme.kafka;

    import io.quarkus.kafka.client.serialization.ObjectMapperDeserializer;

    public class BookDeserializer extends ObjectMapperDeserializer<Book> {
        public BookDeserializer() {
            super(Book.class);
        }
    }
```

마지막 작업은 역직렬화 변환기와 기본 직렬화 변환기를 퀴커스 설정에 추가합니다.

파일: ch_15/kafka-react/src/main/resources/application.properties

```
    # Configure the Kafka source (we read from it)
    mp.messaging.incoming.book-in.connector=smallrye-kafka
    mp.messaging.incoming.book-in.topic=book-in
    mp.messaging.incoming.book-in.value.deserializer=com.acme\
                                            .kafka.BookDeserializer

    # Configure the Kafka sink (we write to it)
```

```
mp.messaging.outgoing.book-out.connector=smallrye-kafka
mp.messaging.outgoing.book-out.topic=book-out
mp.messaging.outgoing.book-out.value.serializer=io.quarkus.kafka\
                                        .client.serialization\
                                        .JsonbSerializer
```

혹은 Jackson의 경우

```
# Configure the Kafka source (we read from it)
mp.messaging.incoming.book-in.connector=smallrye-kafka
mp.messaging.incoming.book-in.topic=book-in
mp.messaging.incoming.book-in.value.deserializer=com.acme\
                                        .kafka.BookDeserializer

# Configure the Kafka sink (we write to it)
mp.messaging.outgoing.book-out.connector=smallrye-kafka
mp.messaging.outgoing.book-out.topic=book-out
mp.messaging.outgoing.book-out.value.serializer=io.quarkus.kafka.client\
                                        .serialization\
                                        .ObjectMapperSerializer
```

논의 만약 JSONB를 사용하고 전송할 각 POJO 객체를 위한 역직렬화 변환기를 생성하지 않는다면 제네릭한 `io.vertx.kafka.client.serialization.JsonObjectDeserializer`을 사용할 수 있습니다. 이 경우 반환되는 객체는 `javax.json.JsonObject` 타입이 됩니다. 이 예제에서도 기본 직렬화 변환기를 사용할 수 있습니다.

또한 기본 기능 외에 더 많은 것을 원한다면 자신만의 직렬화 변환기를 생성할 수 있습니다.

15.7 카프카 스트림즈 API 사용하기

문제 카프카 스트림즈 API로 데이터 쿼리하기

해결 쿼커스의 아파치 카프카 확장(`quarkus-smallrye-reactive-messaging-kafka`)은 아파치 카프카 스트림 API와 통합되어 있습니다. 이 예제는 조금 깊고 몇 가지 추가적인 가동부^{moving parts}가 필요합니다. 물론 아파치 카프카 인스턴스를 켜서 실행해야 합니다. 만약 로컬에 설치하지 않았다면 쿠버네티스로 아파치 카프카 인스턴스를 설치하는 것을 권장합니다. 단지 개발용도라면 다음의 docker-compose.yml 파일을 사용할 수 있습니다.

파일: ch_15/kafka-jukebox/docker-compose.yml

```
version: '3.5'

services:
  zookeeper:
    image: strimzi/kafka:0.11.3-kafka-2.1.0
    command: [
      "sh", "-c",
      "bin/zookeeper-server-start.sh config/zookeeper.properties"
    ]
    ports:
      - "2181:2181"
    environment:
      LOG_DIR: /tmp/logs
    networks:
      - kafkastreams-network
  kafka:
    image: strimzi/kafka:0.11.3-kafka-2.1.0
    command: [
      "sh", "-c",
      "bin/kafka-server-start.sh config/server.properties
      --override listeners=$${KAFKA_LISTENERS}
      --override advertised.listeners=$${KAFKA_ADVERTISED_LISTENERS}
      --override zookeeper.connect=$${KAFKA_ZOOKEEPER_CONNECT}
      --override num.partitions=$${KAFKA_NUM_PARTITIONS}"
    ]
    depends_on:
      - zookeeper
    ports:
      - "9092:9092"
    environment:
      LOG_DIR: "/tmp/logs"
      KAFKA_ADVERTISED_LISTENERS: PLAINTEXT://kafka:9092
      KAFKA_LISTENERS: PLAINTEXT://0.0.0.0:9092
      KAFKA_ZOOKEEPER_CONNECT: zookeeper:2181
      KAFKA_NUM_PARTITIONS: 3
    networks:
      - kafkastreams-network
```

다음은 값을 생성해 카프카 토픽으로 보내는 것입니다. 이것을 위해 주크박스라는 아이디어를 사용합니다. 주크박스는 다수의 곡, 아티스트 정보, 곡의 재생 횟수 등을 포함합니다. 이들은 각각 서로 다른 토픽으로 전송되고 다른 서비스가 모두 합산됩니다.

파일: ch_15/kafka-jukebox/jukebox-producer/src/main/java/org/acme/kafka/jukebox/Jukebox.java

```java
package org.acme.kafka.jukebox;

import java.time.Duration;
import java.time.Instant;
import java.util.Arrays;
import java.util.Collections;
import java.util.List;
import java.util.concurrent.ThreadLocalRandom;

import javax.enterprise.context.ApplicationScoped;

import io.smallrye.mutiny.Multi;
import io.smallrye.reactive.messaging.kafka.KafkaRecord;
import org.eclipse.microprofile.reactive.messaging.Outgoing;
import org.jboss.logging.Logger;

@ApplicationScoped
public class Jukebox {
    private static final Logger LOG = Logger.getLogger(Jukebox.class);

    private ThreadLocalRandom random = ThreadLocalRandom.current();

    private List<Song> songs = Collections.unmodifiableList(
            Arrays.asList(
                new Song(1, "Confessions", "Usher"),
                new Song(2, "How Do I Live", "LeAnn Rimes"),
                new Song(3, "Physical", "Olivia Newton-John"),
                new Song(4, "You Light Up My Life", "Debby Boone"),
                new Song(5, "The Twist", "Chubby Checker"),
                new Song(6, "Mack the Knife", "Bobby Darin"),
                new Song(7, "Night Fever", "Bee Gees"),
                new Song(8, "Bette Davis Eyes", "Kim Carnes"),
                new Song(9, "Macarena (Bayside Boys Mix)", "Los Del Rio"),
                new Song(10, "Yeah!", "Usher")
            )
    );
```

```java
@Outgoing("song-values")
public Multi<KafkaRecord<Integer, String>> generate() {
    return Multi.createFrom().ticks().every(Duration.ofMillis(500))
            .onOverflow().drop()
            .map(tick -> {
                Song s = songs.get(random.nextInt(songs.size()));
                int timesPlayed = random.nextInt(1, 100);

                LOG.infov("song {0}, times played: {1,number}",
                        s.title, timesPlayed);
                return KafkaRecord.of(s.id, Instant.now()
                                            + ";" + timesPlayed);
            });
}

@Outgoing("songs")
public Multi<KafkaRecord<Integer, String>> songs() {
    return Multi.createFrom().iterable(songs)
            .map(s -> KafkaRecord.of(s.id,
                    "{\n" +
                    "\t\"id\":\""+ s.id + "\",\n" +
                    "\t\"title\":\"" + s.title + "\",\n" +
                    "\t\"artist\":\"" + s.artist + "\"\n" +
                    "}"
                    ));
}

private static class Song {
    int id;
    String title;
    String artist;

    public Song(int id, String title, String artist) {
        this.id = id;
        this.title = title;
        this.artist = artist;
    }
}
}
```

매 500ms마다 곡과 재생 횟수를 포함한 새로운 메시지가 타임스탬프와 함께 songs 토픽으로 전송됩니다. 그 외의 설정은 이미 15.5절에서 살펴본 내용입니다.

다음은 파이프라인을 만듭니다. 처음 단계는 몇 개의 값 홀더value holders를 생성합니다.

파일: ch_15/kafka—jukebox/aggregator/src/main/java/org/acme/kafka/jukebox/Song.java

```
package org.acme.kafka.jukebox;

public class Song {
    public int id;
    public String title;
    public String artist;
}
```

이제 재생 횟수에는 홀더가 필요합니다.

파일: ch_15/kafka—jukebox/aggregator/src/main/java/org/acme/kafka/jukebox/PlayedCount.java

```
package org.acme.kafka.jukebox;

import java.time.Instant;

public class PlayedCount {
    public int count;
    public String title;
    public String artist;
    public int id;
    public Instant timestamp;

    public PlayedCount(int id, String title, String artist,
                       int count, Instant timestamp) {
        this.count = count;
        this.title = title;
        this.artist = artist;
        this.id = id;
        this.timestamp = timestamp;
    }
}
```

마지막은 값 홀더을 위해 메시지가 파이프라인에서 처리되는 동안 값의 합산을 추적하는 객체입니다.

```java
package org.acme.kafka.jukebox;

import java.math.BigDecimal;
import java.math.RoundingMode;

public class Aggregation {
    public int songId;
    public String songTitle;
    public String songArtist;
    public int count;
    public int sum;
    public int min;
    public int max;
    public double avg;

    public Aggregation updateFrom(PlayedCount playedCount) {
        songId = playedCount.id;
        songTitle = playedCount.title;
        songArtist = playedCount.artist;

        count++;
        sum += playedCount.count;
        avg = BigDecimal.valueOf(sum / count)
                .setScale(1, RoundingMode.HALF_UP).doubleValue();
        min = Math.min(min, playedCount.count);
        max = Math.max(max, playedCount.count);

        return this;
    }
}
```

자, 이제 마법을 부려봅시다! 퍼즐의 마지막 부분은 쿼리 구현을 스트리밍하는 것으로 오직 아파치 카프카 스트림 **Topology** 객체를 반환하는 CDI Producer 메서드를 정의합니다. 쿼커스는 설정을 책임지고, 그 생명주기에 따라 Kafka Streams 엔진이 동작합니다.

파일: ch_15/kafka-jukebox/aggregator/src/main/java/org/acme/kafka/jukebox/TopologyProducer.java

```java
package org.acme.kafka.jukebox;
```

```
import java.time.Instant;

import javax.enterprise.context.ApplicationScoped;
import javax.enterprise.inject.Produces;

import io.quarkus.kafka.client.serialization.JsonbSerde;
import org.apache.kafka.common.serialization.Serdes;
import org.apache.kafka.streams.StreamsBuilder;
import org.apache.kafka.streams.Topology;
import org.apache.kafka.streams.kstream.Consumed;
import org.apache.kafka.streams.kstream.GlobalKTable;
import org.apache.kafka.streams.kstream.Materialized;
import org.apache.kafka.streams.kstream.Produced;
import org.apache.kafka.streams.state.KeyValueBytesStoreSupplier;
import org.apache.kafka.streams.state.Stores;

@ApplicationScoped
public class TopologyProducer {
    static final String SONG_STORE = "song-store";

    private static final String SONG_TOPIC = "songs";
    private static final String SONG_VALUES_TOPIC = "song-values";
    private static final String SONG_AGG_TOPIC = "song-aggregated";

    @Produces
    public Topology buildTopology() {
        StreamsBuilder builder = new StreamsBuilder();

        JsonbSerde<Song> songSerde = new JsonbSerde<>(Song.class);
        JsonbSerde<Aggregation> aggregationSerde =
                new JsonbSerde<>(Aggregation.class);

        KeyValueBytesStoreSupplier storeSupplier =
                Stores.persistentKeyValueStore(SONG_STORE);

        GlobalKTable<Integer, Song> songs = builder.globalTable(SONG_TOPIC,
                Consumed.with(Serdes.Integer(), songSerde));

        builder.stream(SONG_VALUES_TOPIC, Consumed.with(Serdes.Integer(),
                Serdes.String()))
                .join(
                        songs,
                        (songId, timestampAndValue) -> songId,
                        (timestampAndValue, song) -> {
```

```
                    String[] parts = timestampAndValue.split(";");
                    return new PlayedCount(song.id, song.title,
                            song.artist,
                            Integer.parseInt(parts[1]),
                            Instant.parse(parts[0]));
                }
            )
            .groupByKey()
            .aggregate(
                    Aggregation::new,
                    (songId, value, aggregation) ->
                            aggregation.updateFrom(value),
                    Materialized.<Integer, Aggregation> as(storeSupplier)
                        .withKeySerde(Serdes.Integer())
                        .withValueSerde(aggregationSerde)
            )
            .toStream()
            .to(
                    SONG_AGG_TOPIC,
                    Produced.with(Serdes.Integer(), aggregationSerde)
            );
    return builder.build();
    }
}
```

발생하는 모든 일을 설명하는 것은 이 절의 범위를 벗어나지만 카프카 스트림즈 웹페이지
(15.7절의 함께 보기 참고)에서는 이 주제에 관한 모든 튜토리얼과 동영상을 제공합니다. 간
단히 말해 이전의 songs와 song-values 토픽에 연결하고 곡 ID를 기반으로 값을 병합합니다.
재생 횟수값도 함께 합산되어 그 결과가 새로운 토픽으로 아파치 카프카에게 반환됩니다.

논의 토픽으로 전송되는 메시지를 보려면 kafkacat 유틸리티를 활용하기를 권장합니다.

> **IMPORTANT_** 아파치 카프카를 활용한 2개의 예제에서는 오직 단일 클라이언트와 머신에 접속했습니다.
> 이것은 쿼커스의 한계는 아니며 단지 예제를 단순화해 이해를 돕기 위함이었습니다.

함께 보기 자세한 내용은 다음의 웹페이지를 방문합니다.

- 아파치 카프카: 카프카 스트림(*https://oreil.ly/gNAof*)
- 컨플루언트: kafkacat 유틸리티(*https://oreil.ly/bgIT_*)

15.8 쿼커스로 AMQP 사용하기

문제 메시징 시스템으로 AMQP^{Advanced Message Queuing Protocol} (고급 메시지 큐잉 프로토콜) 사용하기

해결 quarkus-smallrye-reactive-messaging-amqp 확장을 사용합니다.

카프카 통합과 마찬가지로 쿼커스는 이클립스 마이크로프로파일 리액티브 메시징 명세를 사용해 모든 메시징 상호작용의 퍼사드^{facade} 역할을 합니다. 프로젝트에 quarkus-smallrye-reactive-messaging-amqp 확장을 추가하면 SmallRye AMQP 커넥터와 연관된 의존성을 갖습니다. @Outbound, @Inbound, @Broadcast와 다른 이클립스 마이크로프로파일 리액티브 메시징 애너테이션과 AMQP와 동작할 개념을 사용할 수 있습니다.

> **WARNING** 이 애니테이션은 AMQP 1.0과 동작하며 0.9.x 버전에서는 농식하지 않습니다.

또한 application.properties 파일에서 smallrye-amqp에 대한 채널 커넥터를 설정해야 합니다. 이를 설정하는 문법은 다음과 같습니다.

```
mp.messaging.[outgoing|incoming].[channel-name].property=value
```

또한 다음과 같이 전역으로 AMQP 연결에 대한 사용자 이름과 비밀번호를 설정합니다.

```
amqp-username=[my-username]
amqp-password=[my-secret-password]
```

혹은 자신만의 신원을 가지고 서로 다른 인스턴스와 대화한다면 채널별로 신원을 설정해야 합니다. 자세한 내용은 SmallRye 문서를 참고하세요.

15.5절의 코드는 카프카에서 했던 것처럼 AMQP에서도 동일하게 동작할 것입니다. 이때 채널 이름은 같아야 하고 나머지 AMQP 설정과 연결 정보도 동일해야 합니다.

함께 보기 자세한 내용은 다음 웹페이지를 참고하세요.

- SmallRye 리액티브 메시징: AMQP 1.0(*https://oreil.ly/ViPyo*)

15.9 MQTT 사용하기

문제 메시징 시스템으로 MQTT^{MQ Telemetry Transport} 사용하기

해결 quarkus-smallrye-reactive-messaging-mqtt 확장을 사용합니다.

카프카와 AMQP 통합과 마찬가지로 쿼커스는 이클립스 마이크로프로파일 리액티브 메시징 명세를 사용해 모든 메시징 상호작용의 퍼사드^{facade} 역할을 합니다. 프로젝트에 quarkus-smallrye-reactive-messaging-mqtt 확장을 추가하면 SmallRye MQTT 커넥터와 연관된 의존성을 갖습니다. @Outbound, @Inbound, @Broadcast와 다른 이클립스 마이크로프로파일 리액티브 메시징 애너테이션과 MQTT와 동작할 개념을 사용할 수 있습니다.

또한 application.properties 파일에서 smallrye-mqtt에 대한 채널 커넥터를 설정해야 합니다. 이를 설정하는 문법은 다음과 같습니다.

```
mp.messaging.[outgoing|incoming].[channel-name].property=value
```

연결과 신원은 채널별로 설정할 수 있습니다. 자세한 내용은 **SmallRye** 문서를 참고하세요.

15.4절에 코드는 카프카에서 했던 것처럼 MQTT에서도 정확하고 동일하게 동작할 것입니다. 이때 채널 이름은 같아야 하고 나머지 MQTT 설정과 연결 정보도 정확해야 합니다.

논의 MQTT 서버처럼 동작하기 위한 지원도 있습니다. 하지만 모든 기능이 지원되지는 않습니다. 예를 들어 publish 요청과 그에 대한 승인^{acknowledgement}만 처리할 수 있고 subscription 요청은 처리하지 않습니다.

함께 보기 자세한 내용은 다음 웹페이지를 참고하세요.

- SmallRye 리액티브 메시징: MQTT(*https://oreil.ly/QmkVY*)

15.10 리액티브 SQL기반의 쿼리하기

문제 PostgreSQL 리액티브 클라이언트로 데이터 쿼리하기

해결 쿼커스는 Vert.x 리액티브 SQL 클라이언트와 통합되어 MySQL/MariaDB와 PostgreSQL과 동작합니다. 이 절에서는 PostgreSQL과 동작하는 것을 보여줄 것입니다. 다음 절에서는 MariaDB를 사용합니다.

자연스럽게 여러분은 리액티브 SQL 클라이언트를 활용하는 확장을 추가해야 합니다. 현재 두 데이터베이스를 위해 각각 quarkus-reactive-pg-client와 quarkus-reactive-mysql-client가 있습니다. 또한 여러분은 다음의 확장이 여러분의 프로젝트에 추가되어 있는지 확인해야 합니다(만약 JAX-RS를 사용하는 경우).

- quarkus-resteasy
- quarkus-resteasy-jsonb 혹은 quarkus-resteasy-jackson
- quarkus-resteasy-mutiny

어떤 데이터소스와 마찬가지로 접근에 대해 설정합니다.

파일: ch_15/postgres/src/main/resources/application.properties

```
quarkus.datasource.db-kind=postgresql
quarkus.datasource.username=quarkus_test
quarkus.datasource.password=quarkus_test
quarkus.datasource.reactive.url=postgresql://localhost:5432/quarkus_test
```

이제 클라이언트를 사용합니다.

파일: ch_15/postgres/src/main/java/org/acme/pg/Book.java

```java
package org.acme.pg;

import io.smallrye.mutiny.Multi;
import io.smallrye.mutiny.Uni;
```

```java
import io.vertx.mutiny.pgclient.PgPool;
import io.vertx.mutiny.sqlclient.Row;
import io.vertx.mutiny.sqlclient.Tuple;

public class Book {
    public Long id;
    public String title;
    public String isbn;

    public Book() {
    }

    public Book(String title, String isbn) {
        this.title = title;
        this.isbn = isbn;
    }

    public Book(Long id, String title, String isbn) {
        this.id = id;
        this.title = title;
        this.isbn = isbn;
    }

    public static Book from(Row row) {
        return new Book(row.getLong("id"),
                        row.getString("title"),
                        row.getString("isbn"));
    }

    public static Multi<Book> findAll(PgPool client) {
        return client.query("SELECT id, title, isbn " +
                            "FROM books ORDER BY title ASC").execute()   ❶
                .onItem().produceMulti(Multi.createFrom()::iterable)   ❷
                .map(Book::from);   ❸
    }
}
```

❶ Uni<RowSet<Row>>를 반환하는 데이터베이스 쿼리

❷ 쿼리가 반환되면 Multi<Row> 객체를 생성

❸ 각 행을 Book 인스턴스로 매핑

예제를 완료하기 위해 RESTful 종단점을 사용할 수 있습니다.

파일: ch_15/postgres/src/main/java/org/acme/pg/BookResource.java

```java
package org.acme.pg;

import javax.annotation.PostConstruct;
import javax.inject.Inject;
import javax.ws.rs.Consumes;
import javax.ws.rs.GET;
import javax.ws.rs.Path;
import javax.ws.rs.Produces;
import javax.ws.rs.core.MediaType;
import javax.ws.rs.core.Response;

import io.smallrye.mutiny.Uni;
import io.vertx.mutiny.pgclient.PgPool;
import org.eclipse.microprofile.config.inject.ConfigProperty;

@Path("/books")
@Produces(MediaType.APPLICATION_JSON)
@Consumes(MediaType.APPLICATION_JSON)
public class BookResource {

    @Inject
    PgPool client;
    @GET
    public Uni<Response> get() {
        return Book.findAll(client)
                .collectItems().asList()
                .map(Response::ok)
                .map(Response.ResponseBuilder::build);
    }
}
```

논의 preparedQuery 메서드와 Tuple 클래스를 사용하면 준비된[prepared] 쿼리도 사용할 수 있습니다.

파일: ch_15/postgres/src/main/java/org/acme/pg/Book.java

```java
    public static Uni<Boolean> delete(PgPool client, Long id) {
        return client.preparedQuery("DELETE FROM books " +
                                    "WHERE id = $1").execute(Tuple.of(id))
                .map(rowSet -> rowSet.rowCount() == 1);  ❶
    }
```

❶ 행이 삭제되었다는 것을 검증하기 위해 RowSet 인스턴스에서 반환되는 메타데이터를 사용함

함께 보기 하부 구현은 다음 페이지에서 찾을 수 있습니다.

- Vert.x: 리액티브 PostgreSQL 클라이언트(*https://oreil.ly/0nuDM*)

15.11 리액티브 SQL 클라이언트를 사용해 삽입하기

문제 MySQL 리액티브 클라이언트로 데이터 삽입하기

해결 PostgreSQL을 사용한 이전 절과 유사하게 데이터 삽입은 리액티브 MySQL 클라이언트를 사용합니다. 아래와 같은 확장이 필요하며 quarkus-reactive-pg-client는 quarkus-reactive-mysql-client로 교체합니다.

- quarkus-resteasy
- quarkus-resteasy-jsonb 혹은 quarkus-resteasy-jackson
- quarkus-resteasy-mutiny

물론 데이터소스를 설정해야 합니다.[2]

파일: ch_15/mysql/src/main/resources/application.properties

```
quarkus.datasource.db-kind=mysql
quarkus.datasource.username=root
quarkus.datasource.password=1234
quarkus.datasource.reactive.url=mysql://localhost:3306/mysql
```

이전 절에서 했던 것처럼 Book.save 메서드에서는 유사한 주제를 살펴볼 수 있습니다.

---

2 옮긴이_예를 들면 다음 명령으로 mysql을 실행합니다. docker run -d --name mysql -e MYSQL_ROOT_PASSWORD=1234 -p 3306:3306 mysql:8.0.17

```java
public Uni<Long> save(MySQLPool client) {
    String query = "INSERT INTO books (title,isbn) VALUES (?,?)";
    return client.preparedQuery(query).execute(Tuple.of(title, isbn))
            .map(rowSet -> rowSet
                    .property(MySQLClient.LAST_INSERTED_ID));  ❶
}
```

❶ 삽입된 ID를 얻기 위해 RowSet의 속성을 사용

이제 BookResource 종단점을 위한 적절한 POST 메서드에 내용을 합칠 수 있습니다. 이 메서드에서는 사용자가 제공한 새로운 Book 인스턴스에 save 메서드를 호출합니다.

함께 보기 자세한 내용은 다음 웹페이지를 방문하세요.

- Vert.x: 리액티브 MySQL 클라이언트(*https://oreil.ly/UHxfh*)

15.12 리액티브 몽고DB 클라이언트 사용하기

문제 리액티브 몽고DB 클라이언트 사용하기

해결 몽고DB 퀀커스 확장은 리액티브 몽고DB 클라이언트를 포함합니다. 7.21절에서 보았듯이 quarkus-mongodb-client 확장을 추가합니다. 또한 다음의 확장을 여러분의 프로젝트에 추가합니다.

quarkus-resteasy-mutiny
반환하고 종단점이 반환하는 Mutiny와 상호작용하기 위해.

quarkus-smallrye-context-propagation
비동기 코드와 동작하는 주입과 트랜잭션 같은 것을 허용.

통합의 나머지 내용은 꽤 단순합니다. 다음은 이전에 몽고DB 절에서 가져온 서비스와 자원 클래스이지만 리액티브 방식으로 작성되었습니다.

파일: ch_15/mongodb/src/main/java/org/acme/mongodb/ReactiveBookService.java

```java
package org.acme.mongodb;

import java.util.List;
import java.util.Objects;

import javax.enterprise.context.ApplicationScoped;
import javax.inject.Inject;

import com.mongodb.client.model.Filters;
import io.quarkus.mongodb.reactive.ReactiveMongoClient;
import io.quarkus.mongodb.reactive.ReactiveMongoCollection;
import io.smallrye.mutiny.Uni;
import org.bson.Document;

@ApplicationScoped
public class ReactiveBookService {
    @Inject
    ReactiveMongoClient mongoClient;

    public Uni<List<Book>> list() {
        return getCollection().find()
                .map(Book::from).collectItems().asList();
    }

    public Uni<Void> add(Book b) {
        Document doc = new Document()
                .append("isbn", b.isbn)
                .append("title", b.title)
                .append("authors", b.authors);

        return getCollection().insertOne(doc);
    }

    public Uni<Book> findSingle(String isbn) {
        return Objects.requireNonNull(getCollection()
                .find(Filters.eq("isbn", isbn))
                .map(Book::from))
                .toUni();
```

```
    }

    private ReactiveMongoCollection<Document> getCollection() {
        return mongoClient.getDatabase("book")
                .getCollection("book");
    }
}
```

임포트 문과 Mutiny로 인해 명령형의 코드가 리액티브 방식으로 바뀐 것 외에는 변한 것이 없습니다.[3] REST 종단점도 마찬가지입니다.

파일: ch_15/mongodb/src/main/java/org/acme/mongodb/ReactiveBookResource.java

```
package org.acme.mongodb;

import java.util.List;

import javax.inject.Inject;
import javax.ws.rs.Consumes;
import javax.ws.rs.GET;
import javax.ws.rs.POST;
import javax.ws.rs.Path;
import javax.ws.rs.PathParam;
import javax.ws.rs.Produces;
import javax.ws.rs.core.MediaType;
import javax.ws.rs.core.Response;

import io.smallrye.mutiny.Uni;

@Path("/reactive_books")
@Produces(MediaType.APPLICATION_JSON)
@Consumes(MediaType.APPLICATION_JSON)
public class ReactiveBookResource {
    @Inject
    ReactiveBookService service;

    @GET
    public Uni<List<Book>> getAll() {
        return service.list();
    }
```

---

3 옮긴이_BookService.java와 ReactiveBookService.java 파일을 비교해보세요.

```
@GET
@Path("{isbn}")
public Uni<Book> getSingle(@PathParam("isbn") String isbn) {
    return service.findSingle(isbn);
}

@POST
public Uni<Response> add(Book b) {
    return service.add(b).onItem().ignore()
            .andSwitchTo(this::getAll)
            .map(books -> Response.status(Response.Status.CREATED)
                        .entity(books).build());
    }
}
```

> **함께 보기**   자세한 내용은 다음 웹페이지를 방문하세요.

- 쿼커스: 콘텍스트 전파(*https://oreil.ly/bd9hA*)

15.13 리액티브 Neo4j 클라이언트 사용하기

> **문제**   리액티브 Neo4j 클라이언트 사용하기

> **해결**   Neo4j 쿼커스 확장은 리액티브 드라이버를 위한 지원을 포함합니다.

완전한 리액티브를 지원하려면 Neo4j 4버전 이상이어야 합니다.[4] 여러분의 프로젝트에 quarkus-resteasy-mutiny 확장을 추가해야 합니다. 7.23절과 비교하면 드라이버의 RxSession과 Mutiny를 사용한다는 것 외에는 변경점이 많지 않습니다.

----
4 옮긴이_최신 버전은 4.2입니다.

```java
package org.acme.neo4j;

import java.util.stream.Collectors;

import javax.inject.Inject;
import javax.ws.rs.Consumes;
import javax.ws.rs.GET;
import javax.ws.rs.POST;
import javax.ws.rs.Path;
import javax.ws.rs.Produces;
import javax.ws.rs.core.MediaType;
import javax.ws.rs.core.Response;

import io.smallrye.mutiny.Multi;
import io.smallrye.mutiny.Uni;
import org.neo4j.driver.Driver;
import org.neo4j.driver.Record;
import org.neo4j.driver.Value;
import org.neo4j.driver.Values;
import org.neo4j.driver.reactive.RxResult;
import org.reactivestreams.Publisher;

@Path("/reactivebooks")
@Produces(MediaType.APPLICATION_JSON)
@Consumes(MediaType.APPLICATION_JSON)
public class ReactiveBookResource {
    @Inject
    Driver driver;

    @GET
    @Produces(MediaType.SERVER_SENT_EVENTS)   ❸
    public Publisher<Response> getAll() {
        return Multi.createFrom().resource(   ❷
                driver::rxSession,
                rxSession -> rxSession.readTransaction(tx -> {   ❶
                    RxResult result = tx.run("MATCH (b:Book) RETURN " +
                                             "b ORDER BY b.title");
                    return Multi.createFrom().publisher(result.records())
                            .map(Record::values)
                            .map(values -> values.stream().map(Value::asNode)
                                                .map(Book::from)
                                                .map(Book::toJson))
```

```
                                        .map(bookStream ->
                                                Response.ok(bookStream
                                                        .collect(Collectors.toList()))
                                                .build());
                    }))
                    .withFinalizer(rxSession -> {  ❹
                        return Uni.createFrom().publisher(rxSession.close());
                    });
    }

    @POST
    public Publisher<Response> create(Book b) {
        return Multi.createFrom().resource(
                driver::rxSession,
                rxSession -> rxSession.writeTransaction(tx -> {
                    String query = "CREATE " +
                                    "(b:Book {title: $title, isbn: $isbn," +
                                    " authors: $authors}) " +
                                    "RETURN b";
                    RxResult result = tx.run(query,
                            Values.parameters("title", b.title,
                                    "isbn", b.isbn, "authors", b.authors));
                    return Multi.createFrom().publisher(result.records())
                            .map(record -> Response.ok(record
                                    .asMap()).build());
                })
        ).withFinalizer(rxSession -> {
            return Uni.createFrom().publisher(rxSession.close());
        });
    }
}
```

❶ 드라이버로부터 RxSession을 얻음

❷ Mutiny를 사용해 리액티브스트림ReacitveStreams의 Publisher와 상호작용

❸ 결과 스트림을 사용자에게 반환

❹ 가장 마지막에 세션을 닫음

CHAPTER 16

쿼커스 부가 기능

이 장에서는 다른 장에서 설명하지 않은 쿼커스의 부가 기능을 알아봅니다. 마지막에 다룬다고 해서 중요하지 않다는 것은 아닙니다. 이 장에서는 다음과 같은 내용을 배웁니다.

- 쿼커스의 템플릿 솔루션, 큐트
- OpenAPI 통합
- 이메일 보내기
- 스케줄링 기능
- 응용프로그램 데이터 캐싱

16.1 큐트 템플릿 엔진으로 템플릿 생성하기

문제 템플릿으로 특정 데이터 출력하기

해결 큐트^{Qute} 템플릿 엔진을 사용합니다.

큐트는 리플렉션의 사용을 줄이고 명령형과 리액티브 코딩 스타일을 모두 지원하려는 쿼커스의 필요를 충족하기 위해 특별히 설계된 템플릿 엔진입니다.

큐트는 독립 실행형^{standalone} 라이브러리(디스크에 보고서를 출력하거나 이메일 본문 메시지를 생성)로 쓰이거나 HTML 콘텐츠를 전달하기 위해 JAX–RS와 함께 사용됩니다.

JAX–RS로 큐트를 사용하려면 resteasy-qute 확장을 추가합니다.

```
./mvnw quarkus:add-extension -Dextensions="quarkus-resteasy-qute"
```

기본적으로 템플릿은 src/main/resources/templates 디렉터리와 그 하위에 저장됩니다.

다음은 평문으로 된 단순한 템플릿입니다.

파일: ch_16/qute–template/src/main/resources/templates/hello.txt

```
Hello {name}!
```

이 템플릿은 name 인자를 가진 단순한 문장입니다.

실제 데이터로 템플릿을 출력하려면 io.quarkus.qute.Template 인스턴스를 주입하고 템플릿 인자를 제공합니다.

파일: ch_16/qute–template/src/main/java/org/acme/quickstart/GreetingResource.java

```
@Inject
io.quarkus.qute.Template hello;  ❶ ❷

@GET
@Produces(MediaType.TEXT_PLAIN)
public TemplateInstance hello() {  ❸
    final String name = "Alex";
    return hello.data("name", name);  ❹
}
```

❶ Template 인스턴스는 템플릿에 수행할 동작을 정의

❷ 기본적으로 필드 이름은 템플릿의 위치를 설정하는 데 사용됨. 이경우 템플릿의 경로는 src/main/resources/templates/hello.txt

❸ 출력은 필요하지 않으며 그 이유는 RESTEasy와 내용을 출력하는 TemplateInstance 객체와 통합되어 있기 때문

❹ data 메서드가 템플릿 인자를 설정하는 데 사용됨

프로젝트를 실행하면 템플릿이 어떻게 출력되는지 볼 수 있습니다.

```
./mvnw compile quarkus:dev

curl http://localhost:8080/hello

Hello Alex!
```

논의 큐트는 더 많은 문법(예, include와 insert 프래그먼트, CDI 빈을 직접 주입 혹은 변형 템플릿)을 제공할 뿐만 아니라 이메일^{quarkus-mailer} 혹은 스케줄러^{quarkus-scheduler}와 같은 다른 쿼커스 부분과 통합되어 있습니다.

함께 보기 큐트를 더 자세히 배우려면 다음 웹페이지를 방문하세요.

- 쿼커스: Qute 레퍼런스 가이드(*https://oreil.ly/R1A1S*)

16.2 큐트를 사용해 HTML 출력

문제 큐트로 HTML 출력하기

해결 큐트는 텍스트뿐만 아니라 HTML도 출력합니다. 이때 필요한 것은 쿼커스가 여러분의 주입과 매칭되는 템플릿을 찾는 것입니다. 템플릿의 실제 내용은 많이 중요하지 않습니다.

템플릿에 더 복잡한 구조를 갖는 HTML 페이지를 출력합니다. 이번엔 단순한 HTML 보고서를 출력합니다. 보고서의 인자를 포함하는 POJO 클래스를 생성합니다.

파일: ch_16/qute-template/src/main/java/org/acme/quickstart/Movie.java

```
package org.acme.quickstart;

import java.util.ArrayList;
import java.util.List;
```

```
import io.quarkus.qute.TemplateData;

@TemplateData  ❶
public class Movie {

    public String name;
    public int year;
    public String genre;
    public String director;
    public List<String> characters = new ArrayList<>();
    public float ratings;

    public int getStars() {  ❷
        return Math.round(ratings);
    }
}
```

❶ 이 애너테이션은 쿼커스가 리플렉션을 사용하지 않고 런타임에 객체에 접근하도록 함

❷ 사용자 정의 메서드

논의 다음은 설명할 가치가 있는 HTML 템플릿의 몇몇 세부사항입니다.

첫 번째로 살펴볼 부분은 쿼커스가 컴파일 때 모든 표현식을 검증하도록 도와주는 어떤 템플릿에 넣을 수 있는 선택적 헤더입니다.

파일: ch_16/qute—template/src/main/resources/templates/movies/detail.html

```
{@org.acme.quickstart.Movie movie}  ❶
<!DOCTYPE html>
<html>
```

❶ 인자 선언. 필수는 아니지만 쿼커움이 여러분의 템플릿의 타입 안정성을 검증하는 데 도움이 됨

분기문과 반복문 같은 기본 문법이 제공됩니다.

파일: ch_16/qute—template/src/main/resources/templates/movies/detail.html

```
<div class="col-sm-12">
```

```
        <dl>
            {#if movie.year == 0}  ❶
                <dt>Year:</dt> Not Known
            {#else}  ❷
                <dt>Year:</dt> {movie.year}
            {/if}
            {#if movie.genre is 'horror'}  ❸
            <dt>Genre:</dt> Buuuh
            {#else}
            <dt>Genre:</dt> {movie.genre}
            {/if}
            <dt>Director:</dt> {movie.director ?: 'Unknown'}  ❹
            <dt>Main Characters:</dt>
            {#for character in movie.characters}  ❺
                {character}  ❻
                {#if hasNext}  ❼
                  -
                {/if}
            {/for}
            <dt>Rating:</dt>
            <font color="red">
            {#for i in movie.stars}  ❽
                <span class="fas fa-xs fa-star"></span>
            {/for}
            </font>
        </dl>
    </div>
```

---

❶ 수치형 분기문

❷ else 부분

❸ is를 사용한 문자열 분기문

❹ 엘비스 연산자. 인자가 null이면 기본값이 사용됨

❺ 모든 문자열을 순회

❻ 문자 정보를 표시

❼ hasNext는 더 많은 요소가 있는지 검사하는 특별 속성

❽ POJO에 정의된 메서드 호출. 호출에 정의된 횟수만큼 반복함

TIP_ 반복문 안에서 **hasNext, count, index, odd, even** 등 암묵적 변수가 사용될 수 있습니다.

16.3 큐트 템플릿의 위치 변경하기

문제 큐트가 찾는 템플릿 위치 변경하기

해결 템플릿의 위치를 재정의하려면 (여전히 `src/main/resources/templates` 안에 있고 출력은 응용프로그램 배포의 `templates` 디렉터리) `io.quarkus.qute.api.ResourcePath` 애너테이션을 사용합니다.

파일: ch_16/qute-template/src/main/java/org/acme/quickstart/MovieResource.java

```
@ResourcePath("movies/detail.html")   ❶
Template movies;
```

❶ 템플릿의 경로를 src/main/resources/templates/movies/detail.html로 설정

응용프로그램을 다시 실행하고 (만약 이미 실행 중이면 라이브 리로딩됨), 브라우저를 열고 다음 URL로 들어갑니다(*http://localhost:8080/movie*).

16.4 큐트 데이터 클래스 확장하기

문제 큐트 데이터 클래스의 기능 확장하기

해결 템플릿 확장 메서드는 다음의 규칙을 지켜야 합니다.

- static이어야 함
- void를 반환하지 않을 것
- 적어도 한 개의 인자를 포함할 것. 첫 번째 인자는 기반 데이터 객체와 매칭됨

> **TIP_** 데이터 객체의 소스 코드에 접근할 수 없는 경우에는 템플릿 확장을 사용해 보고서를 만드는 데 필요한 메서드를 추가할 수 있습니다.

@io.quarkus.qute.TemplateExtension 애너테이션을 붙이면 템플릿 확장 메서드를 구현할 수 있습니다. 이번 사례에는 rating 점수를 반올림하는 메서드를 구현합니다.

파일: ch_16/qute-template/src/main/java/org/acme/quickstart/MovieResource.java

```
@TemplateExtension
static double roundStars(Movie movie, int decimals) {  ❶ ❷
    double scale = Math.pow(10, decimals);
    return Math.round(movie.ratings * scale) / scale;
}
```

❶ 첫 번째 인자는 POJO 데이터 객체
❷ 사용자 정의 인자를 설정

템플릿 엔진으로부터 movie는 인자를 한 개 가진 roundStars 메서드를 포함하게 되었습니다. 이 인자는 반올림할 소수입니다.

템플릿에서는 다음과 같이 호출할 수 있습니다.

파일: ch_16/qute-template/src/main/resources/templates/movies/detail.html

```
({movie.roundStars(2)})  ❶
```

❶ Movie 클래스에는 roundStars 메서드가 정의되지 않았지만 템플릿 확장이기 때문에 접근 가능함

응용프로그램을 다시 실행하고 (만약 이미 실행 중이면 라이브 리로딩됨), 브라우저를 열고 다음 URL로 들어갑니다(*http://localhost:8080/movie*).

출력 결과는 [그림 16-1]과 같습니다.

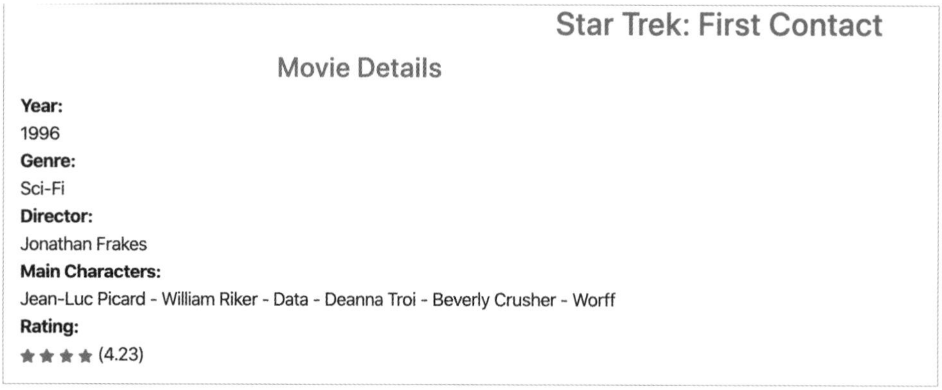

Star Trek: First Contact

Movie Details

Year:
1996
Genre:
Sci-Fi
Director:
Jonathan Frakes
Main Characters:
Jean-Luc Picard - William Riker - Data - Deanna Troi - Beverly Crusher - Worff
Rating:
★ ★ ★ ★ (4.23)

그림 16-1 HTML 출력

16.5 OpenAPI로 종단점 기술하기

문제 OpenAPI로 REST API 기술하기

해결 SmallRye OpenAPI 확장을 사용합니다.

쿼커스로 RESTful API를 생성했다면 openapi 확장을 추가합니다.

```
./mvnw quarkus:add-extension -Dextensions="openapi"
```

그다음 확장이 작용하도록 응용프로그램을 재시작합니다.

```
./mvnw compile quarkus:dev
```

API의 명세는 기본적으로 /openapi에서 확인합니다. 이것을 변경하려면 quarkus.smallrye-openapi.path 설정을 사용합니다.

```
quarkus.smallrye-openapi.path=/rest-api
```

$http://localhost:8080/openapi$에서 명세를 확인합니다.

```
openapi: 3.0.1
info:
  title: Generated API
  version: "1.0"
paths:
  /task:
    get:
      responses:
        200:
          description: OK
          content:
            application/json:
              schema:
                $ref: '#/components/schemas/SetTask'
    post:
      requestBody:
        content:
          application/json:
            schema:
              $ref: '#/components/schemas/Task'
      responses:
        200:
          description: OK
          content:
            application/json:
              schema:
                $ref: '#/components/schemas/SetTask'
    delete:
      requestBody:
        content:
          application/json:
            schema:
              $ref: '#/components/schemas/Task'
      responses:
        200:
          description: OK
          content:
            application/json:
```

```
            schema:
              $ref: '#/components/schemas/SetTask'
    components:
      schemas:
        Task:
          type: object
          properties:
            complete:
              type: boolean
            description:
              type: string
            reminder:
              format: date-time
              type: string
        SetTask:
          type: array
          items:
            type: object
            properties:
              complete:
                type: boolean
              description:
                type: string
              reminder:
                format: date-time
                type: string
```

앞의 명세를 보면 GET, POST와 DELETE 종단점이 있습니다. 여러분은 또한 DELETE와 POST의 경우 Task 객체를 요구한다는 것을 알 수 있습니다. Task 객체는 boolean, string과 date-time 속성을 갖습니다.[1] 이해하기 쉽고 단순합니다.

논의 쿼커스의 SmallRye OpenAPI 확장을 사용해 OpenAPI를 생성하는 것은 매우 쉽습니다. 여러분의 RESTful API에 대해 사용하기 쉽고 읽기 쉬운 관점을 제공합니다.

SmallRye OpenAPI는 이클립스 마이크로프로파일 OpenAPI의 구현체입니다. OpenAPI 명세는 표준이고 RESTful API를 묘사하고 탐색하는 언어 중립성을 제공합니다. 사람과 기계에 모두 가독성이 높습니다. OpenAPI 문서는 JSON 혹은 YAML로 정의됩니다.

----

1 옮긴이_Task의 properties 항목을 참고하세요.

함께 보기 자세한 내용은 깃허브의 다음 페이지를 방문하세요.

- 이클립스 마이크로프로파일 OpenAPI(*https://oreil.ly/hczN4*)
- 마이크로프로파일 OpenAPI 명세(*https://oreil.ly/ufzr6*)
- OpenAPI 명세(*https://oreil.ly/uslyb*)

16.6절에서는 SmallRye OpenAPI 확장의 애너테이션으로 해결과 명세를 커스터마이징하는 방법을 배울 것입니다.

16.6 OpenAPI 명세를 커스터마이징하기

문제 생성된 API 명세를 커스터마이징하기

해결 SmallRye OpenAPI 확장의 OpenAPI 애너테이션을 사용합니다.

이전에 16.5절에서 생성한 태스크 API를 기반으로 API와 문서를 OpenAPI 애너테이션으로 커스마이징합니다.

파일: ch_16/openapi/src/main/java/org/acme/openapi/TaskResource.java

```
package org.acme.openapi;

import java.time.LocalDateTime;
import java.util.Collections;
import java.util.LinkedHashMap;
import java.util.Set;

import javax.ws.rs.Consumes;
import javax.ws.rs.DELETE;
import javax.ws.rs.GET;
import javax.ws.rs.POST;
import javax.ws.rs.Path;
import javax.ws.rs.Produces;
import javax.ws.rs.core.MediaType;
```

```java
import org.eclipse.microprofile.openapi.annotations.Operation;
import org.eclipse.microprofile.openapi.annotations.media.Content;
import org.eclipse.microprofile.openapi.annotations.media.Schema;
import org.eclipse.microprofile.openapi.annotations.parameters.Parameter;

@Path("/task")
@Produces(MediaType.APPLICATION_JSON)
@Consumes(MediaType.APPLICATION_JSON)
public class TaskResource {

  Set<Task> tasks = Collections.newSetFromMap(
      Collections.synchronizedMap(new LinkedHashMap<>()));

  public TaskResource() {
    tasks.add(new Task("First task",
        LocalDateTime.now().plusDays(3), false));
    tasks.add(new Task("Second task",
        LocalDateTime.now().plusDays(6), false));
  }

  @GET
  @Operation(summary = "Get all tasks",
            description = "Get the full list of tasks.")
  public Set<Task> list() {
    return tasks;
  }

  @POST
  @Operation(summary = "Create a new task")
  public Set<Task> add(
      @Parameter(required = true, content =
        @Content(schema = @Schema(implementation = Task.class))) Task task) {
    tasks.add(task);
    return tasks;
  }

  @DELETE
  @Operation(summary = "Remove the specified task")
  public Set<Task> delete(
      @Parameter(required = true,
      content = @Content(schema = @Schema(implementation = Task.class)))
      Task task) {
    tasks.removeIf(existingTask -> existingTask.equals(task));
    return tasks;
```

```
            }
        }
```

파일: ch_16/openapi/src/main/java/org/acme/openapi/Task.java

```java
package org.acme.openapi;

import java.time.LocalDateTime;
import java.util.Objects;

import javax.json.bind.annotation.JsonbDateFormat;

import org.eclipse.microprofile.openapi.annotations.enums.SchemaType;
import org.eclipse.microprofile.openapi.annotations.media.Schema;

public class Task {
    public String description;

    @Schema(description = "Flag indicating the task is complete")
    public Boolean complete;

    @JsonbDateFormat("yyyy-MM-dd'T'HH:mm")
    @Schema(example = "2019-12-25T06:30", type = SchemaType.STRING,
            implementation = LocalDateTime.class,
            pattern = "yyyy-MM-dd'T'HH:mm",
            description = "Date and time for the reminder.")
    public LocalDateTime reminder;

    public Task() {
    }

    public Task(String description,
                LocalDateTime reminder,
                Boolean complete) {
        this.description = description;
        this.reminder = reminder;
        this.complete = complete;
    }

    @Override
    public boolean equals(Object o) {
        if (this == o) return true;
```

```
        if (o == null || getClass() != o.getClass()) return false;
        Task task = (Task) o;
        return Objects.equals(description, task.description) &&
                Objects.equals(reminder, task.reminder) &&
                Objects.equals(complete, task.complete);
    }

    @Override
    public int hashCode() {
        return Objects.hash(description, reminder, complete);
    }
}
```

앞선 코드는 다음과 같은 명세를 생성합니다.

```
---
openapi: 3.0.1
info:
  title: Generated API
  version: "1.0"
paths:
  /task:
    get:
      summary: Get all tasks
      description: Get the full list of tasks.
      responses:
        200:
          description: OK
          content:
            application/json:
              schema:
                $ref: '#/components/schemas/SetTask'
    post:
      summary: Create a new task
      requestBody:
        content:
          application/json:
            schema:
              $ref: '#/components/schemas/Task'
      responses:
        200:
          description: OK
          content:
```

```
              application/json:
                schema:
                  $ref: '#/components/schemas/SetTask'
      delete:
        summary: Remove the specified task
        requestBody:
          content:
            application/json:
              schema:
                $ref: '#/components/schemas/Task'
        responses:
          200:
            description: OK
            content:
              application/json:
                schema:
                  $ref: '#/components/schemas/SetTask'
components:
  schemas:
    Task:
      type: object
      properties:
        complete:
          description: Flag indicating the task is complete
          type: boolean
        description:
          type: string
        reminder:
          format: date-time
          description: Date and time for the reminder.
          pattern: yyyy-MM-dd'T'HH:mm
          type: string
          example: 2019-12-25T06:30
    SetTask:
      type: array
      items:
        type: object
        properties:
          complete:
            description: Flag indicating the task is complete
            type: boolean
          description:
            type: string
          reminder:
```

```
format: date-time
description: Date and time for the reminder.
pattern: yyyy-MM-dd'T'HH:mm
type: string
example: 2019-12-25T06:30
```

앞의 명세를 보면 GET, POST와 DELETE 종단점이 있습니다. 여러분은 또한 DELETE와 POST의 경우 Task 객체를 요구한다는 것을 알 수 있습니다. Task 객체는 boolean, string 과 date-time 속성을 갖습니다. 이해하기 쉽고 단순합니다.

논의 다양한 OpenAPI 애너테이션으로 API에 내용^{description}이나 요약과 예제 같은 부가 정보를 기술할 수 있습니다. 자세한 내용은 명세의 각 애너테이션 항목과 '함께 보기'에 있는 링크에서 찾아볼 수 있습니다.

쿼커스로 생성된 OpenAPI 명세를 더욱 커스터마이징하는 것은 매우 쉽습니다. 최적의 커스터마이징을 위해 쿼커스는 정적 파일 OpenAPI 명세를 제공합니다. 이것을 위해서는 여러분의 유효한 OpenAPI 명세 파일을 META-INF/openapi.yml 혹은 META-INF/openapi.json에 둡니다. 그다음 쿼커스는 두 파일을 합쳐 합해진 정적과 동적 명세를 제공합니다. 동적 명세 생성 기능을 비활성화하려면 application.properties 파일에 mp.openapi.scan.disable=true를 설정합니다.

함께 보기 자세한 내용은 다음 페이지을 방문하세요.

- 이클립스 마이크로프로파일 OpenAPI 명세(*https://oreil.ly/i47k_*)
- 이클립스 마이크로프로파일 OpenAPI: 애너테이션 샘플(*https://oreil.ly/ITXQz*)
- 스웨거 2.X A 애너테이션: OpenAPI 애너테이션(*https://oreil.ly/ol6nb*)

16.7 동기 방식으로 이메일을 보내기

문제 동기 방식으로 이메일 보내기

해결 쿼커스 메일러^{mailer} 확장을 사용합니다.

쿼커스는 매우 직관적으로 이메일을 평문과 HTML 형식으로 보내고 첨부 파일을 추가하는 기능을 제공합니다. 또한 자신만의 릴레이^{relay}를 구축하지 않고도 이메일이 정상적으로 발송되었는지 테스트하는 손쉬운 메서드를 제공합니다. 기존 프로젝트에 이메일 쿼커스 확장을 추가합니다.

```
mvn quarkus:add-extensions -Dextensions="mailer"
```

쿼커스는 Vert.x 메일 클라이언트를 사용하며 상황에 맞게 쉽게 사용할 수 있는 두 개의 래퍼를 제공합니다.

```
@Inject
Mailer mailer;

@Inject
ReactiveMailer reactiveMailer;
```

Mailer 클래스는 표준 블로킹과 동기 방식의 API 호출을 사용하고 ReactiveMailer 클래스는 기대한 대로 논블로킹과 비동기 API 호출을 사용합니다. ReactiveMailer 클래스는 다음 레피시에서 논의하지만 두 클래스 모두 같은 기능을 제공합니다. 이메일을 보내려면 단순히 withText 혹은 withHtml 메서드를 사용합니다. 그다음 수신자, 제목과 본문을 넣습니다. CC, BCC와 첨부 파일을 추가하려면 실제 Mail 인스턴스를 사용합니다.

또한 SMTP 제공자를 설정할 수 있습니다(이번 경우에는 Gmail TLS를 사용합니다):

파일: ch_16/email/src/main/resources/application.properties

```
quarkus.mailer.from=quarkus-test@gmail.com
quarkus.mailer.host=smtp.gmail.com
quarkus.mailer.port=587
quarkus.mailer.start-tls=REQUIRED

quarkus.mailer.username=YOUREMAIL@gmail.com ❶
quarkus.mailer.password=YOURGENERATEDAPPLICATIONPASSWORD ❶
```

❶ 시스템 속성 및 환경 변수로 설정할 수 있음

이메일 컴포넌트의 테스트는 MockMailbox 컴포넌트를 사용하면 쉽습니다. 단순한 컴포넌트로 세 개의 메서드를 포함합니다.

- getMessagesSentTo
- clear
- getTotalMessagesSent

다음은 세 가지 기능을 테스트합니다.

파일: ch_16/email/src/test/java/org/acme/email/MailerTest.java

```java
package org.acme.email;

import java.util.List;

import javax.inject.Inject;

import io.quarkus.mailer.Mail;
import io.quarkus.mailer.Mailer;
import io.quarkus.mailer.MockMailbox;
import io.quarkus.test.junit.QuarkusTest;
import org.junit.jupiter.api.BeforeEach;
import org.junit.jupiter.api.Test;

import static org.assertj.core.api.Assertions.assertThat;

@QuarkusTest
public class MailerTest {
    @Inject
    Mailer mailer;

    @Inject
    MockMailbox mbox;

    @BeforeEach
    void clearMBox() {
        mbox.clear();   ❶
    }
```

```java
@Test
public void assertBasicTextEmailSent() {
    final String mailTo = "test@example.org";
    final String testingSubject = "Testing email";
    final String testingBody = "Hello World!";

    mailer.send(Mail.withText(mailTo,
            testingSubject,
            testingBody));

    assertThat(mbox.getTotalMessagesSent()).isEqualTo(1);   ❷
    List<Mail> emails = mbox.getMessagesSentTo(mailTo);      ❸

    assertThat(emails).hasSize(1);
    Mail email = emails.get(0);

    assertThat(email.getSubject()).isEqualTo(testingSubject);
    assertThat(email.getText()).isEqualTo(testingBody);
    }
}
```

❶ 각 테스트를 시작하기 전에 메일함을 비움

❷ getTotalMessagesSent 메서드를 호출해 쿼커스가 발송한 메시지의 개수를 검증

❸ 메시지들이 특정 주소로 발송되었는지 검증

논의 일반 첨부 파일과 인라인 첨부 파일 모두 지원됩니다. 인라인 첨부 파일의 단순한 예는 다음과 같습니다.

파일: ch_16/email/src/test/java/org/acme/email/AttachmentTest.java

```java
@Test
void attachmentTest() throws Exception {
    final String mailTo = "test@example.org";
    final String testingSubject = "email with Attachment";
    final String html = "<strong>E-mail by:</strong>" + "\n" +
            "<p><img src=\"cid:logo@quarkus.io\"/></p>";   ❶

    sendEmail(mailTo, testingSubject, html);

    Mail email = mbox.getMessagesSentTo(mailTo).get(0);
```

```
    List<Attachment> attachments = email.getAttachments();

    assertThat(email.getHtml()).isEqualTo(html);
    assertThat(attachments).hasSize(1);
    assertThat(attachments.get(0).getFile())
            .isEqualTo(new File(getAttachmentURI()));
}

private void sendEmail(String to, String subject, String body)
        throws URISyntaxException {
    final File logo = new File(getAttachmentURI());

    Mail email = Mail.withHtml(to, subject, body)
            .addInlineAttachment("quarkus-logo.svg",
                    logo,
                    "image/svg+xml",
                    "<logo@quarkus.io>");    ❷

    mailer.send(email);
}
```

❶ 인라인 첨부 파일은 content-id로 참조해야 함

❷ 첨부 파일의 content-id

> **함께 보기** 자세한 내용은 다음을 참고하세요.

- 16.8절
- Vert.x 메일 클라이언트(SMTP 클라이언트 구현체)(*https://oreil.ly/aqGZU*)

16.8 리액티브하게 이메일 보내기

문제 논블로킹, 리액티브하게 이메일 보내기

해결 쿼커스 메일러 확장을 사용합니다.

이전 절에서는 기본 내용을 다루었습니다. 이것을 리액티브하게 만들려면 ReactiveMailer 컴
포넌트를 주입합니다. 사용하는 메서드는 동일합니다. 동기 방식의 객체를 반환하는 대신 리액
티브 방식의 대응 객체를 반환합니다.

파일: ch_16/email/src/test/java/org/acme/email/ReactiveMailerTest.java

```java
package org.acme.email;

import java.util.List;
import java.util.concurrent.CountDownLatch;

import javax.inject.Inject;

import io.quarkus.mailer.Mail;
import io.quarkus.mailer.MockMailbox;
import io.quarkus.mailer.reactive.ReactiveMailer;
import io.quarkus.test.junit.QuarkusTest;
import org.junit.jupiter.api.BeforeEach;
import org.junit.jupiter.api.Test;

import static org.assertj.core.api.Assertions.assertThat;

@QuarkusTest
public class ReactiveMailerTest {
    @Inject
    ReactiveMailer reactiveMailer;

    @Inject
    MockMailbox mbox;

    @BeforeEach
    void clearMbox() {
        mbox.clear();
    }

    @Test
    public void testReactiveEmail() throws Exception {
        final String mailTo = "test@example.org";
        final String testingSubject = "Testing email";
        final String testingBody = "Hello World!";
        final CountDownLatch latch = new CountDownLatch (1);
```

```
        reactiveMailer.send(Mail.withText(mailTo,
                testingSubject,
                testingBody)).subscribeAsCompletionStage().join();

        assertThat(mbox.getTotalMessagesSent()).isEqualTo (1);
        List<Mail> emails = mbox.getMessagesSentTo(mailTo);

        assertThat(emails).hasSize (1);
        Mail email = emails.get(0);

        assertThat(email.getSubject()).isEqualTo(testingSubject);
        assertThat(email.getText()).isEqualTo(testingBody);
    }
}
```

이 테스트는 앞의 절과 정확하게 동일합니다. 오직 다른 점은 `CompletionStage`가 `CompletableFuture`로 바뀌었고 테스트를 위한 명령형 방식으로 돌아가기 위해 `join` 메서드를 호출한다는 것입니다.

논의 큐트는 메일러 확장과 통합되어 메시지의 본문 내용을 템플릿으로 출력할 수 있습니다.

이번에는 qute 확장만 사용합니다. 왜냐하며 RESTEasy 확장은 불필요하기 때문입니다.

```
mvn quarkus:add-extensions -Dextensions="quarkus-qute"
```

메인 클래스는 `io.quarkus.mailer.MailTemplate`로 `io.quarkus.qute.Template`와 같은 방식으로 사용하면 되고 여기에 메일 로직에 특화된 기능을 포함합니다.

```
@ResourcePath("mail/welcome.txt")   ❶
MailTemplate mailTemplate;

CompletionStage<Void> c = hello.to("to@acme.org")
    .subject("Hello from Qute template")
    .data("name", "Alex")
    .send();   ❷
```

❶ 템플릿은 src/main/resources/templates/mail/welcome.txt에 위치

❷ 제공된 데이터를 템플릿에 적용해 본문을 작성한 이메일을 발송

리액티브 방식으로 메일을 보낼 때는 리액티브 클래스를 사용하는 것을 제외하면 정확히 동일한 메서드 이름과 동일한 용법을 제공합니다. 이로 인해 교체하고[2] 이해하기 쉽습니다.

함께 보기 자세한 정보를 위해서는 다음을 참고하세요.

- 16.7절
- 16.1절

16.9 스케줄 작업 생성하기

문제 일정에 맞춰 동작하는 작업 만들기

해결 쿼커스에서 태스크를 스케줄링하는 것은 쉽고 빠르며 고수준의 제어와 커스터마이징을 제공합니다. 쿼커스는 쿼츠Quartz와 통합된 scheduler 확장을 제공합니다.

스케줄 작업 생성은 매우 쉽습니다. 단지 응용프로그램 범위의 빈에 @io.quarkus.scheduler. Scheduled 애너테이션을 붙여줍니다. 작업에 스케줄을 지정할 때는 cron과 every라는 두 개의 속성이 존재합니다.

cron 속성은 쿼츠 크론cron 문법을 사용합니다. 만약 쿼츠에 익숙하지 않다면 표준 크론 문법과의 몇 가지 차이점이 있다는 것에 주목하세요. 자세한 내용은 16.9절의 함께 보기 링크를 참고하세요.

every 속성은 몇 가지 뉘앙스가 있긴 하지만 아마도 사용하기 가장 쉬울 것입니다. every는 Duration#parse를 사용해 문자열을 파싱합니다. 표현식이 숫자digit로 시작하면 PT 접두사[3]가 자동으로 추가됩니다.

every와 cron 모두 중괄호({)로 시작하고 중괄호(})로 끝나는 표현식에 대해 설정을 탐색look

---

2 옮긴이_동기 방식으로 교체가 필요한 경우.
3 옮긴이_PT 접두사는 7.7절의 논의를 참고하세요.

^{up}합니다.

delay 속성은 long 값을 인자로 받고 delayUnit 속성은 TimeUnit 객체를 인자로 받습니다. 함께 사용하면 트리거^{trigger}가 시작된 이후 지연시간을 정의합니다. 기본적으로 트리거는 등록되었을 때 시작합니다.

아주 간단한 사용 예는 다음과 같습니다.

파일: ch_16/scheduler/src/main/java/org/acme/scheduling/Scheduler.java

```
package org.acme.scheduling;

import java.util.concurrent.atomic.AtomicInteger;

import javax.enterprise.context.ApplicationScoped;

import io.quarkus.scheduler.Scheduled;
import io.quarkus.scheduler.ScheduledExecution;

@ApplicationScoped
public class Scheduler {

    private AtomicInteger count = new AtomicInteger();

    int get() {
        return count.get();
    }

    @Scheduled(every = "5s")
    void fiveSeconds(ScheduledExecution execution) {
        count.incrementAndGet();
        System.out.println("Running counter: 'fiveSeconds'. Next fire: "
                + execution.getTrigger().getNextFireTime());
    }
}
```

논의 큐트는 주기적으로 보고서를 생성할 때 사용할 수 있습니다.

RESTEasy 통합이 필요하지 않기 때문에 qute 확장만 추가합니다.

```
mvn quarkus:add-extensions -Dextensions="quarkus-qute"
```

이제 결과를 얻기 위해 수동으로 render() 메서드를 호출합니다.

```
@ResourcePath("reports/report_01.html")
Template report;

@Scheduled(cron="0 30 * * * ?")
void generate() {
    final String reportContent = report
        .data("sales", listOfSales)
        .data("now", java.time.LocalDateTime.now())
        .render();
    Files.write(reportOuput, reportContent.getBytes());
}
```

함께 보기   자세한 내용은 다음 내용을 참고하세요.

- 쿼츠: 크론 트리거 튜토리얼(*https://oreil.ly/XdQ7r*)
- 16.1절

16.10 응용프로그램 데이터 캐싱 사용하기

문제 메서드 응답시간이 길어질 때 대기시간 피하기

해결 응용프로그램 데이터 캐싱을 사용합니다.

메서드가 기대한 응답시간보다 오래 걸리는 경우가 종종 있습니다. 아마도 외부 시스템에 요청하거나 실행되는 로직의 실행시간 자체가 오래 걸리는 경우입니다.

이 상황을 개선하는 방법은 응용프로그램 데이터 캐시를 사용하는 것입니다. 이 방법은 동일한 입력을 가진 미래의 호출이 이전에 계산된 값으로 반환해 메서드를 호출하는 시간을 절약합니다.

쿼커스는 캐싱 제공자로 카페인Caffeine (*https://oreil.ly/1NjlX*)과 통합되었습니다.

응용프로그램 데이터 캐싱을 시작하려면 cache 확장을 추가합니다.

```
./mvnw quarkus:add-extension -Dextensions="cache"
```

다음은 실행시간이 오래 걸리는 메서드 사례입니다.

파일: ch_16/memory-cache/src/main/java/org/acme/quickstart/GreetingResource.java

```java
@GET
@Produces(MediaType.TEXT_PLAIN)
public String hello() {
    long initial = System.currentTimeMillis();
    String msg = greetingProducer.getMessage();   ❶
    long end = System.currentTimeMillis();
    return msg + " " + (end - initial) + "ms";
}
```

❶ 이 로직은 무작위 sleep 시간을 포함

이 프로젝트를 실행하면 다음과 같은 대기시간을 보입니다.

```
./mvnw compile quarkus:dev

curl http://localhost:8080/hello
Hello World 4009ms

curl http://localhost:8080/hello
Hello World 3003ms
```

이제 @io.quarkus.cache.CacheResult 애너테이션으로 getMessage() 메서드 호출을 캐싱
합니다.

파일: ch_16/memory-cache/src/main/java/org/acme/quickstart/GreetingProducer.java

```java
@CacheResult(cacheName = "greeting-cache")   ❶
public String getMessage() {
    try {
        TimeUnit.SECONDS.sleep(random.nextInt(4) + 1);
```

```
        return "Hello World";
    } catch (InterruptedException e) {
        throw new IllegalStateException(e);
    }


}
```

❶ 이 메서드 호출에 대한 새로운 캐시를 생성

응용프로그램을 다시 실행하고 (만약 이미 실행 중이면 라이브 리로딩됨) 다음 URL 호출을 반복합니다(*http://localhost:8080/hello*).

```
curl http://localhost:8080/hello
Hello World 2004ms

curl http://localhost:8080/hello
Hello World 0ms
```

두 번째 메서드 호출부터는 더 이상 메서드가 호출되지 않으며 캐시로부터 반환됩니다. 쿼커스는 모든 호출의 캐시 키cache key를 계산해 캐싱 시스템의 히트hit[4]를 검사합니다.

캐시 키를 계산하기 위해 쿼커스는 기본적으로 모든 인자를 사용합니다. 만약 인자가 없는 메서드는 캐시 이름으로부터 키를 추론합니다.

논의 @io.quarkus.cache.CacheKey 애너테이션을 사용하면 메서드 인자 중에 어느 인자를 캐시의 키로 넣을지 지정할 수 있습니다. 예를 들면 public String myMethod(@CacheKey String keyElement1, String notPartOfTheKey) 입니다.

> **IMPORTANT_** @io.quarkus.cache.CacheKey 애너테이션은 void를 반환하는 메서드에는 붙일 수 없습니다.

@io.quarkus.cache.CacheInvalidate 애너테이션은 캐시에 있는 항목을 무효화할 수 있습니다. @CacheInvalidate 애너테이션이 붙은 메서드가 호출되면 캐시 키가 계산되고 캐시로

---

4 옮긴이_캐시에 존재하면 히트(hit)라고 하고 존재하지 않으면 미스(miss)라고 합니다.

부터 원래 존재하는 항목이 제거됩니다.

@io.quarkus.cache.CacheInvalidateAll 애너테이션은 캐시에 있는 모든 항목을 무효화합니다.

데이터 캐싱 옵션은 application.properties 파일에서 각각 설정할 수 있습니다.

파일: ch_16/memory-cache/src/main/resources/application.properties

```
quarkus.cache.caffeine."greeting-cache".initial-capacity=10  ❶
quarkus.cache.caffeine."greeting-cache".expire-after-write=5S  ❷
```

❶ greeting-cache 캐시의 내부 자료 구조를 위한 최소 크기
❷ greeting-cache 캐시를 작성한 후 값의 만료시간

응용프로그램을 다시 실행하고 (만약 이미 실행 중이면 라이브 리로딩됨) 다음 URL 호출을 반복합니다(*http://localhost:8080/hello*).

```
curl http://localhost:8080/hello
Hello World 2004ms

curl http://localhost:8080/hello
Hello World 0ms

// 5초 대기

curl http://localhost:8080/hello
Hello World 1011ms
```

TIP_ quarkus.cache.caffeine."greeting-cache".expire-after-access 속성은 해당 캐시값이 쓰이거나 혹은 최근 읽힌(히트 한) 이후의 만료시간을 설정할 수 있습니다.

미니큐브

이 책에 있는 쿠버네티스 클러스터를 포함하는 모든 방법은 미니큐브에서 테스트되었습니다. 하지만 다른 쿠버네티스 클러스터에서도 동작할 것입니다.

미니큐브는 원격 쿠버네티스가 없이도 로컬에서 쿠버네티스를 쉽게 실행할 수 있는 도구입니다.

이 책에서는 우분투 20.0.4, 미니큐브 1.17.1(driver = docker)과 쿠버네티스 1.20.2가 사용되었습니다. 하지만 어떠한 고급 기능도 사용하지 않았기 때문에 다른 버전에서도 잘 동작할 것입니다. 미니큐브는 하이퍼바이저hypervisor가 설치되어야 합니다. 권장하는 것은 버추얼박스VirtualBox 하이퍼바이저를 사용하는 것입니다. 경험으로 볼 때 이것이 미니큐브를 실행하는 가장 이식성 높고 안정된 방법입니다.

미니큐브, 버추얼박스와 kubectl을 설치하는 것은 여러분의 시스템 환경에 의존합니다. 따라서 각 컴포넌트를 설치하는 데 도움이 되는 링크를 다음과 같이 제공합니다.

- VirtualBox(*https://oreil.ly/KU2vk*)
- Minikube(*https://oreil.ly/gth-J*)
- kubectl(*https://oreil.ly/FpZzN*)

각 소프트웨어를 설치한 후에는 터미널 창을 열고 다음과 같이 미니큐브를 시작합니다.[1]

```
minikube start --vm-driver=virtualbox --memory='8192mb' \
    --kubernetes-version='v1.17.3'

[serverless] minikube v1.7.3 on Darwin 10.15.3
Using the virtualbox driver based on user configuration
Reconfiguring existing host ...
Starting existing virtualbox VM for "default" ...
Preparing Kubernetes v1.17.3 on Docker 19.03.6 ...
Launching Kubernetes ...
Enabling addons: dashboard, default-storageclass, storage-provisioner
Done! kubectl is now configured to use "default"
```

그다음 미니큐브 도커 호스트를 사용할 수 있도록 docker CLI를 설정합니다.

```
eval $(minikube -p minikube docker-env)
```

그러면 docker로 실행하는 어떤 동작(예, docker build 혹은 docker run)이 미니큐브 클러
스터에서 동작할 것입니다.

---

1 옮긴이_번역서는 Ubuntu 20.0.4에서 minikube start로 실행 (driver는 docker로 설정)

키클록

키클록은 오픈소스 아이덴티티와 접근 관리 시스템입니다. 운영 모드에서 키클록을 설정하고 배포하는 것은 이 책의 범위 밖입니다. 다음의 예는 렐름realm 파일이 모든 사용자, 역할, 설정 등에 제공되고 실행 중인 키클록 서버로 임포트되어야 합니다.

키클록의 설치를 단순화하기 위해 키클록 도커 컨테이너를 사용합니다.[1]

```
docker run --name keycloak -e KEYCLOAK_USER=admin -e KEYCLOAK_PASSWORD=admin \
    -p 8180:8080 jboss/keycloak:8.0.1
```

브라우저를 열고 다음의 URL을 입력합니다.

```
http://localhost:8180
```

[그림 B-1]과 같이 [Administration Console]을 클릭합니다.

---

1 옮긴이_최신 버전은 12.0.1 입니다.

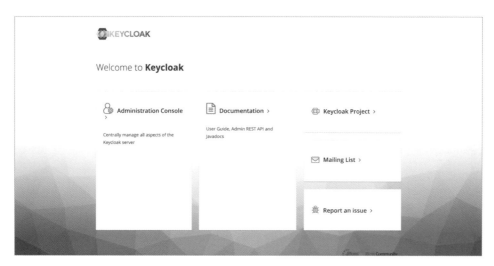

그림 B-1 키클록 홈페이지

그다음 [그림 B-2]와 같은 로그인 페이지가 나옵니다. 사용자 이름과 비밀번호에 admin을 넣습니다.

그림 B-2 키클록 로그인 페이지

메인 페이지에서 [Master] 버튼을 토글하면 [Add realm] 버튼이 보이고 이 버튼을 클릭하면 [그림 B-3]과 같은 화면이 나옵니다.

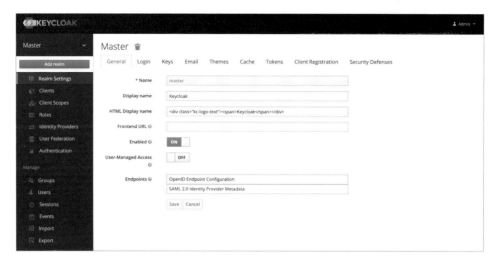

그림 B-3 키클록 [Add realm] 버튼

마지막으로 [그림 B-4]와 같은 화면을 볼 수 있습니다. 키클록 파일을 임포트해야 합니다. 파일은 예제 깃허브에 있습니다.

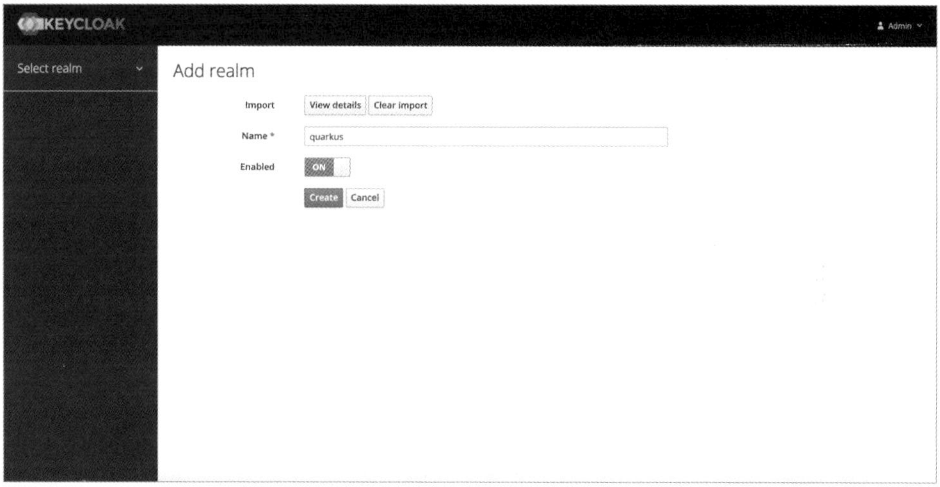

그림 B-4 렐름 임포트 결과

Knative

10장에서 쿠버네티스 클러스터에 접근해야 합니다. 미니큐브 혹은 다른 어떠한 것도 좋습니다. 하지만 knative를 사용한 절을 실행하려면 Knative Serving이 필요합니다. 이 책에서는 Knative를 위한 인그레스Ingress로 Kourier가 사용되었습니다.

이 책에서는 미니큐브 1.17.1, 쿠버네티스 1.20.2, Knative 0.13.0, Kourier 0.3.12를 사용합니다.

Knative Serving을 설치하려면 다음 명령어를 실행합니다.

```
kubectl apply -f \
  https://github.com/knative/serving/releases/download/v0.13.0/serving-core.yaml
kubectl apply -f \
  https://raw.githubusercontent.com/3scale/kourier/v0.3.12/deploy/\
  kourier-knative.yaml
```

Knative Serving이 적절한 ingress.class를 사용하도록 설정합니다.

```
kubectl patch configmap/config-network \
  -n knative-serving \
  --type merge \
  -p '{"data":{"clusteringress.class":"kourier.ingress.networking.knative.dev",
          "ingress.class":"kourier.ingress.networking.knative.dev"}}'
```

원하는 도메인을 설정합니다. 이번 경우에는 미니큐브에서 실행해야 하므로 **127.0.0.1**이 사용됩니다.

```
kubectl patch configmap/config-domain \
  -n knative-serving \
  --type merge \
  -p '{"data":{"127.0.0.1.nip.io":""}}'
```

이제 Knative 서비스를 배포할 준비가 되었습니다.

INDEX

400 Bad Request 46 99 101

500 Internal Server Error 46

@Bulkhead 205 207 210

@ConfigProperty 60 79 259 323 373

@Context 42 295

@CookieParam 42 357

@Counted 223

@DELETE 39 197 357 430

@Fallback 202

@FlywayDataSource 199

@FormParam 42 363

@Gauge 224

@GET 35 39 190 352

@HEAD 41 356

@Incoming 391

@Inject 64 84 108 127

@InjectMock 132

@io.quarkus.cache.CacheKey 445

@io.quarkus.qute.TemplateExtension 425

@javax.inject.Named 114

@javax.transaction.Transactional 134 165

@MatrixParam 42

@Metered 225

@MongoEntity 192

@Named 115 199 277 373

@OPTIONS 41 47

@Outgoing 394 401

@PATCH 41 47

@Path 40 70 73 352 358

@POST 39 356

@PostConstruct 112

@PreDestroy 112

@Priority 81

@PUT 39 40 358

@QuarkusTest 123 128 133 137 145

@Retention(RUNTIME) 118 120

@Retry 202 210

@Route 51

@Timed 226

@Timeout 204 210

@Transactional 133 165

@TransactionConfiguration 169

@XmlAttribute 97

@XmlElement 96

@XmlRootElement 96

@XmlTransient 97

@XmlType 96

INDEX

A

AMQP 406

C

ConfigMaps 258
CORS 48
count 메서드 176

D

dev 67

F

findById 메서드 174
find와 list 메서드 174
Flyway 198

H

HTTP 메서드 46
HTTP 응답 상태 코드 43

J

JAX-RS 39
JSON 마샬링/언마샬링 89

K L

Knative 286
listAll 메서드 173

M N

MQTT 407
Neo4j 193

O

OpenAPI 426
OpenID Connect 314

P

page 메서드 176
persistence.xml 170
prod 67

R

REST API 종단점 39

S

scheduler 확장 441
SSL 56
stream 메서드 177

T

test 67

V

Vert.x 388
VS Code 28

X

XML 마샬링/언마샬링 93

객체 검증하기 105
객체 생명주기 이벤트 실행 112
격벽 패턴 205
결함 허용 비활성화 211
관찰력 213
권한 293
그레이들 25

네이티브 실행 빌드 153
네이티브 실행으로 테스트 143
네이티브 파일을 위한 도커 컨테이너 빌드 156

단위 테스트 127
데이터소스 162
데이터소스 헬스 체크 164
데이터 캐싱 443
도커 컨테이너 빌드 155

라이브 리로드 34
로거 설정 68
리액티브 경로 50
리액티브 프로그래밍 모델 385

마이크로프로파일 JWT 305
마이크로프로파일 오픈 트레이싱 명세 229
멀티파트 메시지 362
메이븐 23
메트릭 노출 219
메트릭 생성 222
모키토 132
목 객체 130

몽고DB 187
미니큐브 447

볼트 326
볼트 쿠버네티스 인증 338
볼트 트랜싯 엔진 330
분산 추적 229
비동기 HTTP 종단점 385

사용자 정의 변환기 80
사용자 정의 소스 77
사용자 정의 속성 59
사용자 정의 프로파일 75
사용자 정의 헬스 체크 216
생존 여부 214
서버리스 286
설정값 검증 86
설정값을 그룹화 83
설정 속성 64
스케줄 작업 441
스프링 데이터 JPA 376
스프링 보안 379
스프링 부트 381
스프링 웹 373
스프링 의존성 주입 369
실행형 JAR 파일 생성 150

아마존 다이나모DB 181
아파치 카프카 390
애너테이션을 그룹화 133
엘리트론 297
오픈시프트 254
요청 인자 41

INDEX

응용프로그램 생명주기 이벤트 실행 **113**

의존성 주입하기 **108**

이메일을 보내기 **434**

인증 **292**

인터셉터 **120**

입출력값 검증하기 **97**

자동 재시도 **201**

장애 허용 **201**

재거 **230**

정적 자원 **36**

제한시간 **204**

준비 여부 **215**

카프카 스트림즈 API **398**

컨테이너 이미지 빌드와 푸시 **242**

쿠버네티스 **241**

쿠버네티스 시크릿 **321**

쿠버네티스에 서비스 배포 **252**

쿠버네티스 오퍼레이터 **270**

쿠버네티스 자원 생성 **246**

쿼커스 메이븐 플러그인 **23**

쿼커스 코딩 시작 웹페이지 **27**

큐트 템플릿 엔진 **419**

키클록 **449**

테스트 컨테이너 **139**

트랜잭션 **165**

파나쉬 **171**

프로파일 **67**

한정자 **114**

행동 테스트 **122**

헬스 체크 **213**

회로 차단기 패턴 **207**